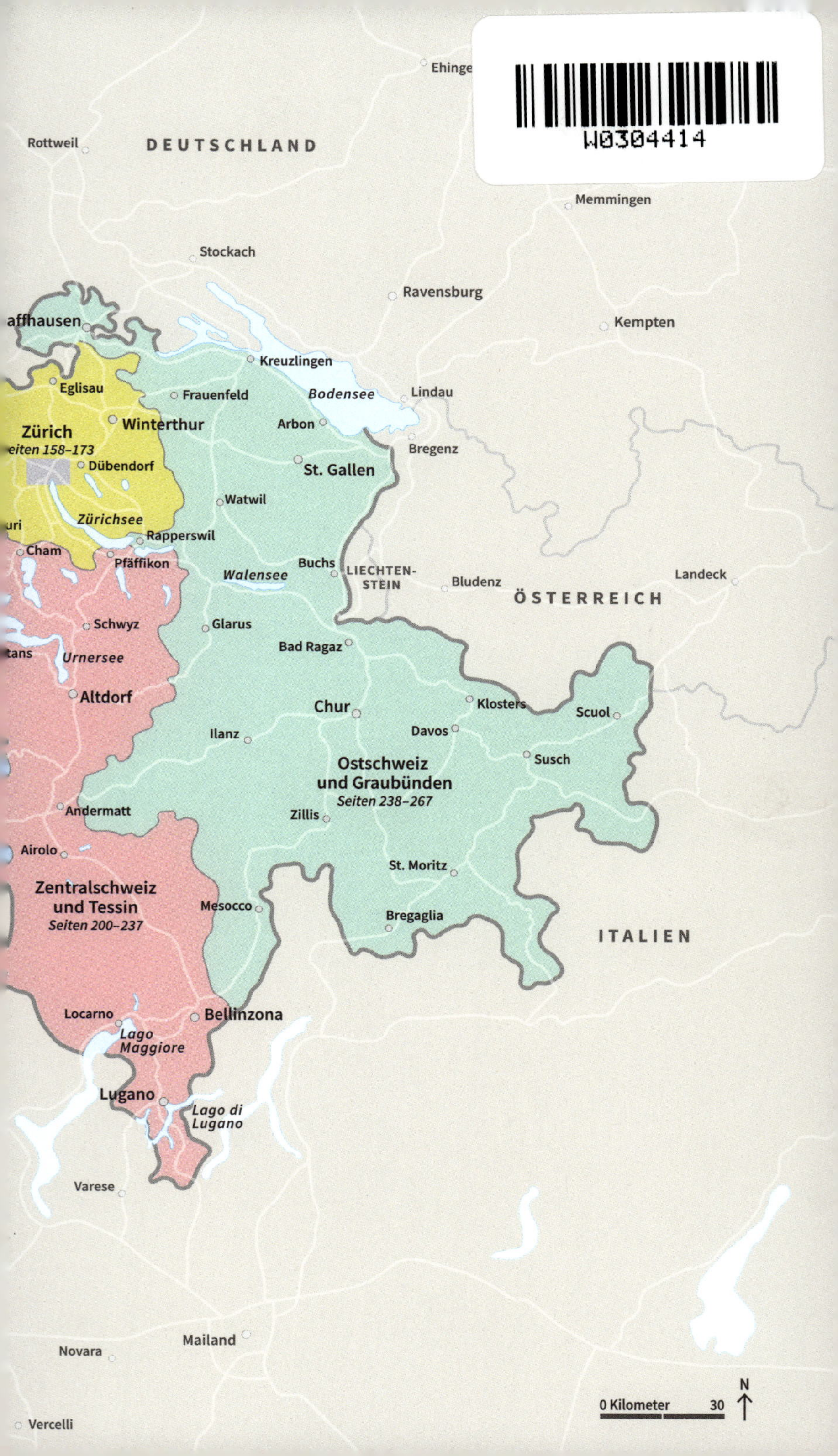

DEUTSCHLAND
Rottweil
Ehinge
Memmingen
Stockach
Ravensburg
Kempten
affhausen
Kreuzlingen
Eglisau
Frauenfeld
Bodensee
Lindau
Zürich
Seiten 158–173
Winterthur
Arbon
Bregenz
Dübendorf
St. Gallen
Watwil
Zürichsee
Rapperswil
Cham
Pfäffikon
Buchs
LIECHTEN-
STEIN
Walensee
Bludenz
Landeck
ÖSTERREICH
Schwyz
Glarus
Urnersee
Bad Ragaz
Altdorf
Chur
Klosters
Scuol
Ilanz
Davos
Susch
Ostschweiz
und Graubünden
Seiten 238–267
Andermatt
Zillis
Airolo
St. Moritz
Zentralschweiz
und Tessin
Seiten 200–237
Mesocco
Bregaglia
ITALIEN
Locarno
Bellinzona
Lago
Maggiore
Lugano
Lago di
Lugano
Varese
Mailand
Novara
Vercelli
0 Kilometer 30
N

INSPIRIEREN / PLANEN / ENTDECKEN / ERLEBEN

SCHWEIZ

DK Vis-à-Vis

SCHWEIZ

INHALT

DIE SCHWEIZ ENTDECKEN **6**

DIE SCHWEIZ ERLEBEN **60**

REISE-INFOS **268**

Links: *Detail der Fassade von Basels Rathaus* (siehe S. 182)
Vorhergehende Doppelseite: *Hoch über dem Lago di Lugano* (siehe S. 218f)
Umschlag: *Blick auf Thun und den Thuner See* (siehe S. 86f)

DIE SCHWEIZ **ENTDECKEN**

Die kristallklare Limmat teilt Zürich

WILLKOMMEN IN DER SCHWEIZ

Die Schweiz ist weltbekannt für ihre Bergwelt und die Produktion von Uhren, Käse und Schokolade. Doch das Land hat trotz seiner überschaubaren Größe noch weitaus mehr zu bieten: eine wunderschöne und immer wieder aufs Neue begeisternde Natur, liebenswerte alte Dörfer, kosmopolitische Städte und klare, erfrischende Bergluft. Die unglaublich abwechslungsreiche Natur, eine faszinierende Geschichte und die Tatsache, dass in der Schweiz vier Amtssprachen gelten, machen das Land einzigartig. Was auch immer Sie bei Ihrem Besuch dort erleben wollen – dieser Vis-à-Vis-Reiseführer ist Ihr idealer Begleiter.

1 *Mit dem Zug vorbei am Matterhorn*

2 *Statue von Charlie Chaplin am Genfer See*

3 *An einem Sommerabend in Zürich*

4 *Üppige Blütenpracht am Les Pléiades in Vaud*

Der Weg von den ehemals unabhängigen Kantonen zur Schweizerischen Eidgenossenschaft, die 1291 gegründet wurde, war lang. Mittlerweile macht der Mix aus verschiedenen Traditionen, Sprachen und Dialekten den Bundesstaat zu einem spannenden und abwechslungsreichen Ziel. Traditionelle Volksfeste locken mit Alphornbläsern und Schwingen (einer Variante des Ringens), die kulturelle Szene ist überaus vielfältig, zudem gibt es zahlreiche hochinteressante historische Bauwerke – von den Schlössern in Bellinzona im Süden bis zu den Klöstern in St. Gallen im Norden. Mit festen Wurzeln in der Vergangenheit ist die Schweiz andererseits sehr zukunftsorientiert und modern mit Galerien von Weltruf in Basel, einem hippen Nachtleben in Zürich und feinster Küche.

Jenseits der großen Städte wartet ein Paradies für Outdoor-Fans. Wander- und Radwege sowie Skipisten sind genauso gut organisiert wie der öffentliche Nahverkehr. So können Sie an nur einem Tag eisige Gletscher, traumhafte Berge und klare Seen erkunden und sind doch abends rechtzeitig zurück zum Fondue.

Um Ihnen angesichts des großen Angebots die Planung zu erleichtern, haben wir das Land in diesem Reiseführer in einzelne Kapitel unterteilt, in denen die schönsten Seiten der Schweiz mit detaillierten Beschreibungen übersichtlich präsentiert werden.

LIEBENSWERTE SCHWEIZ

Das kleine Land bietet viele aufregende Abenteuer, faszinierende Sehenswürdigkeiten, atemberaubend schöne Landschaften und liebenswerte Bräuche. Hier stellen wir Ihnen einige unserer Favoriten vor.

1 Historisches Zentrum der Hauptstadt Bern

Die mittelalterliche Altstadt von Bern ist UNESCO-Welterbestätte – und wunderschön. Unter den Lauben befinden sich Boutiquen, kleine Cafés und beliebte, teils hinter Kellertüren verborgene Bars *(siehe S. 62–79)*.

Spektakuläre Zugfahrten 2

Hier ist schon der Weg das Ziel, denn die Zugstrecken sind zum Teil wirklich unglaublich – nicht nur wegen der fantastischen Ausblicke, sondern auch als Meisterwerke der Ingenieurskunst.

3 Einzigartige Traditionen

Von Schwingen (Ringen) über Hornussen (Mischung aus Golf und Baseball) bis Kuhglockenläuten und Alphornblasen ist die Vergangenheit auch heute noch lebendig *(siehe S. 32f)*.

4 Traumhafte Seen

Die Schweiz ist zwar ein Binnenland, doch dank Tausender Seen ist der Weg zum Wasser nirgends weit. An vielen Ufern tobt im Sommer das Leben wie am Meer, ruhige Wanderwege führen aber auch zu stillen Bergseen.

Schlittenfahren an der Jungfrau 5

Bei einer Schlittenfahrt in dieser begeisternden Landschaft ist Mut gefragt und Spaß garantiert. Der Hit ist die längste Rodelstrecke Europas, die 15 Kilometer lange Abfahrt vom Faulhorn hinunter nach Grindelwald.

Ein Genuss: Fondue 6

Schon der Duft des geschmolzenen Käses ist ein Traum. Zum *moitié-moitié* – halb Gruyère, halb Vacherin Fribourgeois – passt gut ein Glas Chasselas (Fendant).

Historische Schätze 7

Die Schweizer Berglandschaft ist gespickt mit geschichtsträchtigen Sehenswürdigkeiten, u. a. die Stiftskirche St. Gallen, Bellinzonas Schlösser oder das hübsche Château de Chillon in Montreux *(siehe S. 46f)*.

Basel und die Kunst 8

Die Art Basel lockt einmal im Jahr Kunstbegeisterte aus aller Welt in die Kulturhauptstadt des Landes, doch auch sonst sind die Galerien und Museen Basels einen Besuch wert *(siehe S. 178–189)*.

9 Abfahrten der Spitzenklasse

Von herrlichen Pulverschneepisten in Zermatt *(siehe S. 90f)* – dem höchsten Skigebiet Europas – bis zu einfachen Abfahrten finden Skifahrer, Freerider oder Snowboarder hier ihre Lieblingsstrecke.

10 Wandern von Hütte zu Hütte

In den Schweizer Alpen gibt es unzählige gemütliche Hütten. Egal ob in einer vom Alpenverein oder privat betriebenen Unterkunft – eine Nacht in den Bergen ist stets ein Erlebnis.

Zürichs Nightlife 11

Die größte Stadt der Schweiz ist bei Nachtschwärmern sehr beliebt, besonders der ehemalige Rotlichtbezirk in der Langstrasse *(siehe S. 168f)* mit seinen Pubs, Clubs und Cocktailbars.

Weinprobe im Lavaux 12

Auf den terrassierten Hängen des Lavaux oberhalb des Genfer Sees *(siehe S. 142–147)* gedeiht guter Wein. Folgen Sie einem der unzähligen Weinwanderwege, und kehren Sie bei einem *vigneron* (Winzer) zu einer Verkostung ein.

DIE SCHWEIZ
AUF DER KARTE

Für diesen Reiseführer wurde die Schweiz in acht Städte und Regionen unterteilt, jede mit einer eigenen Farbe, wie auf der Karte ersichtlich.

Ehingen
N
0 Kilometer 30
Rottweil
DEUTSCHLAND
Memmingen
Stockach
Ravensburg
Kempten
Schaffhausen
Kreuzlingen
Eglisau
Frauenfeld
Bodensee
Lindau
Zürich
Seiten 158–173
Winterthur
Arbon
Bregenz
Dübendorf
St. Gallen
Watwil
Muri
Zürichsee
Rapperswil
Cham
Pfäffikon
Buchs
LIECHTEN-
STEIN
Walensee
Bludenz
Landeck
ÖSTERREICH
Schwyz
Glarus
Stans
Urnersee
Bad Ragaz
Altdorf
Chur
Klosters
Scuol
Ilanz
Davos
Susch
Ostschweiz
und Graubünden
Seiten 238–267
Andermatt
Zillis
Airolo
St. Moritz
Zentralschweiz
und Tessin
Seiten 200–237
Mesocco
Bregaglia
ITALIEN
Locarno
Bellinzona
Lago
Maggiore
Lugano
Lago di
Lugano
Varese
Mailand
Novara
Vercelli
Westeuropa
GROSS-
BRITANNIEN
NIEDER-
LANDE
POLEN
DEUTSCHLAND
BELGIEN
TSCHECHIEN
FRANKREICH
ÖSTERREICH
SCHWEIZ
SLOWENIEN
Golf von
Biskaya
ITALIEN
KROATIEN
SPANIEN
Mittelmeer

DIE REGIONEN DER SCHWEIZ

Die Schweiz liegt eingebettet zwischen einigen der höchsten Gipfel Europas. Doch nicht nur die Schönheit der Alpen mit ihren gewundenen Tälern und glitzernden Seen macht den Reiz des Landes aus – bekannt ist es auch für seine gepflegten Städte sowie Kunst, Kulinarik und Folklore.

Seiten 62–79

Bern

Die Hauptstadt der Schweiz hat viele Attraktionen zu bieten: von der mittelalterlichen Altstadt, die von der UNESCO zum Welterbe erklärt wurde, bis zum Schwimmen in der sauberen Aare mitten in der Stadt. Bern ist Regierungssitz, das Parlamentsgebäude ist regelmäßig für die Öffentlichkeit zugänglich. Bern ist aber auch eine Stadt der Intellektuellen. Albert Einsteins einstiger Lieblingsplatz ist gesäumt von Straßencafés und hübschen Gärten, in denen man herrlich über Tagespolitik, moderne Meister und das Leben an sich philosophieren kann.

Entdecken
Herrliche Altstadt

Sehenswert
Zytglogge, Kunstmuseum

Genießen
Boutiquen, Cafés und Restaurants unter den Lauben entlang den Straßen der Altstadt

Seiten 80–113

Mittelland, Berner Oberland und Wallis

Diese Region ist eine der schönsten der Schweiz, ein Großteil der Sehenswürdigkeiten befindet sich hier. Bergfreunde sollten einen Abstecher nach Interlaken machen und das imposante Bergmassiv mit Eiger, Mönch und Jungfrau bestaunen oder auch besteigen. Weiter südlich, im Wallis, ragt das berühmte Matterhorn auf. Das ultimative Erlebnis ist eine Fahrt mit dem Zug vorbei an Gletschergiganten – die wilde Natur ist äußerst beeindruckend.

Entdecken
Atemberaubende Ausblicke von hohen Gipfeln

Sehenswert
Zermatt und das Matterhorn, Aletschgletscher

Genießen
Wandern am unvergleichlichen Aletschgletscher

Seiten 114–129

Genf

Die größte Stadt des französischsprachigen Teils der Schweiz liegt am Ufer des bezaubernden Genfer Sees nahe der Grenze zu Frankreich. Die autofreie Altstadt mit ihren charmanten Plätzen und historischen Gebäuden lädt förmlich dazu ein, sich treiben zu lassen. Viele Uhren sorgen dafür, dass man die Zeit nicht ganz aus den Augen verliert. Außerhalb der Stadt erreicht man das Forschungszentrum CERN mit dem größten Teilchenbeschleuniger der Welt, St-Cergue hoch in den Bergen und viele Weinberge und Schlösser, die dazu verleiten, länger zu bleiben.

Entdecken
Museen, Kultur und Ausflüge am See

Sehenswert
Kunstmuseum

Genießen
Mit der Tram ins hübsche Viertel Carouge mit seinen netten Läden und dem samstäglichen Markt fahren

→

Seiten 130–157

Westschweiz

Die Region erstreckt sich vom Jura und den Waadtländer Alpen bis zu den Ufern von Genfer See und Lac de Neuchâtel und ist eine der am dichtesten besiedelten des Landes. Städteurlauber zieht es in die Universitätsstadt Lausanne und das hippe Montreux mit seinen Jazzbars, Foodies nach Gruyère und Fribourg, wo es feinsten Käse gibt, und Weinliebhaber in das Lavaux, wo der »Chasselas« (Gutedel, Fendant) produziert wird. Mittendrin kann man in Le Locle und La Chaux-de-Fonds in aller Ruhe Uhrmachern in ihren Werkstätten über die Schulter schauen.

Entdecken
Jazz, Wein und Uhren

Sehenswert
Genfer See, Château de Chillon

Genießen
Mit der GoldenPass Line von Montreux zum Château d'Oex fahren

Seiten 158–173

Zürich

Die größte Stadt der Schweiz gilt als eine der lebenswertesten Städte der Welt. Und nicht alles dreht sich dort nur ums Geld. Zürich ist ein Zentrum für modernes Design und hat sich doch sein mittelalterliches Flair erhalten. Bummeln Sie einfach durch die verwinkelten Gassen des Altstadtviertels Niederdorf zur Limmat, vorbei an alten Kirchen und Uhrtürmen, und Sie werden Avantgarde-Galerien, traditionelle Chocolatiers und topmoderne Boutiquen finden. Viele nutzen Zürich nur als Ausgangspunkt für ihre Reise in die Schweiz, doch den Mix aus Kultur und guter Küche sollte man erleben.

Entdecken
Quirliges Stadtleben

Sehenswert
Schweizerisches Nationalmuseum

Genießen
Schwimmen in einem »Badi«, einem Badeplatz am See oder Fluss

Seiten 174–199

Nordschweiz

Die abwechslungsreiche Region ist geprägt vom Rhein, der die Schweiz vom Bodensee im Osten bis zu Basels Altstadt durchfließt. Basel ist bekannt für seine moderne Skyline – geschaffen von Architekten wie Mario Botta und Zaha Hadid. Nur wenige andere Städte haben eine derart enge Beziehung zur Kunst. Jenseits von Basel locken Thermalquellen in Baden schon seit der Römerzeit Besucher an. Einen Besuch lohnt auch das an sanft abfallenden Weinbergen gelegene Regensberg, einer der am besten erhaltenen mittelalterlichen Orte der Schweiz.

Entdecken
Weltbekannte Kunst, Thermalquellen

Sehenswert
Kunstmuseum Basel, Baden

Genießen
Die großartige, jedes Jahr stattfindende Art Basel

→

Seiten 200–237

Zentralschweiz und Tessin

Die meisten Reisen durch diese reizvolle Region beginnen in Luzern mit einer Bootsfahrt auf dem von hohen Bergen umgebenen Vierwaldstättersee. Weiter südlich liegt Andermatt mit seinen Fünf-Sterne-Hotels und Golfplätzen. Durch den Gotthardtunnel erreicht man dann die italienische Schweiz mit ihren herrlichen Seen und Städten wie Locarno und Ascona, hoch gelegenen Klöstern, kristallklaren Badeseen und einem köstlich-italienischen Speisenangebot.

Entdecken
Großartige Landschaften und köstliches italienisches Essen

Sehenswert
Kloster Einsiedln, Bellinzona

Genießen
Mit dem Aufzug hinauf zum Bürgenstock fahren und dort die schier überwältigende Aussicht erleben

Seiten 238–267

Ostschweiz und Graubünden

Im Osten wirkt die Schweiz wie aus dem Märchen. Milchbauern und Senner arbeiten in einer Bilderbuchlandschaft, spitze Gipfel ragen hoch über türkisfarbene Seen auf. Die Region ist bekannt für ihr großes Angebot an Outdoor-Aktivitäten und den traumhaften Pulverschnee auf den zahlreichen Pisten rund um Arosa und Davos. Weiter nördlich jenseits der Bergorte liegen der ruhige Bodensee und das kulturhistorisch bedeutende St. Gallen.

Entdecken
Outdoor-Abenteuer, Volksmusik und viel Tradition

Sehenswert
Der zum UNESCO-Welterbe erklärte Stiftsbezirk St. Gallen, Schweizerischer Nationalpark

Genießen
Lokale Feste

1

2

3

4

←

1 *Spätgotisches Berner Münster*

2 *Skistation, Kleine Scheidegg im Berner Oberland*

3 *Idyllischer Oeschinensee*

4 *Interlakens Altstadt*

In den so unterschiedlichen Schweizer Regionen gibt es jede Menge zu sehen und zu unternehmen: historische Städte und Stätten, eine atemberaubende Natur und zahllose Möglichkeiten, sich sportlich oder kulturell zu betätigen. Unsere Reisevorschläge helfen Ihnen bei der Planung.

4 TAGE

in Bern und im Berner Oberland

Tag 1

Vormittags Morgens bummeln Sie durch die Arkaden und Boutiquen in der Altstadt von Bern *(siehe S. 62–79)*. Vorbei am spätgotischen Münster mit seinem beeindruckenden Portal gehen Sie zum Uhrturm Zytglogge *(siehe S. 70f)*.

Nachmittags Nach dem Essen im Kornhauskeller *(siehe S. 73)* fahren Sie mit Bus Nr. 12 zum Zentrum Paul Klee *(siehe S. 77)* und tauchen ein in die moderne Kunst.

Abends Vom ehemaligen Tramdepot genießen Sie einen herrlichen Blick auf die Altstadt, ehe Sie traditionelle Berner Küche und ein Bier genießen, das direkt im Restaurant in Kupferkesseln gebraut wird.

Tag 2

Vormittags Nehmen Sie den Zug nach Interlaken *(siehe S. 84f)*, dessen Name von seiner Lage zwischen Thuner- und Brienzersee herrührt. Erkunden Sie den JungfrauPark und fahren dann weiter ins hübsche Lauterbrunnen *(siehe S. 103)*.

Nachmittags Nach Stärkung mit einem köstlichen Flammkuchen oder Fondue fahren Sie mit Bus Nr. 141 zu den beeindruckenden Trümmelbachfällen, Europas größtem unterirdischen Wasserfall. Von dort können Sie zum Schwarzmönch, einem schönen Aussichtsberg.

Abends Weiter geht es mit Bus Nr. 141 nach Stechelberg. Von dort fahren Sie mit der Seilbahn auf das 2970 Meter hohe Schilthorn. Das dortige solarbetriebene Drehrestaurant Piz Gloria *(siehe S. 102)* diente im James-Bond-Film *Im Geheimdienst Ihrer Majestät* (1969) als Blofelds Hauptquartier. Essen Sie einen 007-Burger, ehe Sie ins autofreie Mürren *(siehe S. 104)* hinunterfahren, wo Sie im gemütlichen Hotel Alpenruh *(siehe S. 105)* übernachten.

Tag 3

Vormittags Erkunden Sie ein Stück des 51,5 Kilometer langen Netzes an Wanderwegen und fahren dann mit dem Zug zum historischen Hotel Bellevue des Alpes *(siehe S. 105)* auf eine Tasse Kaffee.

Nachmittags Unweit des Hotels hat man schöne Blicke auf den Männlichen. Von der Bahnstation Eigergletscher fahren Sie mit dem Zug hinauf zum Jungfraujoch *(siehe S. 102f)*, wo man dem Aletschgletscher ganz nah ist. Zurück nach Grindelwald *(siehe S. 102)* geht es entweder auf dem Eiger Ultra Trail in drei Stunden oder mit der Seilbahn.

Abends Nun ist Erholung angesagt: Sauna und Spa des Grand Hotel Regina *(siehe S. 105)* in Grindelwald sind dafür ideal.

Tag 4

Vormittags Fahren Sie mit der Seilbahn zum Pfingstegg und laufen durch die spektakuläre Gletscherschlucht. Die Ausblicke ins Berner Oberland sind fantastisch. Hinunter kommen Sie am schnellsten, wenn Sie auf der Sommerrodelbahn bis Grindelwald sausen.

Nachmittags Nach einem Snack im C und M *(siehe S. 102)* geht es mit dem Zug zurück bis Interlaken West. Von dort fahren Sie mit dem Dampfer gemütlich über den Thunersee nach Interlaken. Ein paar Minuten Fußmarsch bringen Sie dann zum Bahnhof, von dem Sie per Zug zurück nach Bern kommen.

1

2

3

4

5

←

1 *Musée International de la Croix-Rouge et du Croissant-Rouge in Genf*

2 *Zu Gast beim berühmten Montreux Jazz Festival*

3 *Gebirgslandschaft bei Lutry*

4 *Statue von Charlie Chaplin am Genfer See*

5 *Interaktive Stationen im Musée Olympique in Lausanne*

5 TAGE

in der Westschweiz

Tag 1

Vormittags Gehen Sie vom Jet d'Eau im Genfer See *(siehe S. 124)* in die Genfer Altstadt auf eine Tasse Kaffee. Vom Nordturm der berühmten Cathédrale St-Pierre *(siehe S. 120f)* genießt man einen wundervollen Panoramablick.

Nachmittags Nach einer Stärkung im Café Papon (www.cafepapon.ch) fahren Sie per Tram zum Musée International de la Croix-Rouge et du Croissant-Rouge *(siehe S. 126)*.

Abends Mit moderner Schweizer Küche verwöhnt Auberge de Savièse (www.aubergedesaviese.com), anschließend gönnen Sie sich einen Drink im L'Atelier *(siehe S. 125)*.

Tag 2

Vormittags Nehmen Sie den Zug nach Lausanne *(siehe S. 134–141)*, nach der Ankunft schlendern Sie über den Markt (Mi und Sa). Steigen Sie die Stufen zur mittelalterlichen Kathedrale hinauf *(siehe S. 140f)* und essen dann im L'Evêché (www.leveche.ch).

Nachmittags Die Metro M2 bringt Sie nach Ouchy *(siehe S. 139)* zu den interessanten Exponaten im Musée Olympique *(siehe S. 138)*. Von dort ist es ein kurzes Stück, bis Sie in der Bar Jetée de la Compagnie *(siehe S. 139)* einen Apéro nehmen.

Abends Buchen Sie rechtzeitig einen Tisch im Livejazz-Club Chorus *(siehe S. 136)*, wo Sie vor der Show gut essen können.

Tag 3

Vormittags Fahren Sie ins mittelalterliche Lutry und kaufen auf dem Markt für ein Picknick ein, das Sie in den Weinbergen des Lavaux *(siehe S. 145)* einnehmen. Wer fit ist, läuft die elf Kilometer durch die Weinberge ins hübsche St-Saphorin.

Nachmittags Von St-Saphorin fährt der Zug drei Minuten nach Vevey *(siehe S. 142f)*. Besuchen Sie Chaplin's World, wo Sie auf einer Zeitreise durch die Filmwelt viel Interessantes über den Mann hinter dem »Tramp« erfahren. Ab Lutry erreichen Sie Vevey auch in gut 30 Minuten mit der Fähre.

Abends Essen Sie in Vevey direkt am See im Q-KJU *(siehe S. 155)*, das später am Abend zu einem Club wird.

Tag 4

Vormittags In nur fünf Minuten fahren Sie mit dem Zug von Vevey nach Montreux *(siehe S. 144)*, wo Sie am See entlang zur Felseninsel mit dem mittelalterlichen Château de Chillon *(siehe S. 146f)* gehen. Erkunden Sie die Insel und die Kapelle St-George aus dem 13. Jahrhundert.

Nachmittags Mit dem Boot geht es zurück nach Montreux, von wo Sie nach einer Stärkung 55 Minuten mit der Zahnradbahn zum Rochers-de-Naye fahren und den Blick auf den Genfer See genießen *(siehe S. 142–147)*.

Abends Lassen Sie sich im legendären Montreux Jazz Café verwöhnen.

Tag 5

Vormittags Fahren Sie mit dem Zug in die Käsestadt Gruyères *(siehe S. 152)*. Erfahren Sie im La Maison du Gruyère alles über die Käseherstellung. Bummeln Sie anschließend durch die hübsche Stadt.

Nachmittags Nach einem köstlichen Fondue mit Gruyère gönnen Sie sich noch eine Spezialität der Stadt, Meringues mit Sahne, ehe Sie im HR Giger Museum Fantasy-Kunstwerke besichtigen.

Abends Zurück in Genf essen Sie im L'Adresse (www.facebook.com/ladresse).

1

4

2

3

5

8 TAGE
in der Zentralschweiz

Tag 1
Fahren Sie mit der Bahn von Basel *(siehe S. 178–189)* über Zug, wo Sie zu Mittag essen, nach Schwyz *(siehe S. 228)*, der Geburtsstätte der modernen Schweiz. Checken Sie ein im Wysses Rössli (www.wysses-roessli-schwyz.ch), einem Traditionshotel (17. Jh.) am Hauptplatz. Nachdem Sie in einem Café einen für die Gegend typischen Kirsch getrunken haben, bummeln Sie ein bisschen, bevor es abends ins Gasthaus Schwyzer-Stubli (www.schwyzer-stubli.ch) geht. Es erwarten Sie moderne, saisonale Gerichte.

Tag 2
Im Bundesbriefmuseum bestaunen Sie die ersten Urkunden zur Schweizer Eidgenossenschaft. Gleich um die Ecke ist das Schweizerische Nationalmuseum, wo Multimedia-Displays das Leben in Schwyz zwischen 1300 und 1600 darstellen. Fahren Sie mit der Rotenfluebahn (Mythenregion) hinauf für einen schönen Spaziergang. Abends essen Sie Älplermagronen mit Sbrinz, dem typischen Käse der Region.

Tag 3
Mit dem Zug fahren Sie nach Luzern *(siehe S. 204–213)* und erkunden das Verkehrshaus der Schweiz *(siehe S. 210f)*. Mit einer Brotzeit im Gepäck besteigen Sie das Schiff nach Alpnachstad. Von dort nehmen Sie eine der steilsten Zahnradbahnen der Welt auf den Pilatus *(siehe S. 214f)*. Dann fahren Sie von Alpnachstad mit der Seilbahn nach Fräkmüntegg zur aufregenden wie vergnüglichen Sommerrodelbahn. Rechtzeitig zum Abendessen sind Sie zurück in Luzern.

Tag 4
Beginnen Sie den Tag mit den Meistern der Moderne in Luzerns Sammlung Rosengart. Über die Seebrücke gehen Sie zum Bourbaki Panorama, dem weltgrößten Panorama-Rundbild und Kulturzentrum. Nach dem Essen im Hofgarten gleich um die Ecke nehmen Sie den Zug nach Stans *(siehe S. 227)* und fahren mit der Standseilbahn bis Kälti. Von dort geht es mit der CabriO-Bahn aufs Stanserhorn. Essen Sie auf dem Rückweg im Engel (www.engelstans.ch) in Stans.

6

↑ 1 *Hübsche Fassaden in Basel*
2 *Kirchturm im Kanton Schwyz*
3 *Brücke über die Reuss*
4 *Imposante Aussicht vom Pilatus*
5 *Im Gotthard-Zug unterwegs*
6 *Standseilbahn am Monte Brè*

Tag 5

Fahren Sie mit dem Raddampfer nach Vitznau und von dort mit der Zahnradbahn auf die Rigi *(siehe S. 226f)*. Kehren Sie ein im Rigi Kulm-Hotel (www.rigikulm.ch), dem ersten Bergrestaurant der Schweiz, und spazieren Sie danach ein wenig. Zurück geht es über Arth-Goldau zum Zug nach Luzern.

Tag 6

Fahren Sie mit dem Gotthard Panorama Express nach Flüelen und von dort mit dem Zug nach Bellinzona *(siehe S. 224f)*. Besuchen Sie Castelgrande, Sasso Corbaro und Montebello, wo Sie die heimische Spezialität *salame* probieren sollten. Schlendern Sie durch die hübsche alte Stadt, ehe Sie nach Locarno fahren, um den Sonnenuntergang über dem Lago Maggiore zu bewundern. Übernachten Sie im großartigen Belvedere (www.belvedere-locarno.com).

Tag 7

Nehmen Sie den Zug nach Lugano *(siehe S. 220f)* und bummeln durch die Straßen. Von Cassarete fahren Sie auf den Monte Brè, der Blick auf den Lago di Lugano *(siehe S. 218f)* und die schneebedeckten Berge ist wunderschön. Essen Sie unbedingt in einem Restaurant mit Terrasse, in der kalten Jahreszeit werden wärmende Decken gereicht. Zurück im Zentrum nehmen Sie ein Taxi nach Montagnola und genießen das feine Essen und einen Wein im Grotto del Cavicc *(siehe S. 231)* – einem Lieblingsrestaurant von Hermann Hesse.

Tag 8

Nach einem Frühstück mit köstlichem Gebäck im Café à Porter (www.facebook.com/cafeaporter) besuchen Sie das Museo Castello im ehemaligen Castello Visconteo. Fahren Sie dann mit einer der schönsten Eisenbahnen der Schweiz, der Centovallibahn, nach Domodossola. Die Schmalspurbahn durchquert viele tiefe Täler und führt durch Viadukte und über Brücken, die einen großartigen Blick auf den Fluss tief unten ermöglichen. Von Domodossola fahren Sie zurück nach Zürich oder Basel.

1

3

2

4

1 WOCHE
im Wallis

Tag 1
Sie fahren mit dem Zug von Genf am Genfer See entlang ins Rhônetal und genießen die fantastischen Ausblicke auf die französischen Alpen und die Weinterrassen des Lavaux. Unterwegs sehen Sie das Château de Chillon *(siehe S. 146f)*, bekannt aus Lord Byrons Gedicht *Der Gefangene von Chillon*. In Martigny *(siehe S. 106)* besuchen Sie die eindrucksvolle Kulturstiftung Fondation Pierre Gianadda mit ihren Wechselausstellungen. Nachdem Sie den Sonnenuntergang über dem römischen Amphitheater bewundert haben, essen Sie ein traditionelles Raclette.

Tag 2
Fahren Sie mit dem Zug von Martigny nach Le Châble und von dort mit der Seilbahn nach Verbier *(siehe S. 106f)*. Noch bessere Ausblicke auf das bekannte Skigebiet haben Sie, wenn Sie bis zum Mont Fort weiterfahren. Im Winter genießen Sie dort Schnee satt und wärmen sich mit einer heißen Schokolade. In der warmen Jahreszeit werden Sie viel Spaß auf den schönen Wander- und Radwegen haben. Zurück in Martigny fahren Sie durchs Rhônetal weiter bis Leuk und von dort mit dem PostAuto die gewundene Bergstraße hinauf zu den Spas in Leukerbad *(siehe S. 113)*, etwa Les Sources des Alpes (www.sourcesdesalpes.ch).

Tag 3
Gönnen Sie sich auch am Vormittag ein Wohlfühlprogramm. Nach einem feinen Essen in einer Brasserie testen Sie auf der ehemaligen Handelsroute zum Gemmi-Pass Ihre Fitness und genießen danach den Ausblick. Das historische Berghotel Schwarenbach (www.schwarenbach.ch) am Pass inspirierte Guy de Maupassant zu der Novelle *L'Auberge*. Vor dem Abendessen nutzen Sie noch mal das schöne Spa im Hotel.

Tag 4
Fahren Sie weiter nach Visp und nehmen die Schmalspurbahn hinauf ins autofreie Zermatt *(siehe S. 90f)* und zum berühmten Matterhorn. Das faszinierende Matterhorn Museum erzählt die dramatische Geschichte

5

↑ **1** *Exponate in der Fondation Pierre Gianadda, Martigny*

2 *Panoramatafel mit den Bergen rund um Verbier*

3 *Spiegelung des majestätisch wirkenden Matterhorns in einem See*

4 *Wanderer am Aletschgletscher*

5 *Chalet in Zermatt*

von der Erstbesteigung 1865 und erklärt, warum die Silhouette des Bergs so berühmt wurde. Ein herrlicher Weg ist der Matterhorn Trail von Zermatt zum Schwarzsee mit der idyllischen Kapelle. Im Weiler Zmutt bieten die Restaurants Walliser Spezialitäten an. Kehren Sie ein (oder übernachten Sie) im Hotel Monte Rosa (www.monterosazermatt.ch), wo der Erstbesteiger des Matterhorns, Edward Whymper, seinerzeit übernachtete.

Tag 5

Fahren Sie sehr früh mit der Gornergrat Bahn, und bewundern Sie den Sonnenaufgang über dem Matterhorn, ehe Sie im Kulmhotel Gornergrat (www.gornergrat-kulm.ch) ein kräftiges Frühstück genießen. Von den Wanderwegen ist der Blick auf das gewaltige Monte-Rosa-Massiv *(siehe S. 111)* und weitere Gipfel grandios. Wenn Sie sich sehr fit fühlen, nehmen Sie den Fünf-Seen-Weg. Später fahren Sie mit dem Zug von Zermatt nach Morel zur Seilbahn auf die Riederalp, den Ausgangspunkt zum Aletschgletscher *(siehe S. 94f)*.

Tag 6

Fahren Sie mit der Seilbahn zur Moosfluh, wo der spektakuläre Aletsch Panoramaweg beginnt, ein zwölf Kilometer langer Weg am 22 Kilometer langen Aletschgletscher. Trinken Sie in der Villa Cassel in Riederfurka, gleich oberhalb der Riederalp, eine Tasse Tee; Sir Winston Churchill war regelmäßig in Sir Ernest Cassels Ferienhaus zu Gast. Zurück in Riederalp stärken Sie sich bei einem kräftigen Fondue oder Raclette im Restaurant Derby (www.derby-riederalp.ch). Bei Livemusik während der Skisaison kann man sich dann so richtig austoben. Übernachten Sie in einer der dortigen Hütten des Swiss Alpine Club (www.sac-cas.ch).

Tag 7

Kehren Sie zurück nach Morel, und fahren Sie von dort mit dem Zug nach Genf. Alternativ wählen Sie die wunderschöne Strecke nach Zürich über Andermatt und nehmen den Zug auf der alten Gotthard-Hauptstrecke durch die Schöllenenschlucht nach Göschenen.

Monumentale Gipfel
Die Schweizer Alpen sind ein perfekter Tummelplatz für Wanderer, Mountainbiker, Kletterer und Wintersportler. Etliche Gipfel sind über Liftanlagen auch für weniger sportliche Besucher zu erreichen. Der bekannteste Berg ist sicher das Matterhorn *(siehe S. 90f)*, das mit seiner typischen Pyramidenform über Zermatt thront. Seine Besteigung ist auch für sehr geübte Bergsteiger eine Herausforderung – bewundern Sie es lieber bei einer Zugfahrt zum Gornergrat.

→

Winterwunderland: Wanderer vor der großartigen Kulisse des Matterhorns

WUNDER DER NATUR

IN DER SCHWEIZ

Die großartige Natur der Schweiz hat schon viele Maler, Schriftsteller und Fotografen inspiriert. Doch kein Bild und keine Erzählung kommt an das unmittelbare Erlebnis heran, wenn man winzig klein vor einem der hohen Berge oder auch ganz allein an einem stillen Bergsee steht.

Geografische Wunder
Geografische Besonderheiten tragen einen großen Teil zur Schönheit des Landes bei: von Europas größtem Wasserfall bis zu tiefen Schluchten. In der Westschweiz ist das Creux du Van *(siehe S. 157)* ein Highlight. Über zahlreiche leichte oder anspruchsvollere Wege erreichen Sie atemberaubende Aussichtspunkte auf den großartigen Canyon.

←

Wie ein Amphitheater: die Wände des Creux du Van im Abendlicht

TOP 5 Majestätische Berge

Pilatus
Perfekt zum Paragleiten im Aufwind.

Rigi
Fahren Sie mit Europas erster Zahnradbahn.

Rochers-de-Naye
Wanderwege, Murmeltiere und Bergblumen.

Monte Generoso
Mit der Zahnradbahn auf Tessins schönsten Gipfel.

Mont Fort
Genießen Sie vom Gipfel den Sonnenaufgang.

Aletschgletscher

Auch die Schweizer Gletscher schmelzen stetig, aber direkt davorzustehen ist weiterhin ein unvergessliches Erlebnis. Besonders beeindruckend ist der 22 Kilometer lange Aletschgletscher *(siehe S. 94f)* – vor allem im Herbst, wenn vor den warmen Herbstfarben der Wälder das Eis bläulich leuchtet.

←

Wie in der Eiszeit: ein Besucher vor der hohen Wand des riesigen Aletschgletschers

Glitzernde Bergseen

Rundherum sind Berge, aber trotzdem hat man es in der Schweiz nirgends weit ans Wasser. Besuchen Sie den türkisfarbenen Oeschinensee *(siehe S. 96f)* zwischen hohen Felsen oder den Lago di Lugano *(siehe S. 218f)* im Süden, an dem man sich schon fast fühlt wie am Meer.

→

Wie im Bilderbuch: Kühe weiden oberhalb des Oeschinensees

Alphornblasen
Das Alphorn, die »Schweizer Variante des Didgeridoo«, nutzten die Bauern früher, um die Kühe zum Melken heim in den Stall zu locken. Im 19. Jahrhundert wurde es als reines Musikinstrument bekannt, und heute gibt es überall in der Schweiz Alphornbläsergruppen. Beim dreitägigen Alphorn Festival in Nendaz treffen sie sich jedes Jahr. Besucher lernen in Workshops, wie man ein Alphorn baut, oder können an einem Einführungskurs teilnehmen.

→

Spaß für Teilnehmer und Zuschauer: das Alphorn Festival

SCHWEIZER TRADITIONEN

Die Schweiz ist modern und zukunftsorientiert und dennoch tief in Traditionen verwurzelt. Auch wenn nicht jeder Schweizer jodeln kann, ist man stolz auf seine Bräuche und die Trachten, die bei vielen Festen getragen werden. Dort bekommt der Besucher einen Einblick in wesentliche Aspekte der Landeskultur.

Schwingen
Das Schwingen ist ein jahrhundertealter Sport, bei dem die Kämpfer in einem mit Sägemehl ausgefülten Rund miteinander ringen. Es wird auf vielen Festivals gezeigt, aber das wichtigste ist das Schwingfest, das alle drei Jahre stattfindet und Tausende Besucher anlockt.

→

Voller Einsatz beim Schwingen, wie hier in Boltigen

Jodeln

Angeblich erfanden Bauern das Jodeln, um sich über weitere Entfernungen verständigen zu können. Im 19. Jahrhundert wurde es als Musik anerkannt, noch heute ist es in den Volksliedern allgegenwärtig. In der Älpli Bar in Zürich kann man das ganze Jahr über Jodlern zuhören, und jeden Sommer lockt das nationale Jodlerfest Tausende Zuschauer an. Interessierte können an verschiedenen Orten an einem Jodelkurs teilnehmen und an der Universität Luzern sogar ein Jodeldiplom machen.

← *Jodler in ihrer schönen Festtagstracht*

TOP 4 Typische Trachten

Schwingerhosen
Eine Art Shorts aus Sackleinen, die beim Ringen über der Hose getragen werden.

Edelweisshemd
Meist ein hellblaues Hemd, das mit der Schweizer Nationalblume bestickt ist.

Bredzon
Eine kurze dunkelblaue Jacke mit Puffärmeln, typisch für die Region Fribourg. Wird von den Sennern getragen.

Berner Mutz
Schwarze Samtjacke mit kurzen Ärmeln und bunten Stickereien.

↑ *Herbstlicher Almabtrieb durch die Straßen von Charmey, Fribourg*

Almabtrieb

Der Sommer ist vorüber, die Milch ist zu Käse verarbeitet. Und wenn es auf den Almen keine bösen Unfälle gab, dann werden die Kühe mit Blumen geschmückt und mit ihren großen, schweren Glocken wieder ins Tal getrieben, wo sie den Winter im Stall verbringen. An diesem Tag werden in vielen Dörfern schöne Feste *(désalpages)* mit Musik, gutem Essen und Schaukäserei gefeiert.

Schon gewusst?

Etwa 210 000 Kühe grasen auf den Almen und Weiden der Schweiz.

Besucher im Schweizer Kindermuseum ↑

DIE SCHWEIZ FÜR FAMILIEN

Ob Klettergärten, Sommerrodelbahnen, Wasserparks oder Seilrutschen – für Kinder ist die Schweiz zu allen Jahreszeiten ein riesengroßer Spielplatz. Im Winter tummeln sich die Kleinen gern im Schnee, im Sommer laden Tausende Seen zum Baden. Und auch an Regentagen wird es bestimmt nicht langweilig …

Auf Entdeckungstour

In der Schweiz ist für Kinder jeden Alters etwas geboten. Seien es Kinderskiparadiese in familienfreundlichen Orten wie Wengen *(siehe S. 104)* und Kandersteg *(siehe S. 105)* im Winter oder in der warmen Jahreszeit kühle Bergseen und Wander- und Radwege durch die wunderschöne Natur.

→ *Familienwanderung auf dem Fünf-Seen-Weg bei Zermatt*

Keine Angst vor Regentagen

Wenn es draußen stürmt oder schneit, sind kinderfreundliche Museen einfach ideal. Im Landesmuseum Zürich *(siehe S. 164f)* können kleine und große Besucher an der interaktiven Zeitreise »Mit fliegendem Teppich durch die Geschichte« teilnehmen. Im Schweizer Kindermuseum in Baden *(siehe S. 193)* taucht man ein in die Welt der Kinder, die ganze Familie hat Spaß beim Spielen.

Das Schweizer Kindermuseum in einem Gebäude von 1890 ↓

Expertentipp
Babys in den Bergen

Reisen mit Kleinkindern ist in der Schweiz viel leichter, als man denkt. In den Zügen müssen Kinder unter sechs Jahren nichts zahlen, und es gibt oft Platz für den Kinderwagen. Die Touristeninformationszentren kennen buggyfreundliche Wanderwege. Fast überall gibt es einen Wickelraum und in einigen Restaurants auch Hochstühle.

Freizeitparks

Im Gegensatz zu den himmelhohen Bergen wirkt Swissminiatur, die Freiluftanlage am Lago di Lugano *(siehe S. 218f)* mit Denkmälern und nationalen Wahrzeichen im Taschenformat sowie einer kleinen Dampfbahn, auf die Kinder überhaupt nicht Furcht einflößend. Im Kanton Graubünden können sich Kinder im Heididorf (www.heididorf.ch) zurückversetzen in die Zeit, als Heidi noch beim Geissenpeter und dem Alm-Öhi glücklich war.

↑ *Kleine Häuser im Swissminiatur am Lago di Lugano*

Schokolade satt

Dass die Milchschokolade in den 1880er Jahren dort erfunden wurde, vergisst man nach einem Urlaub in der Schweiz sicher nie mehr – man wird auch überall daran erinnert. Vor allem natürlich bei der Besichtigung einer der vielen Fabriken oder Handwerksbetriebe, die über die Schokoladenherstellung informieren. Zum Beispiel die historische Schokoladenfabrik von Maison Cailler in Broc bei Gruyères (www.cailler.ch) oder Maestrani's Chocolarium in Flawil (www.chocolarium.ch).

→

Viel Konzentration: beim Schokoladen-Workshop in der Maison Cailler

Schon gewusst?

Zu den bekanntesten Schweizer Schokolademarken gehören Lindt, Sprüngli, Suchard, Cailler, Frey und Läderach.

DIE SCHWEIZ FÜR FOODIES

Die Küchen der benachbarten Länder Frankreich und Italien sind so berühmt - da kann die Schweiz leicht übersehen werden. Doch auch hier gibt es hervorragende Köche und kulinarische Messen, die viele Besucher anlocken. Die traditionellen Rezepte aus den Alpen sind ohnehin unschlagbar gut.

Regionale Spezialitäten

Traditionelle Speisen werden dank ihrer Köstlichkeit in der Schweiz nach wie vor heiß geliebt. Natürlich hat jede Region ihre Spezialitäten, so etwa Graubünden die herzhaften Älplermagronen oder Zürich sein Züricher Geschnetzeltes mit Rösti – serviert wird es im Fünf-Sterne-Restaurant wie auch im einfachen Wirtshaus.

←

Züricher Geschnetzeltes: Kalbfleisch, Zwiebeln, Pilze und Kartoffelrösti in sahniger Sauce

← *Viele Varianten: Das Bircher Müsli wurde um 1900 in der Schweiz erfunden*

Ein Hoch auf die Gesundheit

Das vom bekannten Schweizer Arzt Dr. Bircher-Benner erfundene Bircher Müsli bestand ursprünglich nur aus geriebenem Apfel, eingeweichten Haferflocken, Nüssen, etwas Zitronensaft und gezuckerter Kondensmilch. Gedacht war es als Vorspeise, um die Gesundheit der Almhirten zu verbessern, denn damals wurde Milch nicht pasteurisiert und barg daher hohe Gesundheitsrisiken. Heute findet man es auf jedem Frühstücksbüfett.

TOP 4 Food Festivals

St. Moritz Gourmet Festival (Jan)
Neun Tage voll kulinarischer Höhepunkte.

Food Zürich (Mai)
Zehn Tage, mehr als 150 Events mit feinem Essen – vom Streetfood bis zum Fünf-Sterne-Bankett.

Risotto-Gran Prix, Locarno (Sep)
Seite an Seite kochen Küchenchefs im Freien auf der herrlichen Piazza Grande.

Zibelemärit, Bern (Nov)
Jahrhundertealtes Festival rund um die Zwiebel.

Die Welt des Käses

Von Appenzeller bis Sbrinz – die Schweizer lieben ihren Käse und stellen ganz viele unterschiedliche Sorten her. Holen Sie sich Appetit auf der interessanten Emmentaler Käseroute ab Burgdorf und probieren dann eines der weltbekannten Gerichte wie etwa Käsefondue oder Raclette. Käseliebhaber aus aller Welt schwärmen davon. Bei Käsefestivals oder auf Märkten kann man in der Schweiz das ganze Jahr über irgendwo ausgiebig probieren.

→ *Diverse Käsesorten, Brot und Kartoffeln gehören zum Käsefondue*

Alle Augen auf Basel

Basel ist eine bedeutende Kunst- und Kulturstadt. Nirgendwo sonst in der Schweiz findet man so viele Museen. Die Art Basel ist Europas wichtigste Kunstmesse, dort wurde der Begriff Art brut geprägt. Vom Kunstmuseum *(siehe S. 186f)* gehen Sie weiter zu Werken des Meisters der kinetischen Kunst, Jean Tinguely, im Museum Tinguely *(siehe S. 183)* am Rheinufer. Danach genießen Sie in der Kunsthalle *(siehe S. 181)* zeitgenössische Kunst.

→

Werke von Fernand Léger im berühmten Kunstmuseum Basel

DIE SCHWEIZER KUNSTSZENE

Schweiz und die Kunst, das ist eine glückliche Verbindung. Das Land besitzt eine Vielzahl großartiger Museen und Galerien und ist Gastgeber weltbekannter Kunstmessen, in denen man auch viele Werke heimischer Künstler wie Alberto Giacometti, Ferdinand Hodler, Jean Tinguely und Paul Klee erlebt.

Faszinierender Paul Klee

Egal, ob man ihn dem Expressionismus, Kubismus oder Surrealismus zuordnet – Paul Klee ist auf jeden Fall einer der größten Schweizer Künstler. Bern war seine Heimat, dort befindet sich auch das Zentrum Paul Klee *(siehe S. 77)*. Schon das von Renzo Piano entworfene Gebäude ist ein Kunstwerk. Innen erwartet Sie eine umfangreiche Sammlung, in der die große Bandbreite des Künstlers sichtbar wird.

←

Ausdrucksvoll: Uebermut *(1939) von Paul Klee*

← Stone Line *(1977) von Richard Long in Basels Kunstmuseum*

TOP 4 Die besten Museen

Kunstmuseum Bern
1879 eröffnet, eines der ältesten Museen in der Schweiz.

Kunsthaus Zürich
Moderne Kunst von internationalen Stars, aber auch heimischen Künstlern wie Giacometti und Hodler.

Löwenbräu-Areal, Zürich
Einst Brauerei, heute spannendes Kulturzentrum.

Musee d'art et d'histoire, Genf
Beeindruckende Galerie in der Westschweiz.

Heimat des Dadaismus

In Zürich entstand während des Ersten Weltkriegs eine künstlerische Gegenbewegung, die sich gegen Krieg und Bourgeoisie richtete – der Dadaismus *(siehe S. 171)*. Sein heutiges Zentrum ist das Cabaret Voltaire, eine Jazzbar und einer der lebendigsten Kunsträume für die Avantgarde in der Schweiz.

→ *Artistische Performance in Zürichs Cabaret Voltaire*

Expertentipp
Comickunst

Basels Cartoonmuseum (www.cartoonmuseum.ch) besitzt eine von Europas vielseitigsten Sammlungen von Cartoons, Karikaturen und Comics. Das witzige Museum wurde 2005 von den renommierten Schweizer Architekten Herzog & de Meuron erweitert und umgestaltet.

Brückenschläge
Die Charles Kuonen Hängebrücke wurde 2017 gebaut, um zwei Abschnitte des Europawegs, eines Sommerwanderwegs, zu verbinden. Sie ist mit ihren 500 Metern die längste Hängebrücke der Welt und mit 85 Metern Höhe eine echte Herausforderung für den Wanderer. Wer das packt, der wird auch mit Vergnügen den Gipfelweg Glacier 3000 zwischen zwei Gipfeln testen oder über die Triftbrücke im Vorfeld des Triftgletschers laufen.

→

Charles Kuonen Hängebrücke mit tollen Ausblicken für Schwindelfreie

Schon gewusst?
Bei normalem Tempo läuft man etwa zehn Minuten über die Charles Kuonen Hängebrücke.

SCHWEIZER INGENIEURSKUNST

Die wilde und gebirgige Landschaft der Schweiz wurde schon vor langer Zeit von Wanderern und Bergsteigern erobert - und von Ingenieuren. Man kann nicht anders als begeistert sein von den teilweise unglaublichen Pionierleistungen der Techniker, die unter erschwerten Bedingungen Großes geschaffen haben.

Ver-Damm-t hoch
Die Schweiz ist sehr wasserreich, daher ist Wasserkraft dort der Hauptstromlieferant. Dafür wurden im Gebirge zahlreiche Dämme erbaut. Der größte ist die 285 Meter hohe Grande Dixence *(siehe S. 109)* über den Fluss Dixence. Laufen Sie über die Staumauer, oder machen Sie Bungee-Jumping *(siehe S. 45)*.

→

Die Staumauer Grande Dixence hoch oben in den Bergen

Steiler Weg nach oben

Die Schweizer Gipfel waren schon immer eine Herausforderung für Ingenieure. 1871 wurde an der Rigi Europas erste Zahnradbahn eröffnet, die 1889 erbaute Pilatusbahn war lange Zeit die steilste Zahnradbahn der Welt. Bis heute sind Schweizer Seilbahnbauer führend in der Welt. Der neue Matterhorn Glacier Ride, der im Oktober 2018 eröffnet wurde, ist die höchste Bahn der Welt, die 2017 eröffnete Stoosbahn in Schwyz *(siehe S. 228)* ist die steilste Zahnradbahn weltweit. Und dann gibt es auch noch die CabriO-Bahn – eine Gondelbahn, die aufs Stanserhorn führt *(siehe S. 227)* – die weltweit erste mit einem offenen Oberdeck.

← *Standseilbahn Schwyz – Stoos auf dem Weg nach oben*

↑ *Die Rhätische Bahn unterwegs auf der Berninalinie*

Auf Schienen

Hindernisse machen eine Zugfahrt in der Schweiz nur umso interessanter. Das UNESCO-Welterbe Rhätische Bahn transportiert Fahrgäste durch 55 Tunnel und über knapp 200 Viadukte und Brücken, die Jungfraubahn gräbt sich durch die berüchtigte Eigernordwand *(siehe S. 102f)*. Nicht weniger beeindruckend ist der Gotthardtunnel *(siehe S. 233)* unter dem St.-Gotthard-Massiv, der längste und tiefste Bahntunnel der Welt.

TOP 3 Alpine Architekten

Herzog & de Meuron
Arbeiten dieser weltbekannten Architekten sind nicht nur in Basel zu sehen. Sie entwarfen auch das Gipfelrestaurant und die Seilbahnstation Chäserrugg.

Mario Botta
Der im Tessin geborene Architekt hat einige Bauwerke in die gebirgige Schweizer Landschaft gestellt, darunter das dreistöckige Gebäude auf dem Glacier 3000.

Bearth & Deplazes
In einer ganz besonders abgelegenen Gegend steht die neue Monte Rosa Hütte, die das Architekturbüro aus Chur als moderne Variante eines mittelalterlichen Bergfrieds konzipierte.

Auf dem Wasser

Gut 7000 Seen zählt das Land. Deshalb findet der Alltag am oder auf dem Wasser statt. Dampfer befahren den Genfer See *(siehe S. 142–147)* und Vierwaldstättersee. Auf dem Lago Maggiore *(siehe S. 234f)* sausen Schnellboote zwischen Locarno und Ascona. Von Schaffhausen *(siehe S. 242f)* fahren Boote nach Stein am Rhein *(siehe S. 257)*.

←

Ein alter Raddampfer auf dem türkisfarbenen Genfer See

SCHÖNE TOUREN
IN DER SCHWEIZ

Um all die Schönheiten der unterschiedlichen Schweizer Naturlandschaften zu bewundern, sollte man das Land bereisen. Am besten entdeckt man die Schweiz mit dem Auto, zu Fuß oder mit der Bahn. Und schon bald wird man feststellen: Der Weg ist das Ziel.

Mit der Bahn unterwegs

Der Blick aus dem Zugfenster ist genauso beeindruckend wie die Schweizer Ingenierskunst *(siehe S. 42f)*. Jedes Mal wenn der Bernina Express *(siehe S. 274)* aus einem der 55 Tunnel zwischen Chur und Tirano herausfährt, bietet sich eine andere Szenerie. Herrlich ist die Fahrt mit dem »langsamsten Schnellzug der Welt«, dem Glacier Express *(siehe S. 274)*. Sieben Stunden dauert die Strecke (290 km) von Zermatt nach St. Moritz.

→

Eine serpentinenreiche Straße führt zum St.-Gotthard-Pass

Einfach mal losfahren

Langsames Fahren lohnt sich, dann bekommt man auf einer malerischen Strecke viel mehr mit. Der durch die Schweizer Alpen führende St.-Gotthard-Pass *(siehe S. 233)* bietet eine kurvige Strecke und herrliche Bergsicht. Der Ausblick vom Umbrail-Pass – der höchste Straßenpass der Schweiz – lohnt sich ebenso.

Entdeckertipp

Blumenpracht

Der Bahnhof von Zermatt ist der Startpunkt des Botanischen Lehrpfads. Auf dem Wanderpfad (4 km) sieht man Blumen wie Edelweiß, Enzian und Orchideen.

Schon gewusst?

Auf gut vier Kilometern führen 24 Serpentinen zum St.-Gotthard-Pass hinauf.

←

Am mächtigen, eisigen Aletschgletscher entlangwandern

Auf Wanderschuhen

Die Schweizer schwören Stein und Bein, dass man ihr Land am besten zu Fuß erkunden kann. An Sommerwochenenden schnüren sie die Wanderschuhe und machen sich hinauf zum nächstgelegenen Berg. Herrlich sind das Lauterbrunnental mit zwölf Wasserfällen, der Eiger-Trail (6 km), der Gletscherweg Aletsch oder der Fünf-Seen-Weg rund um Zermatt mit dem Matterhorn.

←

Der berühmte rote Bernina Express überquert einen hohen Viadukt

Auf und davon

Die Schweizer Gipfel sind nicht nur ein großer Tummelplatz für Kletterer und Mountainbiker, Skifahrer und Snowboarder. In Verbier etwa findet man einige der renommiertesten Paragliding-Schulen in Europa, mit der Seilbahn Ebenalp in Appenzell erreicht man etliche Bereiche mit großartiger Thermik. Wer weniger hoch hinaufmöchte, fährt mit Grindelwalds First Flieger, einer rasanten Seilrutsche mit Blick auf Bergriesen wie den Eiger.

→

Hoch hinauf: Paragleiter beim Start im schönen Berner Hochland

Schon gewusst?

Paragleiter nutzen den in der Wärme entstehenden Aufwind, die Thermik, um aufzusteigen.

DIE SCHWEIZ FÜR WAGEMUTIGE

Die Schweiz mit ihren vielen hohen Bergen, schmalen Graten und tiefen Schluchten verfügt über zahlreiche großartige Locations für Extremsport. An den Wochenenden zieht es viele Einheimische hinaus in die Natur, um Adrenalin pur zu erleben. Seien Sie dabei!

Schluchtenabenteuer

Canyoning ist eine Kombination aus Abklettern, Springen, Abseilen und Schwimmen. Dabei wird eine Schlucht von oben nach unten begangen. Die besten Canyoning-Plätze der Schweiz sind das Valle Verzasca *(siehe S. 230f)* und das nahe Valle Maggia *(siehe S. 231)*, wo die Val-Grande-Canyoning-Route entlangführt. Bei Swiss River Adventures (www.swissriveradventures.ch) sind auch Anfänger willkommen.

←

Besucher bereiten sich auf einen Tauchgang im klaren Wasser im Valle Maggia vor

TOP 5 Packende Abenteuer

Olympia-Bobbahn, St. Moritz
Die älteste Bobbahn der Welt.

Klettersteig, Aletsch
Klettern rund um den Gibidum-Stausee.

Wildwasser-Rafting, Unterengadin
Nervenkitzel auf dem Inn in Graubünden.

TITLIS Cliff Walk, Engelberg
Europas höchstgelegene Hängebrücke.

Mountainbiken, Lenzerheide
Sechs Kilometer lange Abfahrt.

Auf den Spuren von 007

Adrenalinjunkies können an vielen Orten in der Schweiz James Bond nacheifern – eine Fahrt auf dem Furka-Pass *(siehe S. 237)* wie in *Goldfinger* (1964), Skifahren unterhalb vom Piz Gloria *(siehe S. 102)* wie *Im Geheimdienst Ihrer Majestät* (1969) oder Bungee-Springen am 220 Meter hohen Diga di Verzasca wie in *GoldenEye* (1995).

→

Tief hinunter: an der steilen Wand der Diga di Verzasca, bekannt aus GoldenEye

Museen über Museen

Das Schweizerische Nationalmuseum *(siehe S. 164f)* in Zürich ist die Visitenkarte des Schweizer Kulturerbes. Streifen Sie durch das Museum, und finden Sie viele gut gehütete Schätze, etwa alte Schlitten. Im Freilichtmuseum Ballenberg *(siehe S. 89)* sehen Sie rund 100 alte Gebäude und viele Vorführungen.

←

Eines der historischen Häuser im Freilichtmuseum Ballenberg

DIE SCHWEIZ FÜR GESCHICHTSFANS

Angesichts der atemberaubenden Natur kann man die historischen Aspekte der Schweiz leicht übersehen. Doch die Chance, auf kleinem Raum römische Ruinen, stolze Schlösser und einmalige UNESCO-Welterbestätten zu sehen, sollten Sie sich wirklich nicht entgehen lassen.

TOP 4 Historische Stätten

Römisches Amphitheater, Avenches
Dort finden ein Opernfestival und regelmäßig Konzerte statt.

Augusta Raurica, Basel
Römische Ausgrabungsstätte am Südufer des Rheins *(siehe S. 196)*.

Rütliwiese Luzern
Der Sage nach wurde dort am Vierwaldstättersee die moderne Schweiz gegründet.

Sasso San Gottardo, St.-Gotthard-Pass
Im Zweiten Weltkrieg erbaute Armeefestung, heute ein Museum *(siehe S. 233)*.

Das meistbesuchte Schloss

Die perfekte Verbindung von Historie und Lage bietet das Château de Chillon *(siehe S. 146f)*, einst auch Waffenlager und Gefängnis, auf einer kleinen Insel südlich von Veytaux im Genfer See. Die vielen fesselnden Geschichten rund um die Besitzer, die Herzöge von Savoyen, machen einen Ausflug dorthin zum großen Vergnügen.

→

Eine überdachte Brücke führt zum imposanten Château de Chillon

UNESCO-Welterbestätten

Bei so vielen UNESCO-Stätten fällt die Auswahl schwer. Bellinzonas herrliche Schlösser *(siehe S. 224f)* und Berns Zytglogge *(siehe S. 70f)* gehören zu den schönsten. Die Stiftskirche St. Gallen *(siehe S. 246f)* ist ein perfektes Beispiel für lebende Geschichte: Die Bibliothek beherbergt eine der großartigsten Sammlungen.

Reich verziert: Turm und Fassade der Stiftskirche St. Gallen

Himmlische Wesen zieren die Kuppel der Stiftskirche St. Gallen

Kontrahenten beim Schwingen, der Schweizer Variante des Freistilringens

SPORT
IN DER SCHWEIZ

Für Sportfans ist die Schweiz ein großartiges Land: Vom Anfänger bis zum Profi findet jeder für sich das Passende - seien es Skipisten, Eisflächen und Schlittenabfahrten im Winter, Tennis- oder Golfplätze, Wander- und Kletterrouten oder Trails für Mountainbiker im Sommer.

Lust auf Tennis?

Viele Schweizer haben bei internationalen Skiwettbewerben Medaillen gewonnen, Eishockey ist ebenfalls sehr populär. Mittlerweile ist auch Tennis fast Nationalsport geworden – dank Athleten wie Roger Federer und Belinda Bencic. Spielen Sie selbst auf einem der Plätze, oder feuern Sie Profis bei einem Turnier der ATP World Tour an, etwa in Genf (Mai), Gstaad (Juli) oder in Roger Federers früherem »Wohnzimmer« bei den Swiss Indoors in Basel (Okt).

Die Schweizer Tennisspielerin und Olympiasiegerin Belinda Bencic beim Fed Cup in Genf

Traditionen bewahren

Die Schweizer sind seit jeher große Sportfreunde. Schwingen, die Schweizer Form des Freistilringens, ist seit dem 13. Jahrundert bekannt. Einstmals schwangen Bauern oder Kuhhirten um Naturalien. Ein anderer Schweizer Nationalsport ist Hornussen, dabei wird eine Scheibe so weit wie möglich geschlagen. Beim Steinstossen muss ein zentnerschwerer Stein (max. 83,5 kg) möglichst weit gestoßen werden.

TOP 4 Sport zum Zuschauen

Eishockey, Davos
In dem Alpenort findet der legendäre Spengler Cup statt.

Segeln, Genf
Die Bol d'Or Mirabaud ist die weltgrößte Binnenseeregatta.

Radsport, Tour de Suisse
Unterstützen Sie die Fahrer beim Test für die Tour de France.

Fußball, diverse Orte
Von Juli bis Mai besuchen Fans die Spiele.

→ *Skulpturengruppe im Park des Musée Olympique, Lausanne*

Geschichte des Sports

Nach einem Besuch in Ouchy versteht man die Begeisterung der Schweizer für den Sport. Dort hat das Internationale Olympische Komitee seinen Sitz, und bei einem Bummel durch das Musée Olympique *(siehe S. 138)* in Lausanne erfährt man viel über die olympische Bewegung, sieht frühere Fackeln, Medaillen und andere Erinnerungsstücke. In Zürich steht das FIFA Museum *(siehe S. 173)*, wo der Fußball – die beliebteste Sportart der Welt – mit all seinen Höhen und Tiefen beleuchtet wird. Die größte Attraktion für jeden Besucher ist mit Sicherheit ein Selfie mit dem Original der Weltmeisterschaftstrophäe.

→ *Staunen im FIFA Museum in Zürich*

Heidi und Graubünden

Johanna Spyris Kinderbuch *Heidi* erzählt die Geschichte eines Waisenkindes, das hoch in den Alpen bei Chur bei seinem Großvater aufwächst. Das Buch wurde in 50 Sprachen übersetzt und begeisterte Kinder auf der ganzen Welt. Die können im Heididorf *(siehe S. 35)* oberhalb von Maienfeld *(siehe S. 261)* Heidis Erlebnissen nachspüren und sie nachspielen.

←

»Heidi« und »Geißenpeter« laufen über eine Bergwiese wie im Buch und im Film

DIE SCHWEIZ IN LITERATUR & FILM

Einige der meistgelesenen Klassiker der englischsprachigen Literatur wurden inspiriert durch die atemberaubende Schweizer Landschaft, die auch in Hollywood-Blockbustern häufig zu sehen ist. Machen Sie sich in Museen, bei Festivals oder Aufführungen auf die Spurensuche.

J. R. R. Tolkien und Lauterbrunnen

Für die meisten Fans von *Der Herr der Ringe* ist Mittelerde gleichbedeutend mit Neuseeland. Doch es waren die steilen Felsen, dunklen Höhlen und tiefen Wälder des Berner Oberlands *(siehe S. 80–113)*, die Tolkien zu seinen Geschichten inspirierten.

→

Raue Berge rund um den türkisfarbenen Oeschinensee

Expertentipp
Lizenz zum Chillen

Trinken Sie Martini wie James Bond auf knapp 3000 Metern Höhe im Restaurant Piz Gloria *(siehe S. 102)*, entworfen von Konrad Wolf.

Die Alpen und 007

Dreimal musste James Bond in den Schweizer Alpen aktiv werden: der atemberaubende Sprung von der Diga di Verzasca in *GoldenEye* (1995) und das Verfolgungsrennen zum Furka-Pass in *Goldfinger* (1964) – nervenaufreibend und unvergessen. Genau wie die waghalsige, steile Abfahrt weg vom Hauptquartier des Bösewichts Blofeld auf dem Schilthorn in *Im Geheimdienst Ihrer Majestät* (1969).

Schon gewusst?

Das Bond-Produktionsteam finanzierte die Fertigstellung des Piz Gloria und bekam dafür die Filmrechte.

→

Überwältigender Blick von der Terrasse des Restaurants Piz Gloria

←

Furcht einflößende Statue von Frankensteins Monster in Genf

Mary Shelley und Genf

Die Figur des Schweizer Wissenschaftlers Viktor Frankenstein wurde geboren, als Mary Shelley in einer dunklen und stürmischen Nacht am Genfer See 1816 eine düstere Geschichte begann. Ergebnis war eines der bekanntesten Werke der fantastischen Literatur, *Frankenstein*, an den in der gesamten Westschweiz erinnert wird. Besuchen Sie in der Gemeinde Plainpalais in Genf die Statue von Frankensteins Monster, das Landgut Villa Diodati, wo Shelley auf die Idee zur Geschichte kam, und die Fondation Martin Bodmer (https://fondationbodmer.ch), die viel Archivmaterial rund um die Entstehung des Buches präsentiert.

Schneesurfen

Skifahren ist der beliebteste Wintersport in der Schweiz, allerdings gibt es einige Winterresorts, wo Snowboarder besonders willkommen sind. Vier Snowparks, ein Freestyle-Hang und die weltweit größte Halfpipe – Flims Laax Falera ist ideal für Snowboarder. Nach ein paar Unterrichtsstunden in der LAAX School (www.laaxschool.com) kann man seine Moves zeigen. Grindelwald *(siehe S. 102)*, in der Jungfrauregion, ist eine der besten Optionen für Snowboard-Anfänger.

→ *Snowboard-Spaß im Skigebiet Flims Laax Falera*

SCHWEIZER WINTERSPORT

Die Schweizer Berge ziehen das ganze Jahr über Besucher an. Für Schneesport empfiehlt sich naturgemäß der Winter, dann ist zumindest in den hohen Lagen weiße Pracht garantiert. Ob man nun adrenalingeladenen Skisport oder eine familienfreundliche Schlittenfahrt sucht, die Schweiz wird nicht enttäuschen.

Schlitteln

Adrenalinjunkies besuchen den Cresta Run in St. Moritz, wo einst das erste Rennen dieser Wintersportart stattfand, die dem Skeleton sehr ähnlich ist (www.cresta-run.com). Wer es nicht so wild mag, der leiht sich einen Schlitten oder ein *velogemel*. Im Jahr 1911 erfand ein einheimischer Geschäftsmann und Schreiner den *velogemel* – ein hölzerner Sportschlitten, der dem Fahrrad nachempfunden ist. Im Bergdorf Grindelwald *(siehe S. 102)* ist es auch heute noch ein beliebtes und verbreitetes Fortbewegungsmittel.

← *Rasante Fahrt mit einem traditionellen Schlitten durch staubenden Schnee*

Reifenrodeln

Die wohl familienfreundlichste Wintersportart ist Snowtubing; dabei sitzen Eltern und Kinder auf mit Luft gefüllten Schläuchen und sausen auf Fahrbahnen abwärts. In der Schweiz gibt es die meisten Bahnen dieser Funsportart in ganz Europa. Allein Leysin *(siehe S. 150)* hat elf Fahrbahnen, und in Zermatt *(siehe S. 90f)* gleitet man auf einem Gletscher dahin.

←

Mit Snowtubes auf eisiger Bahn im Wallis

TOP 3 Berühmte Skisportler

Madeleine Berthod (geb. 1931)
Gewann Gold in der Abfahrt bei den Olympischen Spielen 1956.

Vreni Schneider (geb. 1964)
Schweizer Schneesportlerin des Jahrhunderts.

Simon Ammann (geb. 1981)
Vierfacher Olympiasieger im Einzelwettkampf beim Skispringen.

Auf die Bretter

Viele Resorts und Tausende Pistenkilometer existieren in der Schweiz. Kein Wunder, dass die besten Wintersportler hier trainieren. Wer auf klassische Abfahrt steht, sollte nach Verbier *(siehe S. 106f)* oder Davos *(siehe S. 261)*. Für Glitzer und Glamour stehen Zermatt *(siehe S. 90f)* und Gstaad *(siehe S. 106)*. Skilangläufer zieht es mittlerweile nach St. Moritz *(siehe S. 264f)*.

Entdeckertipp
Leere Pisten

Die Schweizer Skipisten sind weltberühmt, es gibt aber auch einige unbekannte. Man muss nur wissen, wo. Die autofreie Bettmeralp zum Beispiel wartet mit leeren Pisten auf Gäste.

→

Schussfahrt auf den Pisten im Skigebiet von Zermatt

DAS JAHR IN DER SCHWEIZ

Januar

Inferno Downhill *(Ende Jan).* Ältestes und längstes Abfahrtsrennen der Welt in Mürren.

Weltwirtschaftsforum *(Mitte Jan).* Jahrestreffen in Davos mit Politikern und Experten.

△ **Heißluftballonfestival** *(Ende Jan – Anfang Feb).* Wettfliegen und Spektakel in Château d'Oex in den Alpen.

Februar

△ **White Turf** *(erste drei So).* Rennen edler Pferde und viel Champagner auf dem gefrorenen St. Moritzersee.

Karneval *(Feb/März).* Viele tolle Feste in der närrischen Zeit; farbenprächtige Umzüge in Basel und Luzern.

Mai

Combats de Reines, Aproz *(Anfang Mai).* Traditioneller Kuhkampf in Aproz im Wallis, die schönste Eringer-Kuh wird die »Königin der Königinnen«.

△ **Internationales Käsefestival** *(1. So).* Besucher – und Juroren – schnüffeln und probieren Käse aus aller Welt und suchen den Supreme Champion in Gruyères.

Juni

△ **Art Basel** *(Mitte Juni).* Neben Miami und Hongkong die größte Kunstmesse der Welt.

Montreux Jazz Festival *(Ende Juni).* Musikfans strömen zu den Veranstaltungen in der Stadt; renommierte Interpreten aus Jazz, Rock und Pop spielen überall – ob im kleinen Café oder in Montreux' riesigem Auditorium Stravinski.

September

△ **Désalpage/Almabtrieb** *(Mitte Sep – Anfang Okt).* Die Rückkehr des Viehs von den alpinen Hochweiden wird in allen Dörfern gefeiert, Kinder führen schön geschmückte Kühe heim.

Oktober

Kastanienfestival *(Mitte Okt).* Feier rund um die Kastanien im Tessin, in Ascona werden an einem Tag mehr als 2000 Kilogramm gegessen.

△ **Suisse Toy, Bern** *(Mitte Okt).* Größte Spielzeugmesse der Schweiz alljährlich in Bern; dort gibt es alles vom Plüschmurmeltier bis zu den neuesten digitalen Spielsachen.

März

△ **Engadin Skimarathon** *(zweiter So)*. Tausende von Skilangläufern sind unterwegs bis nach S-chanf.

Internationaler Autosalon *(Mitte März)*. Zehntägige extravagante Veranstaltung in Genf rund ums Auto.

Verbier Xtreme *(Ende März – Anfang Apr)*. Wettbewerb für Skifahrer und Snowboarder auf Verbiers anspruchsvollen Pisten.

April

Festichoc *(Anfang Apr)*. Workshops, ein Schokoladenzug und viele Möglichkeiten, Schokolade zu probieren, in Versoix.

△ **Landsgemeinde** *(Ende Apr)*. Kantonale Open-Air-Abstimmung in Appenzell, bei der rund 3000 Bürger über verschiedene öffentliche Angelegenheiten entscheiden.

Juli

Paléo *(Ende Juli)*. Organisiert vom Non-Profit-Verein Paléo wird in Zirkuszelten um Nyon Rock, Blues und Funk gespielt.

△ **Swiss Open** *(Ende Juli)*. Die weltbesten Tennisspieler suchen beim ATP-Turnier im ultraschicken Gstaad auf Sandplätzen ihren Meister.

August

△ **Nationalfeiertag** *(1. Aug)*. Große Parade durch Zürich, in der ganzen Schweiz Feuerwerke, Musik und Bergfeuer anlässlich der Gründung der Eidgenossenschaft.

Internationales Filmfestival *(Mitte Aug)*. Tausende strömen nach Locarno zu Vorführungen von Premieren und Klassikern auf der Großleinwand im Freien.

Lucerne Festival *(Mitte Aug – Mitte Sep)*. International berühmtes Festival klassischer Musik mit zahlreichen Orchestern, Dirigenten und Solisten.

November

△ **Zibelemärit/Zwiebelmarkt** *(Ende Nov)*. Traditionelles Schweizer Volksfest in Bern mit vergnüglichen Aktivitäten zum Winterauftakt; zum Abschluss gibt es eine wilde Konfettischlacht.

Dezember

L'Escalade *(12. Dez)*. Das Fest erinnert an den 1602 gescheiterten Versuch des Herzogs von Savoyen, Genf einzunehmen. Tausende sind in historischen Gewändern in der Stadt unterwegs.

△ **Weihnachtsmärkte** *(ganzer Monat)*. Die Märkte in Basel, Bern, Zürich und Montreux gehören zu den größten, in Stein am Rhein und Fribourg sind sie besonders romantisch.

1

KURZE GESCHICHTE

Dank ihrer strategisch günstigen Lage war die Schweiz über Jahrhunderte sehr begehrt. Zum Schutz der alten Rechte und gegen die Fremdherrschaft wurde 1291 die Schweizer Eidgenossenschaft gegründet. Dieser Bund wurde bis zur neuen Verfassung von 1848 nach und nach ausgeweitet. Heute ist das Land trotz seiner politischen Neutralität ein Machtzentrum Europas.

Europäischer Kreuzungspunkt

Ab etwa 500 v. Chr. war die heutige Schweiz von zwei Stämmen besiedelt: keltischen Helvetiern und etruskischen Rätern. Im Jahr 58 v. Chr. wurde die Region ins Römische Reich eingegliedert, es herrschten Frieden und Wohlstand: Die Landwirtschaft blühte, Städte entstanden, neue Handelsstraßen wurden angelegt. Vom 5. bis 13. Jahrhundert war das Gebiet heftig umkämpft, ehe es im 8. Jahrhundert in das Fränkische Reich integriert wurde. Doch auch weiterhin bekämpften sich dort die Dynastien der Habsburger, Savoyer und Zähringer.

1 *Karte von Basel (17. Jh.)* ↑

2 *Schlacht am Morgarten gegen die Habsburger 1315*

3 *Schweizer Volksheld: Wilhelm Tell*

4 *Bildersturm in Zürich während der Reformation 1524*

Chronik

390 v. Chr.
Gallische Truppen überqueren auf dem Weg nach Rom den Großen St. Bernard

5. Jh. v. Chr.
Helvetier und Räter siedeln sich in den Alpen an

218 v. Chr.
Hannibal überquert die Alpen mit seinen Elefanten

ab 200 v. Chr.
Die Römer führen ihre Religion, Sprache und Versorgungssysteme ein

742
Mit der Aufnahme ins Fränkische Reich durch Karl den Großen entsteht ein Feudalsystem

2

3

4

Geburt der Schweizer Nation

1291 schlossen Vertreter der drei »Urstämme« Unterwalden, Schwyz und Uri mit dem Rütlischwur einen Bund gegen fremde Mächte. Die Schweizer Eidgenossenschaft war geboren, die Legende um den Volkshelden Wilhelm Tell und seinen Kampf gegen die Habsburger entstand. Weitere Kantone traten dem Bund bei bis zur Unabhängigkeit 1499. Schweizer Soldaten waren wegen ihrer Tapferkeit lange als Söldner gefragt, doch nach der Niederlage in der Schlacht von Marignano 1515 rief das Land den »ewigen Frieden« mit Frankreich aus. Das führte dazu, dass Schweizer per Gesetz nicht mehr für ausländische Heere kämpfen durften, und zur Neutralität des Landes.

Reformation

Die protestantische Reformbewegung Anfang des 16. Jahrhunderts löste einen bitteren Konflikt zwischen katholischen Kantonen und denjenigen aus, die Reformern wie Ulrich Zwingli (1484–1531) und Johann Calvin (1509–1564) anhingen. Trotz der Spaltung hielten alle Kantone während der Religionskriege im Europa des 17. Jahrhunderts an der Eidgenossenschaft fest.

Mère Royaumes Kochtopf

Am 11. Dezember 1602 versuchten Truppen des Herzogs von Savoyen Genf einzunehmen. Catherine Cheynel (»Mère Royaume«), die Mutter von 14 Kindern, schnappte sich einen Kessel mit heißer Suppe und goß ihn auf die Angreifer. Dabei kam einer zu Tode, das rüttelte die Bewohner auf, und sie verteidigten gemeinsam ihre Stadt.

1291

Entstehung der Schweizer Eidgenossenschaft

1315

Sieg über die Habsburger in der Schlacht am Morgarten, Festigung der Eidgenossenschaft; Unabhängigkeit nach Schwabenkrieg von 1499

1506

Gründung der päpstlichen Schweizergarde

1516

Hugenottische Flüchtlinge führen die Uhrmacherei ein

1680–1700

Die Mathematiker Jakob und Johann Bernoulli forschen zu Wahrscheinlichkeits- und Integralrechnung

1

2

3

Gründung der modernen Schweiz

1798 fiel Napoléon in der Schweiz ein, schaffte die Kantone der Eidgenossenschaft ab und gründete die kurzlebige und ungeliebte Helvetische Republik. 1803 erhielt die Eidgenossenschaft ihren Namen zurück, doch die französische Rechtsprechung galt bis zu Napoléons Niederlage in Waterloo 1815. Infolge des Bürgerkriegs wurde 1848 eine neue Verfassung ins Leben gerufen, die 1874 überarbeitet wurde und das heutige System der direkten Demokratie etablierte: Die Kantone werden von einer Bundesversammlung in Bern regiert. Mit der politischen Stabilität blühte das Land wieder auf, Handelsbanken wurden gegründet, Eisenbahnlinien und Straßen gebaut. Damit setzte auch der Tourismus in den Alpen ein, Industriezweige wie Schokoladen- und Uhrenherstellung boomten.

Neutralität in zwei Weltkriegen

In beiden Weltkriegen verharrte die Schweiz in einem Status der bewaffneten Neutralität. So spielte sie eine wichtige Rolle als geheimer Treffpunkt der Alliierten und der Achsenmächte für Handelsgespräche (was die Schweizer Bankenindustrie be-

Frauenwahlrecht

Frauen in der Schweiz dürfen erst seit 1971 wählen. Letzter Kanton war Appenzell Innerrhoden, dort dürfen Frauen bei kommunalen Angelegenheiten erst seit dem Jahr 1991 mitabstimmen. Seither haben Frauen auf politischem Gebiet viel erreicht. 2010 war die Schweiz eines von nur fünf Ländern weltweit, in deren Parlamenten mehr Frauen als Männer saßen.

Chronik

1863
Henri Dunant gründet das Rote Kreuz; 1901 bekommt er den ersten Friedensnobelpreis

1874
Überarbeitete Schweizer Verfassung erlaubt direkte Demokratie per Referendum

1912
Carl Jung veröffentlicht sein bahnbrechendes Werk *Psychologie des Unbewussten*

1914–18
Schweiz organisiert Einheiten des Roten Kreuzes, bleibt aber im Ersten Weltkrieg neutral; Vertrag von Versailles bekräftigt 1919 die Neutralität

4

flügelte), Spionage und Geheimdiplomatie. Die Schweiz wurde ein Zufluchtsort für Flüchtlinge aus ganz Europa, auch wenn sie das Raubgold der Nazis und andere erbeutete Waren anonym gegen harte Währung eintauschte. In den Nachkriegsjahren erlebte die Schweiz einen enormen finanziellen und industriellen Aufschwung, da sie die Verwüstungen des Krieges unbeschadet überstanden und ihre Neutralität und politische Isolation bewahrt hatte.

1 *Napoléon bei Zürich* ↑

2 *General Guisan im Zweiten Weltkrieg 1939*

3 *Frauen protestieren 1971 für ihr Stimmrecht*

4 *Hier bummelt jeder gern: Rennweg in Zürich*

Die Schweiz heute

Auch wenn sich das kleine wohlhabende Land in den Bergen seine politische Neutralität weiterhin Pflegt, ist es heute doch weit mehr in die europäischen Angelegenheiten involviert. 2002 trat die Schweiz den Vereinten Nationen bei, 2005 nach einer Volksabstimmung auch dem Schengener Abkommen, will aber nicht in die EU. 2016 unterzeichnete sie das Pariser Klimaabkommen. Ihre Asyl- und Immigrationsgesetze sind heftig umstritten, doch als Heimat vieler wichtiger internationaler Organisationen spielt das Land weiterhin eine wichtige Rolle in globalen Angelegenheiten.

Schon gewusst?

Am Geburtstag von Henri Dunant, dem 8. Mai, ist Weltrotkreuztag.

1928

Erste eigenständige Olympische Winterspiele in St. Moritz

1996

»Nazigold«-Skandal zeigt: Schweiz hat Nazi-Deutschland wirtschaftlich unterstützt

2008

Passkontrollen an allen Grenzen entfallen

2021

Zum 50. Jahrestag des Frauenstimmrechts in der Schweiz rückt das Thema »Gleichstellung« ins Blickfeld der Tagespolitik

DIE SCHWEIZ
ERLEBEN

Prachtvolles Portal des Berner Münsters (siehe S. 66f)

Bern

Mit seiner malerischen Lage an der Aare und den hübschen Gebäuden im mittelalterlichen Zentrum ist Bern (französisch Berne, italienisch Berna) eine der schönsten historischen Städte der Schweiz. Die Bundesstadt mit etwa 143 000 Einwohnern ist Universitätsstadt und Sitz von Regierung (Bundesrat) und Parlament. Zahlreiche internationale Organisationen haben ebenfalls ihren Sitz in der Hauptstadt.

Bern liegt auf einer schmalen, erhöhten Landzunge an einer steilen Biegung des Flusses Aare. Es wurde 1191 von Berthold V., Herzog von Zähringen, gegründet. Das Stadtwappen ziert ein Bär. Einer Sage zufolge sollte die neue Siedlung den Namen des Tiers tragen, das der Herzog als Erstes auf der nächsten Jagd erlegte. Dies war ein Bär. Der Herzog nannte die Stadt folglich »Bärn«. Nach dem Niedergang der Zähringer-Dynastie wurde Bern eine freie Stadt. Sie blühte und gedieh und trat 1353 der Eidgenossenschaft bei.

1528 bekannten sich die Berner offiziell zur Reformation und unterstützten die Protestanten. Durch seinen wohlhabenden Adel war Bern am Ende des 16. Jahrhunderts zu einem mächtigen Stadtstaat aufgestiegen. Im 17. und 18. Jahrhundert erweiterte es sein Territorium durch Annexion umliegender Gebiete. Diese verlor die Stadt beim Einfall napoleonischer Truppen 1798 teilweise wieder. Bern blieb jedoch wichtig und mächtig genug, um 1848 zur Bundesstadt zu werden. Die historische Altstadt wurde im Jahr 1983 von der UNESCO zum Welterbe erklärt.

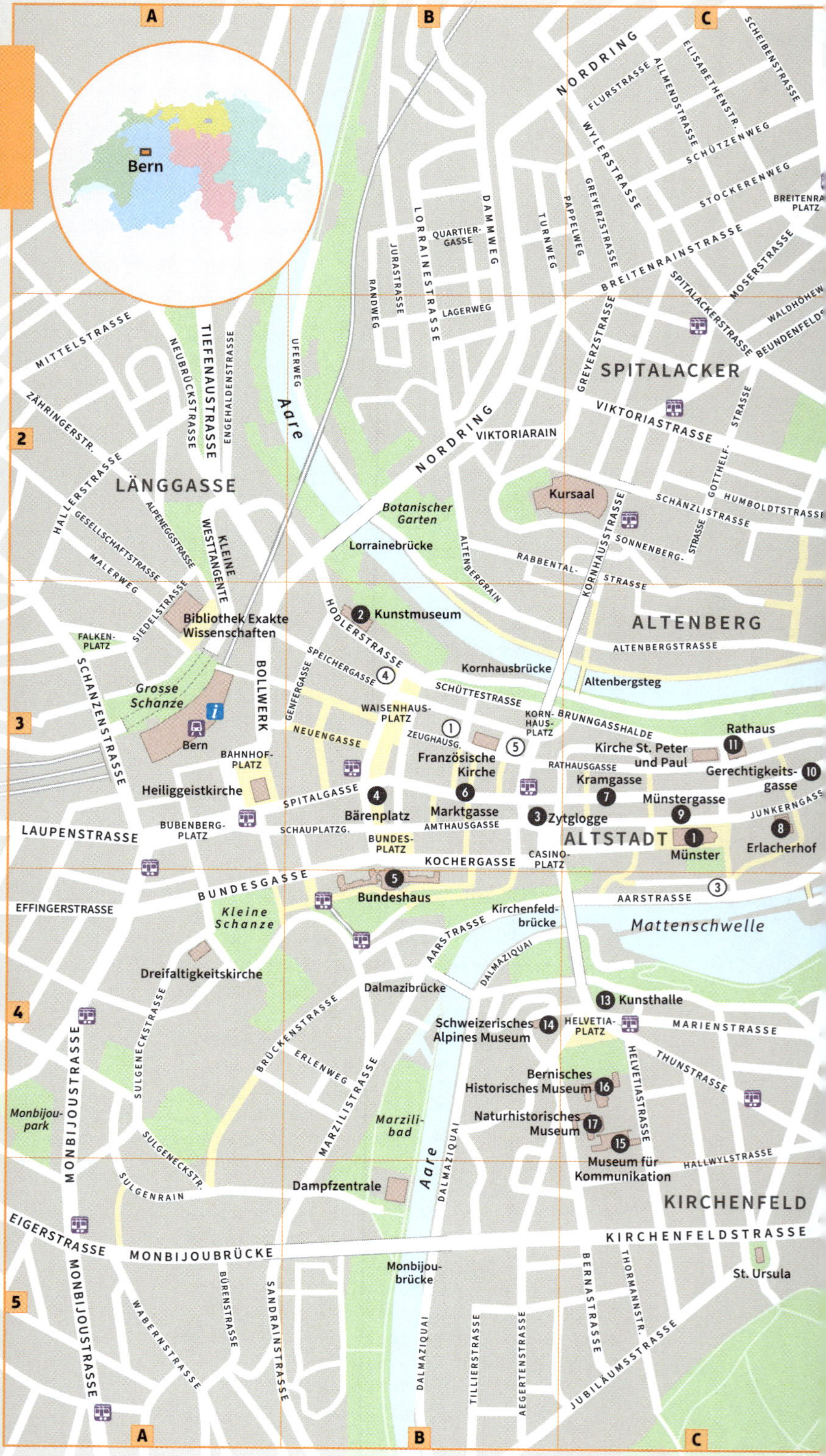
Bern
LÄNGGASSE
SPITALACKER
ALTENBERG
ALTSTADT
KIRCHENFELD
Aare
Botanischer Garten
Lorrainebrücke
Kursaal
Kunstmuseum
Bibliothek Exakte Wissenschaften
Grosse Schanze
Bern
Kornhausbrücke
Altenbergsteg
Französische Kirche
Heiliggeistkirche
Bärenplatz
Marktgasse
Zytglogge
Rathaus
Kirche St. Peter und Paul
Gerechtigkeitsgasse
Kramgasse
Münstergasse
Erlacherhof
Münster
Bundeshaus
Kleine Schanze
Kirchenfeldbrücke
Mattenschwelle
Dreifaltigkeitskirche
Dalmazibrücke
Kunsthalle
Schweizerisches Alpines Museum
Bernisches Historisches Museum
Naturhistorisches Museum
Museum für Kommunikation
Marzilibad
Dampfzentrale
Monbijoupark
Monbijoubrücke
St. Ursula
NORDRING
MONBIJOUBRÜCKE
KIRCHENFELDSTRASSE
BUNDESGASSE
KOCHERGASSE
LAUPENSTRASSE
SPITALGASSE
AARSTRASSE
EIGERSTRASSE
MONBIJOUSTRASSE
VIKTORIASTRASSE
BREITENRAINSTRASSE
SCHANZENSTRASSE
BOLLWERK
LORRAINESTRASSE
ALTENBERGSTRASSE
THUNSTRASSE
MARIENSTRASSE
HELVETIAPLATZ
CASINOPLATZ
BUNDESPLATZ
BUBENBERGPLATZ
BAHNHOFPLATZ
WAISENHAUSPLATZ
KORNHAUSPLATZ

Bern

Highlights

- ❶ Münster
- ❷ Kunstmuseum
- ❸ Zytglogge

Sehenswürdigkeiten

- ❹ Bärenplatz
- ❺ Bundeshaus
- ❻ Marktgasse
- ❼ Kramgasse
- ❽ Erlacherhof
- ❾ Münstergasse
- ❿ Gerechtigkeitsgasse
- ⓫ Rathaus
- ⓬ BärenPark
- ⓭ Kunsthalle
- ⓮ Schweizerisches Alpines Museum
- ⓯ Museum für Kommunikation
- ⓰ Bernisches Historisches Museum
- ⓱ Naturhistorisches Museum
- ⓲ Zentrum Paul Klee

Restaurants

- ① Lötschberg
- ② Restaurant Lokal

Lokale

- ③ Café Einstein au Jardin
- ④ Turnhalle
- ⑤ Kornhauskeller

1

Münster

C3 Münsterplatz 12, 30 +41 31 312 0462
Sommer: Mo–Sa 10–17, So 11:30–17; Winter: Mo–Fr 12–16, Sa 10–17, So 11:30–16 (Turm: letzter Einlass: 30 Min. vor Schließung) bernermuenster.ch

Das Berner Münster ist ein großartiges Beispiel der von Deutschland beeinflussten Spätgotik. Es ist die jüngste der großen gotischen Kirchen der Schweiz. Die Arbeiten begannen 1421, doch erst 1893 wurde die Kirche durch Hinzufügung der Turmspitze vollendet.

Das an der Stelle eines Vorgängerbaus errichtete Berner Münster ist mit einer Höhe von 100 Metern der höchste Kirchenbau des Landes. Das Wahrzeichen Berns dominiert die Silhouette der Stadt. Der Baumeister Matthäus Ensinger von Ulm entwarf sie als dreischiffige Basilika mit Fächergewölbe, Seitenkapellen und Turm. Wesentliche Teile des Münsters entstanden während der Reformation. Dementsprechend sind etwa die religiösen Symbole des Chors katholisch, die Wappen an der Decke protestantisch.

Hunderte von Sandsteinfiguren schmücken das Portal. Über Stufen erreicht man die beiden Turmgalerien in 46 und 64 Metern Höhe.

Der **Turm** hat eine Höhe von 100 Metern.

→ *Berns eindrucksvolles Münster ist reich mit Skulpturen geschmückt*

Das Giebelfeld des **Hauptportals** (15. Jh.) ziert eine Darstellung des Jüngsten Gerichts.

Die **Kanzel** (1470) wurde wie die übrige Ausstattung während der Reformation beschädigt.

↑ *Licht strömt durch ein Bleiglasfenster im Kirchenschiff*

↑ *Der schlanke Turm des Münsters überragt das malerische Zentrum der Schweizer Hauptstadt*

Schöne Aussicht
Blick vom Turm

Gegen eine Gebühr (5 SF, Kinder 2 SF) können Sie die 344 Stufen zur oberen Turmgalerie hinaufsteigen. Die Aussicht lohnt die Mühe. Der Blick reicht über die Dächer der Stadt und die Aare bis weit in die Umgebung. In der Ferne sehen Sie auch die schneebedeckten Gipfel der Berner Alpen.

↑ *»Die klugen Jungfrauen« – Teil des üppigen Skulpturenschmucks des Portals*

2

Kunstmuseum

B3 Hodlerstrasse 8–12 11, 20, 21 +41 31 328 0944 Di 10–21, Mi–So 10–17 1. Mai, 24., 25. Dez kunstmuseumbern.ch

Berns Kunstmuseum ist das älteste seiner Art in der Schweiz und der ideale Ort, sieben Jahrhunderte erstklassiger Kunst zu erleben. Präsentiert werden über 3000 Gemälde sowie rund 50000 Handzeichnungen, Druckgrafiken, Fotografien, Videos und Filme.

Die Sammlung umfasst mehr als 4000 Kunstwerke vom 14. bis 20. Jahrhundert und besitzt Gemälde der Frührenaissance, Alte Meister des 16. und 17. Jahrhunderts, Werke französischer Künstler des 19. und 20. Jahrhunderts (von Delacroix, Manet und Monet bis hin zu Cézanne und Braque) sowie Arbeiten von Picasso, Klee und Kandinsky. Zu den Höhepunkten gehören die *Eingeschlafene Trinkerin* aus Pablo Picassos Blauer Periode und *Ad Parnassum*, das Paul Klee im Jahr 1932 unter dem Einfluss des Pointillismus schuf.

Das Museum, dem eine Ausstellungsfläche von 3500 Quadratmetern zur Verfügung steht, veranstaltet dienstags und sonntags öffentliche Führungen; Kinder werden auch Workshops angeboten (nach Voranmeldung).

Kurzführer

Die Orientierung ist einfach, da die Anordnung der Werke einem klaren Prinzip folgt: Im Untergeschoss sind Gemälde Alter Meister ausgestellt, im Erdgeschoss werden Werke aus dem 19. Jahrhundert und im ersten Stock Bilder aus dem 20. Jahrhundert gezeigt, darunter auch Arbeiten von Picasso und Klee.

1

2

3

1 Eis auf dem Fluss – *die Winterlandschaft mit Eisschollen auf einem breiten Fluss malte der französische Impressionist Claude Monet 1882.*

2 *Besucher in einem Ausstellungsraum*

3 *Büsten in den Wandnischen des großen Treppenhauses des Kunstmuseums*

↑ *Werke des Schweizer Malers Ferdinand Hodler und Fassade des Berner Kunstmuseums* (Detail)

3

Zytglogge

B3 Bim Zytglogge 1 6, 7, 8, 9 10, 12, 19, 30 Apr – Okt: Mo, Mi, Fr, Sa, So (online buchen) zeitglockenturm.ch

Wahrzeichen von Bern ist der aus dem Mittelalter stammende Zeitglockenturm im Herzen der Altstadt. Mit seinem monumentalen Uhrwerk gehört er zu den wichtigsten Sehenswürdigkeiten der Stadt.

Von 1191 bis 1250 bildete der Turm das westliche Stadttor, bis der Käfigturm diese Funktion übernahm. Nach dem Brand von 1405 wurde der Zytglogge wiederaufgebaut und als Gefängnis genutzt. Noch heute beherbergt er eine der ältesten Turmuhren der Schweiz. Die astronomische Uhr mit den übergroßen Zifferblättern fertigte Caspar Brunner zwischen 1527 und 1530. Sie besitzt mechanische Figuren, darunter Bären und einen krähenden Hahn, die ihre Prozession auf dem östlichen Zifferblatt drei Minuten vor jeder vollen Stunde beginnen. Bei einer Führung kann man ihre Mechanik aus der Nähe bewundern – ebenso die Aussicht über die Stadt.

Führungen bieten Einblick in die Mechanik der astronomischen Uhr

Schöne Aussicht
Bei Nacht

Obwohl die Aussicht vom Turm beeindruckend ist, muss man sich nicht einer Turmführung anschließen. Denn von Ostern bis Oktober und vor Weihnachten wird der Zytglogge in der Abenddämmerung schön beleuchtet.

Die astronomische Uhr mit Gestirnen und Tierkreiszeichen

Der hohe Zytglogge (Zeitglockenturm) erhebt sich über den Dächern der Berner Altstadt

Turmglocke

Die stündlich erklingende Glocke hat einen Durchmesser von 1,27 Metern und ein Gewicht von etwa 1400 Kilogramm. Seit Errichtung des Turms blieb sie unverändert. Eine lateinische Inschrift auf der Glocke lautet: »Im Jahre 1405 im Monat Oktober wurde ich von Meister Johannes, genannt Reber aus Aarau, gegossen. Ich bin ehernes Gefäss und Wachs, und allen verkünde ich die Stunden des Tages«.

Highlight

Unter dem Zytglogge verläuft eine bei Dunkelheit illuminierte Arkade

SEHENSWÜRDIGKEITEN

4 Bärenplatz

B3 6, 7, 8 12, 30

Die lang gezogene Promenade wirkt eher wie eine breite Straße. Sie geht an ihrer nördlichen Seite in den Waisenhausplatz über, von dem sie nur durch einen Brunnen getrennt ist.

Der Bärenplatz ist nach der Bärengrube benannt, die sich einst hier befand. Der Waisenhausplatz verdankt seinen Namen dem ehemaligen Kinderheim in dem Barockgebäude.

Östlich der beiden Plätze befinden sich der Holländische Turm und der **Käfigturm**. Letzterer verfügt über ein Giebeldach und eine schlanke Laterne, die von der Turmspitze gekrönt wird. Der Käfigturm, einst Teil der Stadtmauer, entstand, als Bern sich nach Westen ausdehnte. Er fungierte von 1250 bis 1350 als Stadttor. Zwischen 1643 und 1897 wurde er als Gefängnis genutzt, seit 1999 dient er als Veranstaltungsraum für Seminare, Treffen von Politikern und Ausstellungen.

An seiner Südseite grenzt der Bärenplatz an den von Cafés gesäumten Bundesplatz. Dienstags und samstags findet hier vormittags ein Obst- und Blumenmarkt statt.

Schon gewusst?

In Bern fand das Finale der Fußball-WM 1954 statt, in dem Deutschland Ungarn mit 3:2 schlug.

Käfigturm
Marktgasse 67 +41 31 322 7500 Mo 14–18, Di–Fr 10–18, Sa 10–16

5 Bundeshaus

B4 Bundesplatz 3
10, 19 parlament.ch

Der Sitz der Bundesversammlung befindet sich auf einem Felsen über dem Aaretal. Vom Bundesplatz aus blickt man auf die Nordfassade. Schöner ist die Südfassade, die man von der Monbijoubrücke über die Aare sieht.

Das Parlamentsgebäude wurde von W. H. Auer im Stil der Neorenaissance entworfen und 1894 bis 1902 erbaut. Der zentrale Teil des Gebäudes umfasst eine saalartige Kuppelhalle, von der eine breite Treppe zu den Ratssälen führt. Die Halle besitzt Gemälde, die Szenen aus der Schweizer Geschichte zeigen. Zugang besteht nur im Rahmen von Führungen (online buchen).

Von der Bundesterrasse hinter dem Bundeshaus aus hat man einen Panoramablick auf die Alpen. Eine Seilbahn an der Westseite des Gebäudes bringt Besucher hinunter ins Aaretal.

Expertentipp
Lichtermeer

Jedes Jahr im Herbst wird der Platz vor dem Bundeshaus Bühne für die spektakuläre und farbenprächtige Multimediashow »Rendez-vous Bundesplatz«. Die Aufführungen sind kostenlos und finden mehrmals täglich statt.

Der mittelalterliche Käfigturm, das spätere Stadttor, in der Marktgasse ↑

6

Marktgasse

B3 6, 7, 8, 9 10, 12, 19, 30

Die im 13. Jahrhundert angelegte Gasse beginnt im Osten beim Zytglogge, dem ehemaligen Stadttor, und endet im Westen beim Käfigturm, dem späteren Stadttor. Heute ist die Marktgasse das Zentrum des Berner Einkaufsviertels. Auf ihr befinden sich auch zwei Renaissance-Brunnen: der Anna-Seiler-Brunnen in Erinnerung an die Frau, die 1354 das erste Krankenhaus in Bern gründete, und der Schützenbrunnen.

Am benachbarten Kornhausplatz steht der makabre Kindlifresserbrunnen, der einen Unmenschen beim Verschlingen eines Kindes zeigt. Auf der Nordwestseite der Kornhausgasse liegt die Französische Kirche (12. Jh.). Sie wurde im 17. Jahrhundert von französischen Protestanten, geflüchteten Hugenotten, übernommen.

←
Schweizer Bundeshaus mit Fassade im Stil der Neorenaissance

7

Kramgasse

C3 6, 7, 8 10, 12, 19, 30

Die Gerechtigkeitsgasse ist die östliche Verlängerung der Kramgasse, der Hauptachse des mittelalterlichen Bern (12. Jh.). Zu beiden Seiten der Kramgasse stehen historische Gebäude und Zunfthäuser mit Arkaden.

Zudem zieren drei Brunnen die Gasse: der Zähringerbrunnen (1542) mit einem Bären in Rüstung, der die Standarte des Gründers von Bern (Berthold V., Herzog von Zähringen) hält, der Simsonbrunnen (1545) mit Samson, der einen Löwen besiegt, und der Kreuzgassbrunnen (1778).

Kramgasse 49 ist das **Einsteinhaus**. Hier lebte der Physiker Albert Einstein von 1903 bis 1905 und entwickelte die Relativitätstheorie. Seine Wohnung ist heute ein Museum. Zu sehen sind Gegenstände aus der Zeit seines Aufenthalts in Bern.

Einsteinhaus
Kramgasse 49
tägl. 10–16 **einstein-bern.ch**

Lokale

Café Einstein au Jardin
Genießen Sie von der Gartenterrasse die wundervolle Aussicht.
C4
Münsterplattform
einstein-jardin.ch

Turnhalle
Machen Sie es sich mit einem Bier einer lokalen Brauerei am Kamin oder im Hof gemütlich.
B3
Speichergasse 4
turnhalle.ch

Kornhauskeller
Berns prachtvollster Gewölbekeller – für Besucher ein Muss.
B3
Kornhausplatz 18
kornhaus-bern.ch

8

Erlacherhof

C3 Junkerngasse 47
12, 30 für Besucher

Das Gebäude wurde ab 1747 von Albrecht Stürler erbaut. Die Barockvilla im französischen Stil, der Erlacherhof, gehörte Hieronymus von Erlach, dem einstigen Bürgermeister von Bern. Flügel und Hauptgebäude bilden einen rechten Winkel und umschließen einen eleganten Innenhof.

Hinter der Villa wurde ein idyllischer französischer Garten angelegt. Der Erlacherhof ist heute Sitz von Bürgermeister und Stadtrat von Bern.

Bummel über den Wochenmarkt in der historischen Münstergasse ↑

9

Münstergasse

C3

Die Gasse verläuft parallel zur Kramgasse und verbindet den Theaterplatz mit dem von hübschen Arkaden gesäumten Münsterplatz. Dienstag- und samstagvormittags (Apr–Okt auch Do) findet hier ein Fleisch- und Käsemarkt statt, in der Adventszeit ein großer Christkindlmarkt.

An der Kreuzung von Münstergasse und Theaterplatz liegt die **Stadt- und Universitätsbibliothek**. In dem Gebäude (18. Jh.) finden Buch- und Manuskriptausstellungen zur Geschichte Berns und zu anderen Themen statt.

An der Kreuzung von Münstergasse und Münsterplatz steht der Mosesbrunnen von 1791, den eine Mosesstatue mit den Zehn Geboten ziert. Südlich des Münsters schließt sich die Münsterplattform an, eine schöne Terrasse mit Bäumen, Barockpavillons – und einem traumhaften Blick auf das Mattequartier und die Aare.

Stadt- und Universitätsbibliothek
Münstergasse 61
+41 31 631 9211
Mo–So 8–21

Restaurants

Lötschberg
Große Auswahl an Käsegerichten, die man an langen Tischen genießt. Dazu 200 Weine aus vorwiegend nachhaltiger Landwirtschaft. Keine Reservierung.

B3
Zeughausgasse 16
lotschbergbern.com
SF SF SF

Restaurant Lokal
Schweizer und internationale Küche aus saisonalen und lokalen Produkten in entspannter Atmosphäre.

D1
Militärstrasse 42
lokal-bern.ch
SF SF SF

10

Gerechtigkeitsgasse

C3

Die Straße wird von einigen der ältesten und schönsten Häuser Berns gesäumt. Viele davon sind ehemalige Zunfthäuser. Die Fassaden zieren Motive der jeweiligen Handwerkskünste.

Auch in der Gerechtigkeitsgasse steht ein Brunnen – der Gerechtigkeitsbrunnen, den eine Statue, eine Allegorie der Gerechtigkeit, krönt.

Im Osten geht die Gerechtigkeitsgasse in die Nydegggasse über. Dort stand einst eine Burg, etwa 100 Jahre bevor Berthold V. an diesem Platz eine neue Stadt gründete. Im späten 15. Jahrhundert musste die Burg einer kleinen Kirche, der Nydeggkirche, weichen. Im 19. Jahrhundert wurde die Nydeggbrücke über die Aare gebaut. Sie verbindet die Altstadt Berns mit den östlichen Stadtteilen.

11

Rathaus

C3 Rathausplatz 2 12, 30 +41 31 633 7550 sta.be.ch

Das Rathaus ist Sitz der Legislative des Kantons und der Stadt Bern. Das Gebäude mit gotischer Fassade wurde 1406–16 erbaut.

Seit dem 15. Jahrhundert ist das Rathaus mehrfach umgebaut worden, das Erdgeschoss entstand 1939 bis 1942 unter Bewahrung seines gotischen Charakters völlig neu. Die Besuchergalerie ist bei Sitzungen für die Öffentlichkeit zugänglich. Einmal im Monat finden kostenlose Führungen statt (telefonisch oder per E-Mail buchen (rathaus@be.ch)). Die nahe gelegene neugotische katholische Kirche St. Peter und St. Paul wurde im Jahr 1858 vollendet.

12

BärenPark

D3 Grosser Muristalden 6 12 +41 31 357 1525 Zeiten tel. erfragen tierpark-bern.ch

Bären wurden ab dem frühen 16. Jahrhundert in Gräben (»Bärengraben«) am anderen Ende der Nydeggbrücke östlich der Altstadt gehalten. Seit 2009 leben sie in einem rund 6000 Quadratmeter großen Park am Ufer der Aare. Im Unterschied zu früher steht den Bären in diesem Landschaftspark nun mehr Raum zur Verfügung.

Bern Tourismus betreibt ein Tourist Center neben dem Park in einem ehemaligen Straßenbahndepot – nebst Restaurant mit selbst gebrautem Bier.

Ein steiler Pfad führt vom BärenPark hinauf zum schönen Rosengarten, der auf einem Hügel liegt und mehr als 200 Rosenarten besitzt.

13

Kunsthalle

C4 Helvetiaplatz 1 6, 7, 8 19 +41 31 350 0040 Di–Fr 10–17 (Sa, So ab 10) kunsthalle-bern.ch

Die Kunsthalle wurde 1918 gegründet und gilt als herausragendes Museum moderner Kunst. Das Museum besitzt keine eigene Sammlung, zeigt jedoch Wechselausstellungen mit Werken renommierter Künstler.

Bären

Bei der Gründung von Bern durch den Herzog von Zähringen im Jahr 1191 soll das erste von ihm erlegte Wild – ein Braunbär – dem Ort den Namen gegeben haben. Seither sind diese Tiere untrennbar mit dem Namen der Schweizer Hauptstadt verbunden. Mitten in der Stadt kann man einige Bären sehen.

↑ *Gotische Fassade des seit dem 15. Jahrhundert mehrfach umgebauten Rathauses*

14 Schweizerisches Alpines Museum

B4 Helvetiaplatz 4
6, 7, 8 19 +41 31 350 0440 Di–So 10–17
alpinesmuseum.ch

Anhand von Videos, Fotografien, Dioramen, Modellen und Gemälden beschreibt dieses Museum die einzigartige Geologie, Topografie und Naturgeschichte der Alpen. Auch das alpine Klima und das Leben der Menschen dieser Gebirgslandschaft werden dargestellt.

Zur Ausstellung gehören die grafische Veranschaulichung der Gletscherbildung sowie ein maßstabsgetreues Modell des Berner Oberlands.

Die Abteilungen widmen sich den diversen Aspekten alpinen Lebens, etwa Transport, Industrie, Tourismus und Wintersport. Alltag und Kultur der Alpenbewohner stehen ebenso im Fokus wie Umweltschutz.

Ein Kuriosum sind die zersägten Einzelteile des Monumentalbilds *Aufstieg und Absturz* von Ferdinand Hodler. Fast comicartig stellen sie die Erstbesteigungsversuche des Matterhorns 1865 dar.

Expertentipp
Schwimmen in der Aare

An einem sehr heißen Tag geht nichts über ein Bad in der Berner Aare, um sich zu erfrischen. Ein Tipp ist das Marzilibad im Süden der Stadt mit mehreren Treppen in den Fluss.

15 Museum für Kommunikation

C4 Helvetiastrasse 16
6, 7, 8 19 +41 31 357 5555 Di–So 10–17
mfk.ch

Das interessante Museum erzählt die spannende Geschichte der Kommunikation über große Entfernungen hinweg. Die Ausstellung reicht von Signalfeuern bis zu Satelliten. Multimediashows führen den Besucher in die komplexe Welt moderner Kommunikationssysteme ein. Die neue Dauerausstellung bringt Besucher dazu, Karaoke zu singen und sich im Hacken zu versuchen.

Neu sind auch die »Kommunikatoren«, eine Gruppe von Experten, die im Museum ständig als Ansprechpartner zur Verfügung stehen. Wechselausstellungen widmen sich Themen wie digitale Entgiftung oder politische Cartoons.

→
Zentrum Paul Klee mit wellenförmiger Architektur von Renzo Piano

←

Interaktive Ausstellung im Museum für Kommunikation

16 Bernisches Historisches Museum

C4 Helvetiaplatz 5 6, 7, 8 19 +41 31 350 7711 Di–So 10–17 bhm.ch

Das Museum verteilt sich auf sieben Stockwerke eines neugotischen Gebäudes (1894). Es umfasst rund 500 000 Objekte sowie das Einstein Museum.

Zu den Exponaten zählt eine Totentanzdarstellung, die Kopie eines klösterlichen Wandbilds (16. Jh.). Stolz des Museums ist eine Sammlung von zwölf Gobelins aus Burgund (teilweise 15. Jh.). Sehr beeindruckend ist auch die Millefleurs-Tapisserie.

Der Berner Silberschatz versammelt etwa 90 kostbare Objekte der Gold- und Silberschmiedekunst des 16. bis 18. Jahrhunderts, darunter Pokale, figürliche Trinkgefäße und Ehrengaben aus Renaissance und Barock.

Das ebenfalls im Haus untergebrachte Einstein Museum präsentiert eine Dauerausstellung zum Lebensweg des Physikers und seinen bahnbrechenden naturwissenschaftlichen Erkenntnissen.

17 Naturhistorisches Museum

C4 Bernastrasse 15 6, 7, 8 19 +41 31 350 7111 Mo 14–17, Di, Do, Fr 9–17, Mi 9–18, Sa, So 10–17 nmbe.ch

Das Berner Naturhistorische Museum hat seine Wurzeln im 19. Jahrhundert. Die nicht nur bei Tierfreunden beliebte Kulturstätte ist vor allem bekannt für ihre zahlreichen Dioramen, in denen ausgestopfte Tiere in ihrem natürlichen Lebensraum gezeigt werden.

Überaus interessant ist auch die Abteilung »Fauna der Alpen«. Zu sehen sind auch der Bernhardiner Barry, ein berühmter Rettungshund aus dem 19. Jahrhundert, sowie viele Mineralien und Fossilien aus den Alpen.

Schon gewusst?

Paul Klee lehrte auch am Bauhaus in Weimar und später in Dessau.

18 Zentrum Paul Klee

F3 Monument im Fruchtland 3 19 +41 31 359 0101 Di–So 10–17 zpk.org

Das 2005 eröffnete Kunstzentrum besitzt die weltweit größte zusammenhängende Sammlung von Werken des Schweizer Künstlers Paul Klee (1879–1940), der lange Zeit in Bern lebte. Von den rund 4000 Gemälden und Zeichnungen Klees können jeweils nur ca. 200 Werke gezeigt werden. Der Architekt Renzo Piano entwarf hierfür ein wellenförmiges Gebäudeensemble, in dem auch ein Kindermuseum sowie verschiedenste Events, von Musik bis Tanz, Platz finden.

Spaziergang durch die Altstadt

Länge 2 km **Dauer** 30 Min. **Tram** 6, 7, 8

Die Berner Altstadt mit ihren langen, kopfsteingepflasterten Straßen, den roten Hausdächern, farbenfroh bemalten Brunnen und malerischen Arkaden gehört zu den am besten erhaltenen historischen Stadtzentren in der Schweiz. Der Verlauf der Straßen hat sich seit dem 15. Jahrhundert kaum verändert. Zu dieser Zeit entstanden auch Münster und Rathaus, zwei der großartigen Sehenswürdigkeiten Berns. Der westliche Teil der Altstadt wird durch Läden und Straßenmärkte belebt, im älteren östlichen Teil herrscht eine ruhigere Atmosphäre vor.

↑ *Zytglogge – ein Wahrzeichen von Bern*

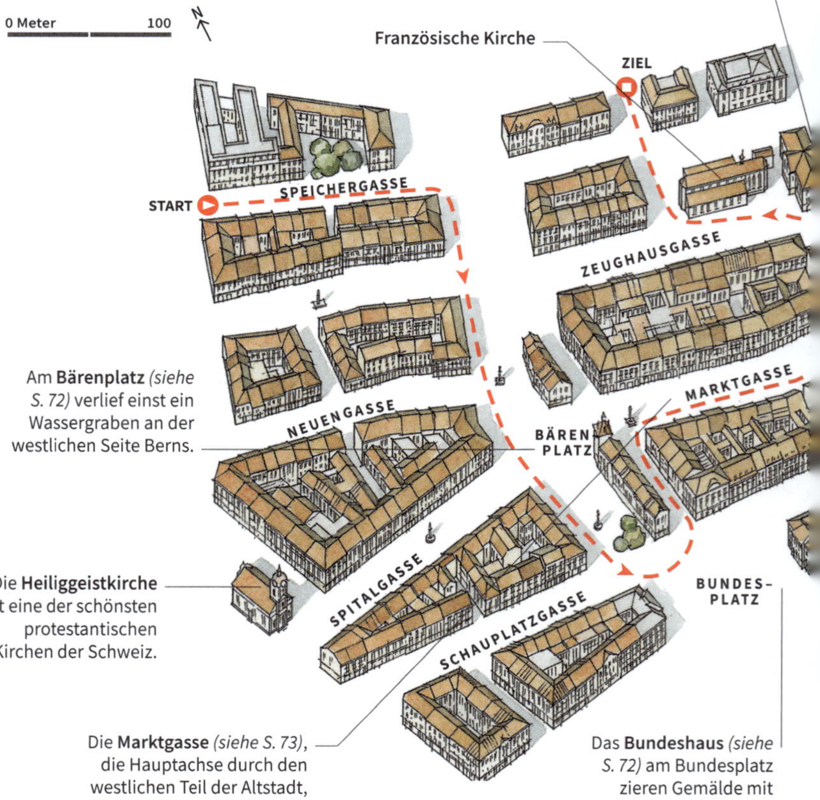

Das heutige Kulturzentrum **Kornhaus** (18. Jh.) wurde über großen gewölbten Weinkellern erbaut. Hier befindet sich ein Restaurant.

Französische Kirche

Am **Bärenplatz** *(siehe S. 72)* verlief einst ein Wassergraben an der westlichen Seite Berns.

Die **Heiliggeistkirche** ist eine der schönsten protestantischen Kirchen der Schweiz.

Die **Marktgasse** *(siehe S. 73)*, die Hauptachse durch den westlichen Teil der Altstadt, beginnt am Käfigturm.

Das **Bundeshaus** *(siehe S. 72)* am Bundesplatz zieren Gemälde mit Szenen aus der Schweizer Geschichte.

Schon gewusst?

Die Französische Kirche ist das älteste Gotteshaus in Bern.

Die **Gerechtigkeitsgasse** *(siehe S. 74f)* bildet den östlichen Teil der Hauptachse durch die Altstadt. Das Haus Nr. 68 gehörte der Weberzunft, seine Fassade ziert ein Greif. Sehenswert ist auch ein Brunnen mit der Statue der Gerechtigkeit.

Zur Orientierung
Siehe Stadtteilkarte S. 64f

Von 1191 bis 1250 war der **Zytglogge** *(siehe S. 70f)* das westliche Stadttor, später diente er als Gefängnis. Das Glockenspiel beginnt drei Minuten vor der vollen Stunde.

Das **Rathaus** *(siehe S. 75)* zieren eine Doppeltreppe und eine gotische Vorhalle, durch die man zum Haupteingang gelangt.

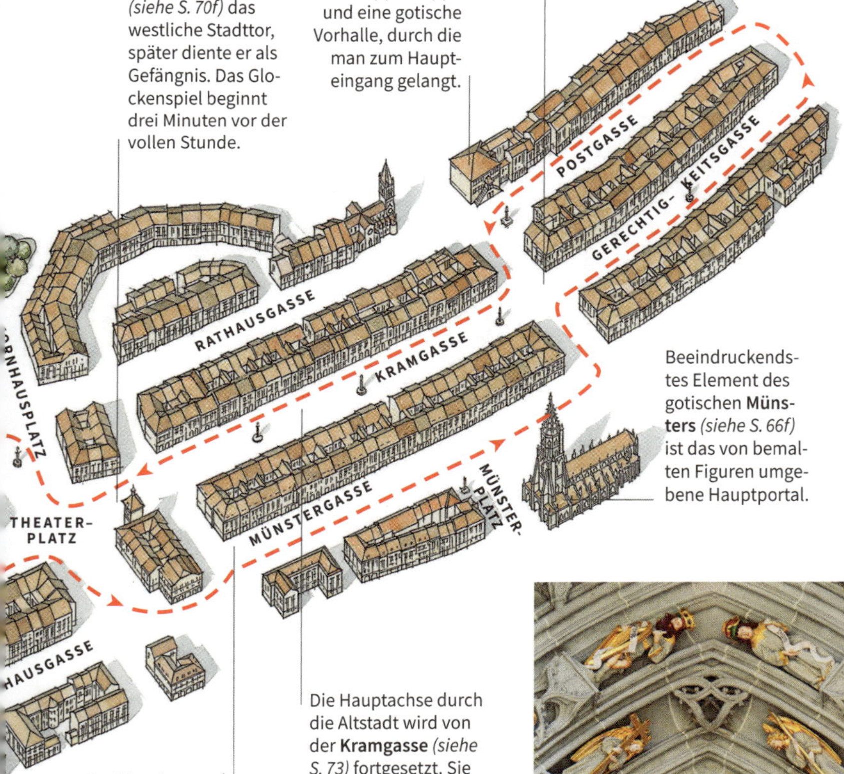

Beeindruckendstes Element des gotischen **Münsters** *(siehe S. 66f)* ist das von bemalten Figuren umgebene Hauptportal.

Am Dienstag- und Samstagvormittag herrscht in den Arkaden der **Münstergasse** *(siehe S. 74)* reges Markttreiben.

Die Hauptachse durch die Altstadt wird von der **Kramgasse** *(siehe S. 73)* fortgesetzt. Sie beginnt beim Zytglogge. Der Glockenturm markiert die Westgrenze des ältesten Teils der Altstadt.

→ *Üppiger Figurenschmuck am Portal des Berner Münsters*

Matterhorn – Fotomotiv par excellence (siehe S. 90f)

Mittelland, Berner Oberland und Wallis

Die drei Regionen erstrecken sich über den westlichen Teil der Zentralschweiz. Das Mittelland, das Kerngebiet der Schweizer Landwirtschaft, besteht im Wesentlichen aus dem Kanton Solothurn und dem nördlichen Teil des Kantons Bern. Im Gegensatz zu den benachbarten Städten Bern und Basel blieb Solothurn nach der Reformation katholisch. Die überwiegend deutschsprachige Bevölkerung des Kantons Bern hingegen ist seit dem 16. Jahrhundert protestantisch.

Der südliche Teil des Kantons Bern wird als Berner Oberland bezeichnet. Die bergige Region erhebt sich im Süden des Thuner- und des Brienzersees. An diesen Seen liegen die Städte Thun, Interlaken und Brienz. Das Berner Oberland ist mit einer wunderschönen Landschaft gesegnet, mit imposanten Berggipfeln, ausgezeichneten Skipisten und sanfteren Tälern, in denen man herrlich wandern kann.

Der überwiegend katholische, zu etwa zwei Dritteln französischsprachige Kanton Wallis (Valais) umfasst das Rhônetal und die Walliser Alpen. Er unterteilt sich in zwei Regionen: in Unterwallis, ein französischsprachiges Gebiet im Westen, und in Oberwallis, ein deutschsprachiges Gebiet (teilweise Walliserdeutsch) im Osten. Die tiefer gelegenen Teile des Wallis werden industriell genutzt, die bergigeren Regionen mit den großen, international bekannten Ferienorten Verbier, Crans-Montana, Zermatt und Saas-Fee und Gipfeln wie Matterhorn und Eiger hingegen leben vom ganzjährigen Tourismus.

Mittelland, Berner Oberland und Wallis
Ferrette
Liestal
Dornach
Porrentruy
Delémont
St-Brais
SOLOTHURN
Olten 7
Balsthal
Bévilard
Weissenstein 9
8
Langenthal
Grenchen
Solothurn
Herzogenbuchsee
St-Imier
Jura
10 Biel (Bienne)
Bätterkinden
Twann
Huttwil
La Chaux-de-Fonds
La Neuveville
Bielersee
Lyss
Burgdorf
Morteau
Erlach
Aarberg
Emme
Neuchâtel
Zollikofen
Hasle-Rüegsau
12 Emmental
Ittigen
Murten
Bern
Langnau
Lac de Neuchâtel
Köniz
Worb
Fleurier
Bern Airport
Trubschachen
Champagne
Münsingen
Schwarzenburg
Payerne
Yverdon-les-Bains
Fribourg
BERN
Steffisburg
Emme
Thun 2
Oberhofen
Westschweiz
Seiten 130–157
Thunersee 2
Moudon
Erlenbach
Spiez
1
Echallens
Niesen 2362 m
Interlaken
Simmental 25
Frutigen
Lauterbrunnen 16
Gruyères
Zweisimmen
Simme
Mürren 18
Oeschinensee 6
Lausanne
Gstaad 21
Adelboden 19
20 Kandersteg
Vevey
Lenk
Lac Léman (Genfer See)
Blatten
Évian-les-Bains
Villeneuve
Gsteig
Lötschbergtunnel
Wildhorn 3248 m
Leukerbad 38
Aigle
Crans-Montana 34
28 Sierre
Rhône
La Baume
Monthey
Sion
Visp
Grand Muveran 3051 m
27
St-Luc
Stalden
St-Maurice
St-Pierre-de-Clages 26
Val d'Anniviers 32
Grimentz
Montriond
Euseigne
WALLIS
Rhône
Val d'Hérens 31
Saxon
Zinal
Dom 4545 m
Martigny 22
23
29 Barrage de la Grande Dixence
Taninges
Verbier
Vallée du Trient 30
Tasch
Orsières
FRANK-REICH
Mont Blanc de Cheilon 3870 m
Arolla
4 Zermatt
Cluses
4
Bourg-St-Pierre
Matterhorn
Ferret
Grand Combin 4314 m
33
Sallanches
Monte Rosa
Chamonix-Mont-Blanc
24 Großer St.-Bernhard-Pass

Mittelland, Berner Oberland und Wallis

Highlights

1. Interlaken
2. Thun und Thunersee
3. Brienz und Brienzersee
4. Zermatt und Matterhorn
5. Aletschgletscher
6. Oeschinensee

Sehenswürdigkeiten

7. Olten
8. Solothurn
9. Weissenstein
10. Biel (Bienne)
11. Meiringen
12. Emmental
13. Giessbachfälle
14. Grindelwald
15. Jungfraujoch
16. Lauterbrunnen
17. Wengen
18. Mürren
19. Adelboden
20. Kandersteg
21. Gstaad
22. Martigny
23. Verbier
24. Großer St.-Bernhard-Pass
25. Simmental
26. St-Pierre-de-Clages
27. Sion
28. Sierre
29. Barrage de la Grande Dixence
30. Vallée du Trient
31. Val d'Hérens
32. Val d'Anniviers
33. Monte Rosa
34. Crans-Montana
35. Saas-Fee
36. Simplon-Pass
37. Brig
38. Leukerbad

Reizvolle Straße in Interlaken mit den Bergen im Hintergrund ↑

1

Interlaken

C4 · 150 km südöstl. von Bern · Interlaken Ost u. West · Interlaken: Marktgasse 1 · interlaken.ch

Interlaken liegt auf einem schmalen Landstreifen zwischen Thunersee *(siehe S. 86f)* und Brienzersee *(siehe S. 88f)*. Es verdankt seinen Namen einem Kloster, das im 12. Jahrhundert hier gegründet wurde. Sein lateinischer Name »Inter Lacus« bedeutet »zwischen den Seen«. Heute ist das Städtchen ein beliebter Ferienort mit Bergsport- und Wandermöglichkeiten im Sommer sowie Skipisten im Winter. Außerdem locken mehrere Seen in der Umgebung.

①

Heimwehfluh

Därligenstrasse 32
Apr – Okt: tägl. 8:30 – 16:30 · Nov – März
heimwehfluh.ch

Die Heimwehfluhbahn, eine der ältesten Drahtseilbahnen der Schweiz, wird bereits seit 1906 betrieben und führt von Interlaken auf die 680 Meter hohe Heimwehfluh, die sie innerhalb von vier Minuten erreicht. Die Aussicht während der Fahrt ist großartig. Oben angekommen wartet ein Erlebnisspielplatz auf junge Besucher; zudem gibt es eine Modelleisenbahn-Show.

Vom Restaurant hat man einen grandiosen Blick übere Interlaken und Umgebung.

Von April bis Oktober ist eine Rodelbahn in Betrieb. Auf Sommerschlitten, die auf Schienen verankert sind, saust man durch den Rugenwald hinunter bis zur Talstation – eine rasante Fahrt.

> Schöne Aussicht
> **1-a-Panorama**
> Eiger, Mönch und Jungfrau sind vom Zwei-Seen-Steg am Harder Kulm, Interlakens Hausberg, sehr gut zu sehen. Von der Aussichtsplattform (1322 m) mit Glasboden hat man einen herrlichen Blick.

②

Kunsthaus Interlaken

Jungfraustrasse 55
Mo – Sa 14 – 17, So 11 – 17
kunsthausinterlaken.ch

Interlakens bedeutendstes Kunstmuseum eröffnete 2009 und ist in einem modernisten Gebäude untergebracht. Im Kunsthaus gibt es eine Vielzahl an zeitgenössischen Ausstellungen, deren Schwerpunkt die Schweizer Alpen bilden. Dabei werden das Alltagsleben und die Geschichte dieser Alpenlandschaft von einheimischen und internationalen Künstlern interpretiert. Außerdem finden hier auch Filmvorführungen, Workshops und Konzerte statt.

③

Bödelibahn

Kanalpromenade 1
Mai – Okt · Nov – April
boedelibahn.business.site

Auf dem Bödeli – eine Schwemmebene zwischen Thuner- und Brienzersee –

Highlight

liegt Interlaken. Im Jahr 1872 wurde die Bödelibahn eröffnet, die Därligen am Thunersee mit Bönigen am Brienzersee verband. Im Jahr 1969 wurde der Personenverkehr eingestellt.

Heute verkehrt ein Straßenzug gleichen Namens zwischen Thuner- und Brienzersee, dabei erfahren die Fahrgäste viel Wissenswertes über die Geschichte und Kultur der Region. Nebenbei kann man die herrliche Aussicht auf die wunderschöne alpine Landschaft genießen.

④ Unterseen

Unterseen liegt wie Interlaken zwischen dem Thuner- und dem Brienzersee und war im Mittelalter befestigte Stadt in strategisch wichtiger Lage. Damals kontrollierte sie die Handelswege und Pässe in die Zentralschweiz und nach Italien. Heute besitzt Unterseen eine entspanntere Atmosphäre als Interlaken. Die malerische Altstadt eignet sich zu jeder Tageszeit für einen Spaziergang.

Inmitten der Altstadt liegt der Stadthausplatz mit dem Stadthaus, in dem sich ein Café und ein Restaurant befinden. Jenseits des Platzes steht die **Reformierte Kirche** mit ihrem Kirchturm (1491). Im nahen Pfarrhaus (17. Jh.) ist heute das **Tourismuseum** untergebracht, das die Tourismusgeschichte der Jungfrauregion zum Thema hat. Zudem werden in Ausstellungen das alpine Eisenbahnwesen und die Entwicklung des Wintersports – von den Anfängen bis zu den Herausforderungen durch den Klimawandel – dargestellt. Highlight ist die Ausstellung über die Geschichte des Alpinismus, beginnend mit den ersten Bergsteigern, die den Eiger in Anzug und Krawatte bezwangen.

Reformierte Kirche
Kirchgasse 3 Sommer: tägl. 9–18; Winter: tägl. 9–17

Tourismuseum
Obere Gasse 26
Apr–Okt: Mi–So 14–17; Nov–März: Mi, So 14–17
tourismuseum.ch

Heute besitzt Unterseen eine entspanntere Atmosphäre als Interlaken. Die malerische Altstadt eignet sich zu jeder Tageszeit für einen Spaziergang.

2

Thun und Thunersee

C4 150 km südöstl. von Bern Bahnhof thuntourismus.ch

Der Thunersee ist berühmt für sein türkisfarbenes Wasser und der größere von zwei Seen, an denen Interlaken liegt. Er ist Anziehungspunkt für Segler, Windsurfer, Wasserskifahrer und Taucher. Am Ausfluss der Aare aus dem Thunersee liegt die Stadt Thun, die im 12. Jahrhundert von Berthold V. von Zähringen erweitert wurde.

①
Thuner Altstadt

Die Altstadt von Thun mit dem Schloss liegt am rechten Ufer der Aare. Die Obere Hauptgasse, die Hauptstraße, verläuft parallel zum Fluss . Sie ist in Hochtrottoirs und der Straße darunter unterteilt. Um in die Läden zu gelangen, müssen die Passanten heruntergehen. Die Straßen, die von der Oberen Hauptgasse abgehen, führen zum Schloss.

②
Schloss Thun

Schlossberg 1 Feb, März: tägl. 13–16; Apr–Okt: tägl. 10–17; Nov–Jan: So 13–16 schlossthun.ch

Von dem auf einem Hügel errichteten Schloss blickt man auf die Stadt und das Berner Oberland. Im Schloss, das über einen mächtigen Wehrturm verfügt, befindet sich ein Museum über die Stadtgeschichte. In anderen Räumen sind Haushaltsgegenstände, Waffen und Uniformen zu besichtigen. Auf dem Hügel erhebt sich auch die Stadtkirche.

③
Schadaupark

Am linken Flussufer erstreckt sich der Schadaupark, ein schöner englischer Garten, wo man zahlreiche Pflanzen bewundern kann. In Schloss Schadau, einem Prachtbau von Mitte des 19. Jahrhunderts, befindet sich ein Hotel mit Restaurant. In einem gesonderten Gebäude wird das **Thun-Panorama**, das 1809–14 von Marquard Wocher gemalt wurde, ausgestellt. Es ist ein Rundbild der Stadt Thun

Schon gewusst?

1969 ließ der Schweizer Staat mehr als 6500 Waffen im Thunersee versenken.

Hübsche Chalets in Thun säumen die Ufer des Thunersees

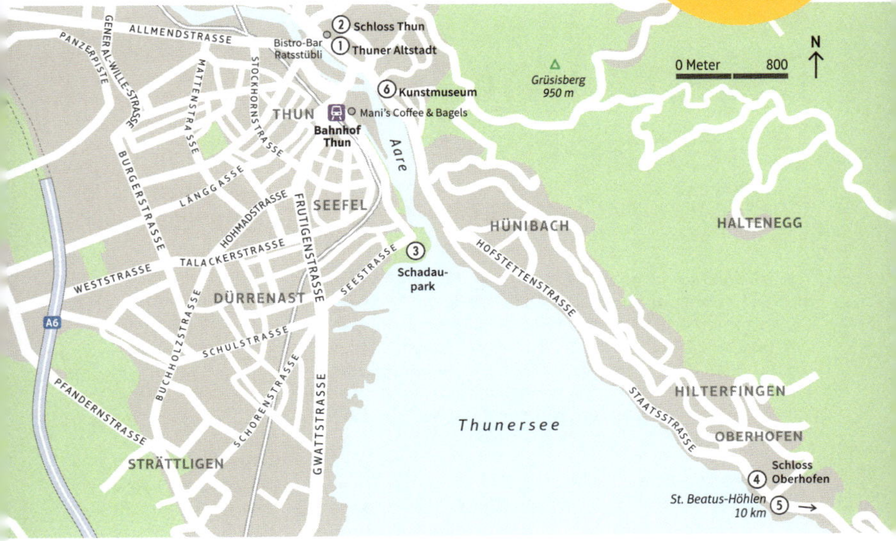

und das älteste erhaltene Panorama der Welt.

Thun-Panorama
Seestrasse 45, Schadaupark März–Okt: Di–So 11–17; Juli, Aug: tägl. 10–18 thun-panorama.ch

4 Schloss Oberhofen

Oberhofen 21 Mai–Okt: Di–So 11–17
schlossoberhofen.ch

Am Nordufer des Thunersees erhebt sich Schloss Oberhofen, einst im Besitz der Adelsfamilie Oberhofen. Die ältesten Bauteile entstanden um 1200, mehrfach wurde das Schloss umgebaut. Viele Ergänzungen wurden im 19. Jahrhundert getätigt.

Seit 1954 fungiert es als Museum. Zu den Highlights zählen die Schlosskapelle aus dem 15. Jahrhundert, die für ihre herrlichen Wandmalereien bekannt ist, und der 1855 fertiggestellte orientalische Rauchsalon oben im Bergfried. Auch der Garten ist besuchenswert.

5 St. Beatus-Höhlen

Seestrasse 30, Sundlauenen 21 März–Okt: tägl. 9–17 Nov–Feb
beatushoehlen.swiss

Der Legende nach soll einst im Mittelalter in den St. Beatus-Höhlen ein schrecklicher Drache gehaust haben. Im Rahmen einer Führung, die rund einen Kilometer ins Höhleninnere führt, kann man sich vergewissern, ob das Ungetüm noch da ist. Zu sehen sind Grotten, Hallen sowie Tropfsteinformationen wie Stalagmiten und Stalaktiten. Die Temperaturen in den Höhlen liegen bei rund 8 °C, deshalb ist warme Kleidung empfehlenswert.

Außerhalb gibt es ein Restaurant mit Seeblick und ein Höhlenmuseum.

6 Kunstmuseum

Hofstettenstrasse 14
Di–So 10–17 (Mi bis 19)
kunstmuseumthun.ch

Das im französischen Renaissance-Stil erbaute Haus war einst das Grand Hotel Thunerhof und liegt direkt an der Aare. Seit etwa 50 Jahren beherbergt es das Kunstmuseum mit Schweizer Kunsthandwerk (18. Jh.), Dada und Pop-Art. Das Museum verfügt nicht über eine permanente Ausstellung, dafür werden jährlich vier bis fünf Wechselausstellungen zeitgenössischer Kunst gezeigt.

Bars

Bistro-Bar Ratsstübli
In dieser Bistro-Bar werden u. a. diverse Biersorten serviert. DJs und gelegentlich auch Bands sorgen für Unterhaltung.

Rathausplatz 6, Thun ratsstuebli.ch

Mani's Coffee & Bagels
Hier gibt es großartige Kaffee-Kreationen , Bagels und Kuchen.

Panoramastrasse 1a, Thun manis.ch

3

Brienz und Brienzersee

D4 150 km südöstl. von Bern Hauptstrasse 143; +41 33 952 80 80

Östlich von Interlaken *(siehe S. 84f)* liegt der Brienzersee inmitten bewaldeter Hänge und Wasserfälle. Der 14 Kilometer lange und drei Kilometer breite See bietet weniger Wassersportmöglichkeiten als der Thunersee *(siehe S. 86f)*, was ihn für Angler umso attraktiver macht. Am nordöstlichen Seeende liegt Brienz, der namengebende Ort des Sees, ein idealer Ausgangspunkt zum Wandern, zum Angeln und für Wassersport.

①

Brienz Rothorn Bahn

Hauptstrasse 149
Mai–Okt: tägl. 8–18
Nov–Apr brienz-rothorn-bahn.ch

Seit 1892 schiebt eine Dampflokomotive die kleinen roten Waggons der Brienz Rothorn Bahn auf den Rothorn (2350 m) hinauf, die höchste Erhebung der Emmentaler Alpen. Aus der Zahnradbahn haben die Passagiere eine herrliche Aussicht auf den Brienzersee. Es gibt auf der Route einige Zwischenstopps, damit die Fahrgäste einen Teil des Wegs wandern können. An der Bergstation angekommen sind es nur noch ca. 100 Meter bis zum Berghaus Rothorn Kulm, wo man auf der Terrasse mit kulinarischen Köstlichkeiten verwöhnt wird und nebenbei den atemberaubenden Ausblick auf 693 weitere Berggipfel genießen kann. Um längere Wartezeiten zu vermeiden, sollten Tickets inklusive Sitzplatzgarantie am besten im Voraus gekauft werden.

②

Schule fur Holzbildhauerei

Schleegasse 1
Ausstellung: Mi–So 10:30–17 museum-holzbildhauerei.ch

Brienz gilt als das Zentrum für die Schweizer Holzbildhauerei. Deshalb strotzt der Ort vor Läden, die alle möglichen Gegenstände aus Holz, von Spielzeug bis Möbel, anbieten. Die Schule für Holzbildhauerei kann besucht werden, um den dortigen Schülern bei deren Arbeiten zuzusehen.

③

Geigenbauschule

Oberdorfstrasse 94
+41 33 951 18 61
nach Vereinbarung

Brienz ist auch für den Geigenbau bekannt. In der Geigenbauschule wird der Bau von Geigen und anderen

Das reizende Dorf Brienz liegt am Ufer des Brienzersees

Streichinstrumenten gelehrt. Auf einer Führung erhalten Besucher einen Einblick in dortige Arbeit, zudem sind hier gefertigte Geigen zu besichtigen.

④
Bernatone Alphornbau

Habkern tägl. 8–12, 13–17 (Werkstattführungen nur nach Vereinbarung)
bernatone.ch

Eines der bekanntesten Nationalsymbole der Schweizer Alpen ist das Alphorn. Es wird aus einem rohen Baumstamm, oft aus heimischem Fichtenholz, gefertigt. Bei Bernatone Alphornbau im Bergdorf Habkern kann man bei der Herstellung dieses Blasinstruments zusehen.

Entdeckertipp
Beschwingten Schrittes

Die enge, gepflasterte Brienzer Brunngasse wird von Holzhäusern (18. Jh.) gesäumt. Im Frühling quellen die Balkone über vor bunten Blumen.

Auf Werkstattführungen erfährt man alles über das Alphorn. Mitglieder der Familie Tschiemer erzählen viel Wissenswertes über den traditionellen Herstellungsprozess, über die Alphirtenkultur und über die Geschichte des Alphorns, die bis in das 15. Jahrhundert zurückreicht. Man kann sich auch an einem dieser Blasinstrumente versuchen und, falls Talent vorhanden, auch eines im Laden nebenan kaufen.

⑤
Freilichtmuseum Ballenberg

3 km östl. von Brienz
Mitte Apr – Okt: tägl. 10–17 (Gelände ab 9)
ballenberg.ch

Von schlichten Alpenhütten bis zu kompletten Bauernhöfen – auf dem 66 Hektar großen Gelände dieses Freilichtmuseums befinden sich 109 historische ländliche Bauten und über 200 Nutztiere. Die Gebäude bestehen größtenteils aus Holz und stammen aus allen Landesteilen der Schweiz. Zahlreiche alte Handwerksberufe werden in den Werkstätten ausgeübt, u. a. Weben, Spinnen und Käseherstellung.

Lokale

Brienzerburli
In diesem Restaurant am Seeufer werden heimische Speisen, u. a. Rindfleisch aus der Umgebung, frischer Barsch sowie Raclette und Rösti serviert.

Hauptstrasse 11, Brienz
brienzerburli.ch
SF SF SF

Lindenblüte
Mit einer großen Sonnenterrasse und einem Wintergarten eignet sich dieses elegante Lokal für jede Jahreszeit. Die Speisekarte wird saisonal geändert, und für die Gerichte werden ausschließlich lokale Zutaten verwendet.

Lindenhofweg 15, Brienz hotel-lindenhof.ch
SF SF SF

Das majestätisch hochragende Matterhorn spiegelt sich in einem See ↑

Schon gewusst?

Das Matterhorn ist der zehnthöchste Berggipfel der Schweiz.

4

Zermatt und Matterhorn

C6 · 130 km südöstl. von Bern · Bahnhofplatz, Zermatt · zermatt.ch

Das 4478 Meter hohe Matterhorn ist der berühmteste Berg der Schweiz. Am Fuß des Bergs liegt der Ferienort Zermatt, der seit dem Ende des 19. Jahrhunderts zu einem Mekka für Wanderer und Bergsteiger avancierte. Heute ist Zermatt mit dem höchstgelegenen Skigebiet Europas und wegen der zahlreichen Pistenkilometer ein wahres Paradies für Wintersportler aus aller Welt.

①

Gornergrat Bahn

Bahnhofplatz · 7–21:50 · gornergrat.ch

Die 1898 eröffnete Gornergrat Bahn war die erste elektrisch betriebene Zahnradbahn des Landes und die zweithöchste Bergbahn Europas – Endstation ist in 3089 Metern Höhe. Die Bahn wird ganzjährig betrieben, sie bringt Skifahrer im Winter und Wanderer im Sommer nach oben. Auf der gut neun Kilometer langen Strecke genießen die Fahrgäste aus ihren Waggons die großartige Aussicht auf das Matterhorn, die Gletscherseen und die dichten Wälder. Oben angekommen stehen kurze und lange Wanderwege zur Verfügung. Auch ein Alpingarten mit typischer Vegetation der Hochgebirgsregion ist vorhanden. Natürlich sind neben Steinböcken auch Gämsen und Murmeltiere zu sehen. Im Kulmhotel Gornergrat, Europas höchstgelegenem Hotel, wird traditionelle Küche serviert.

②

Matterhorn Museum - Zermatlantis

Kirchplatz · tägl. 15–18 · zermatt.ch/museum

Unterhalb von Zermatts zentralem Kirchplatz befindet sich der Eingang – eine gläserne Hütte – zu diesem unterirdischen Museum. Das Zermatlantis zeigt die Geschichte Zermatts vom Bergdorf zur Bergsteigerdestination und berichtet

Expertentipp
Wandern

Die Gegend ist ideal für Wanderungen. Sehr beliebt ist die vierstündige Wanderung hinauf zum Gornergrat (3135 m). Von dort gelangt man mit der Zahnradbahn zurück nach Zermatt.

Highlight

detailliert, u. a. anhand von Originalgegenständen, von der tragischen Erstbesteigung des Matterhorns 1865.

③ Glacier Express

Bahnhof Zermatt
Sommer: 8:50, 9.50; Winter: ca. 8:50
glacierexpress.ch

Der als »langsamste Schnellzug der Welt« bezeichnete Zug verkehrt von Zermatt nach St. Moritz in acht Stunden. Dabei fährt er über 291 Brücken und durch 91 Tunnel. Die Aussicht auf der Fahrt ist unerreicht, der Abschnitt von Zermatt nach Brig gilt als besonders schön.

④ Pfarrkirche St. Mauritius

Englischer Viertel 8
pfarrei.zermatt.net

St. Mauritius, die älteste Kirche in Zermatt, wurde 1285 erstmalig erwähnt, das heutige Gotteshaus wurde 1913 errichtet. 1980 wurde der Bau komplett erneuert, auch das Deckengemälde *Arche Noah* entstand damals. Im Kirchenhof befindet sich der Bergsteigerfriedhof. Hier sind die Grabsteine von 50 verunglückten Alpinisten zu sehen. Viele sind mit einem Hinweis über die Unglücksursache versehen – Lawinenabgang, Steinschlag, Gletscherspalte. Ein bewegender Satz steht auf dem Gedenkstein für einen jungen Amerikaner: »I chose to climb« (Ich wählte das Klettern).

Die Besteigung des Matterhorns

Das Matterhorn stellte für Bergsteiger eine extreme Herausforderung dar. Der Berg wurde 1865 von einer Expedition unter Führung des Briten Edward Whymper erstmals bezwungen. Das Unternehmen endete tragisch – vier Bergsteiger kamen beim Abstieg ums Leben. Auch heute noch wagen nur die Mutigsten unter den Alpinisten den Aufstieg.

⑤ Sunnegga

45 Minuten dauert die Fahrt mit der Standseilbahn von Zermatt nach Sunnegga. Dort ist der Blick auf das Matterhorn grandios. Im Winter stehen Pisten für Skifahrer bereit. Im Sommer ist es der Ausgangspunkt für Wanderwege, u. a. den Fünf-Seen-Weg; im kristallklaren Leisee kann man baden.

Die Schweizer Alpen

Rund zwei Drittel der Schweiz bestehen aus alpinen und subalpinen Regionen, sie geben dem Land seine landschaftliche Vielfalt. In tieferen Lagen bis 1500 Metern sind Agrarflächen und Laubbäume bestimmend. Darüber sind Nadelwälder vorherrschend, und ab 2200 Metern gedeihen nur noch Büsche, Gestrüpp und Almen. In Höhen über 3000 Metern bedecken Moospflanzen und Flechten die kargen und felsigen Böden. Weiter oberhalb gibt es nur mehr Schneefelder, Gletscher und von ewigem Eis bedeckte Gipfel.

Die Entstehung der Alpen

Vor 70 Millionen Jahren begann die Adriatische Mikroplatte nordwärts zu driften und kollidierte mit der Eurasischen Platte. Dabei schob sich die eine Platte unter die andere, und der Meeresboden, der dazwischenlag, wurde allmählich zusammengedrückt. Durch die gewaltigen inneren Kräfte wurde der ehemalige Meeresboden aus dem Wasser herausgehoben und zu einem Gebirge, den Alpen, aufgefaltet. Dieser Prozess dauerte mehrere Millionen Jahre. Allerdings wurden die oberen Gesteinsschichten durch Wind und Wetter erodiert, wodurch die tiefer gelegenen Schichten nach oben gelangten. In den Eiszeiten überformten riesige Gletschermassen die Gebirgslandschaft und gaben den Alpen ihr gegenwärtiges Aussehen.

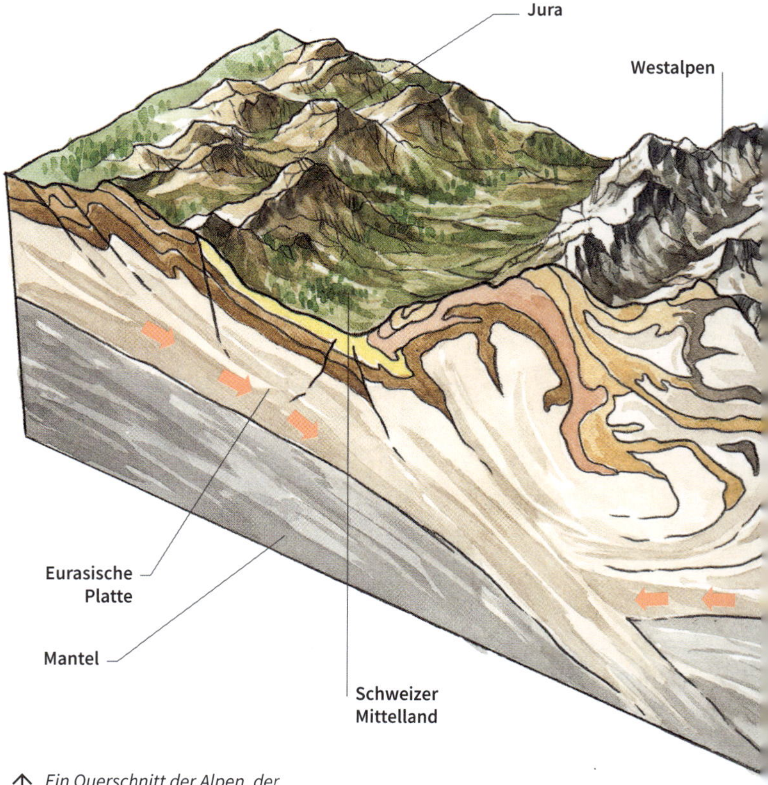

↑ *Ein Querschnitt der Alpen, der die Bewegungen und Kräfte der Plattentektonik zeigt*

Alpengletscher

Gletscher sind Überreste der Eiszeit, sie führen ihre erosive Tätigkeit fort. Dabei formen und vertiefen sie bei einem Vorstoß Täler und Berghänge, bewegen Gesteinsmaterial und lagern es wieder ab, d. h., sie bilden Ablagerungsformen wie Moränen. Gletscherseen entstehen nach dem Abschmelzen der Gletscher.

Alpine Flora und Fauna

Edelweiß

▷ Das in vielen Lieder besungene Edelweiß ist mit seiner sternförmige Blüte die berühmteste Blume der Alpen. Es gedeiht in 1800 bis 3000 Metern Höhe. Die seltene Pflanze steht für Werte wie Liebe und Treue.

Alpensteinbock

Die in den Alpen heimische Ziegenart zeichnet sich durch ein großes, gebogenes Gehörn aus und lebt oberhalb der Waldgrenze. Sie ist ein geschickter Kletterer.

Enzian

◁ Die Blume wächst vorwiegend in Gebirgen und weist blaufarbige und kegelförmige Blüten auf. Aus Enzian stellt man Schnaps und Arzneimittel her.

Gämse

Die Gämse lebt meist oberhalb der Waldgrenze und liebt steiles und felsiges Gelände. Aus dem Fell dieser scheuen Tiere werden immer noch hochwertige Lederhosen gefertigt.

Alpenrose

◁ Die Alpenrose, eine Pflanze aus der Gattung der Rhododendren, wächst im Gebirge auf Höhen bis zu 2500 Metern. Die Farbe der Blüten leuchtet intensiv rot.

Murmeltier

▷ Bevor man die knapp 60 Zentimeter langen Murmeltiere sehen kann, erkennt man sie an ihrem Pfeifen. Sie leben auf Höhen von 900 bis 2500 Metern.

5

Aletschgletscher

D5 · 70 km südöstl. von Bern · Jungfraujoch · Bahnhofstrasse 7, Riederalp; +41 27 928 5858 · aletscharena.ch

Der (Grosse) Aletschgletscher ist der längste Gletscher der Alpen. Von der Gipfelregion der Jungfrau erstreckt er sich über eine Länge von rund 22 Kilometern bis hinunter zur Massaschlucht.

Der bis zu zwei Kilometer breite Gletscher wurde wegen seiner Einzigartigkeit gemeinsam mit seiner Umgebung 2001 von der UNESCO zum Welterbe Schweizer Alpen Jungfrau-Aletsch erklärt. Den besten Eindruck von dieser gewaltigen Eismasse bekommt man bei einer geführten Wanderung. Zur Auswahl stehen unterschiedliche Touren, die von mehreren Stunden bis zu zwei Tage dauern können. Die Wanderungen starten an der Seilbahnstation über dem Skiort Riederalp und ermöglichen es den Besuchern, den Gletscher hautnah zu erleben. Bei Einfall von Sonnenlicht durch die Wände der Höhlen und Tunnel der Eismasse ergeben sich spektakuläre optische Effekte. Auch Nachtwanderungen in die Eiswelt können arrangiert werden. Der Gletscher wird von dramatischen Bergen flankiert, auf die man mit Seilbahnen gelangt. Die Gipfel von Eggishorn und Bettmerhorn bieten besonders schöne Blicke.

Bergsteiger beim Abstieg in eine Höhle des Aletschgletschers

Bergstation der Jungfraubahn oberhalb des Aletschgletschers

Wanderer vor der türkisfarben leuchtenden Gletscherzunge

Gletscherrückgang

Auch wenn der Aletschgletscher wegen seiner gewaltigen Größe langsamer auf den Klimawandel reagiert als kleinere Gletscher, hat er seit 1860 mehr als drei Kilometer an Länge verloren. Der Rückgang erfolgte dabei mit zunehmender Intensität – allein seit 1980 schmolz die Eismasse um 1,3 Kilometer zurück und verlor dabei mehr als 300 Meter an Dicke. Bei Fortschreiten der globalen Erwärmung wird der Gletscher – Schätzungen zufolge – bis 2100 rund 90 Prozent seiner früheren Masse eingebüßt haben.

Schon gewusst?

Die gesamte Eismasse des Aletschgletschers hat ein Gewicht von rund zehn Milliarden Tonnen.

Blick über einen Teil des längsten Gletschers in den Alpen ↑

6

Oeschinensee

C5 66 km südöstl. von Bern Kandersteg Gondelbahn Kandersteg-Oeschinensee: Zeiten der Website entnehmen Äußere Dorfstrasse 26, Kandersteg; +41 33 675 8080 oeschinensee.ch

Eingebettet zwischen Gletschern und Kiefernwäldern und umgeben von steil aufragenden Bergen liegt der türkisfarbene Oeschinensee. Er zählt zu den schönsten Gletscherseen in der Schweiz und gilt als westliches Tor zum UNESCO-Welterbe Schweizer Alpen Jungfrau-Aletsch.

Nur wenige Orte in der an landschaftlichen Höhepunkten so reichen Region sind derart malerisch wie der Oeschinensee mit seinem bewaldeten Ufer. Gespeist wird der See von den Gletscherbächen, die ihm von umrahmenden Bergen wie etwa Blüemlisalp, Oeschinenhorn und Doldenhorn zufließen. Der in 1578 Metern Höhe gelegene See wird im Winter zum Schlittschuhfahren genutzt. Auch Eisfischen ist in der kalten Jahreszeit eine beliebte Aktivität: Im See gibt es u. a. Regenbogenforellen und Saiblinge. Im Sommer lockt das Gewässer wegen seines kalten Wassers nur mutige Schwimmer an. Nervenkitzel bieten ein Klettersteig und die Sommerrodelbahn. Viele Besucher kommen mit einem Picknickkorb voller leckerer lokaler Produkte hierher. Der einfachste Weg zum See führt über die Gondelbahn vom Dorf Kandersteg *(siehe S. 105)* und eine anschließende Fahrt mit dem Shuttlebus oder einen angenehmen 25-minütigen Spaziergang.

Klettersteig

Das Bergdorf Kandersteg ist Ausgangspunkt des Klettersteigs *(via ferrata)* Kandersteg-Allmenalp. Kurz nach dem Beginn ist man in der Vertikalen, weshalb für das Begehen der Route Klettersteigausrüstung erforderlich ist. Den Allmibach überquert man über zwei Seilbrücken.

↑ Bootsfahrt auf dem Oeschinensee vor der eindrucksvollen Kulisse schneebedeckter Gipfel

1 Bei »Seegfrörni« in kalten Wintern sind auf dem Oeschinensee Spaziergänger und Schlittschuhläufer unterwegs.

2 Am Seeufer sieht man vereinzelt stehende Chalets.

3 Der Klettersteig Kandersteg-Allmenalp birgt einige schwindelerregende Passagen und passiert auch mehrere Wasserfälle des Allmibachs.

SEHENSWÜRDIGKEITEN

7 Olten

D3 18 500
Frohburgstrasse 1; +41 62 213 1616
oltentourismus.ch

Die kleine Stadt Olten liegt malerisch am Ufer der Aare. Fußgänger gelangen über die überdachte Alte Brücke (1802) in die sehenswerte Altstadt.

Diese wird von einem gotischen schlanken Glockenturm überragt, der im 19. Jahrhundert beschädigt wurde. In diesem Viertel stehen noch viele schöne alte Häuser, vor allem in der Hauptgasse und am Flussufer. Kunsthistorisch interessant sind außerdem die Klosterkirche (17. Jh.) und die klassizistische Stadtkirche. Letztere wurde 1806–12 erbaut und ist mit Gemälden von Martin Disteli geschmückt. Weitere Werke des Künstlers sowie einige Gemälde und Skulpturen aus dem 19. und 20. Jahrhundert sind im **Kunstmuseum** ausgestellt.

Kunstmuseum
Kirchgasse 8 Di–Fr 12–17, Sa, So 10–17
kunstmuseumolten.ch

8 Solothurn

C3 17 000
Hauptgasse 69; +41 32 626 4646 Solothurner Filmtage (Jan); Solothurner Literaturtage (Mai)
solothurn-city.ch

Solothurn gilt als schönste Barockstadt der Schweiz. Gegründet wurde sie von den Kelten, später war es eine der größten römischen Städte nördlich der Alpen. Ein Bootsausflug von Solothurn nach Biel (Bienne) führt an einem landschaftlich besonders reizvollen Teil der Aare entlang.

Die monumentale klassizistische **St.-Ursen-Kathedrale** entstand 1762–73. Den Fries schmücken Figuren der Stadtpatrone Ursus und Victor, die als Märtyrer starben. Die Schatzkammer in der Krypta ist nur im Rahmen einer Führung zu besichtigen. Den Aufstieg auf den Glockenturm belohnt eine fantastische Aussicht.

Das **Alte Zeughaus** dient heute als Militärmuseum mit einer Sammlung von Waffen und Uniformen der Schweizer Söldner, die die französischen Könige beschützten. Das kleine **Kunstmuseum** besitzt einige schöne Werke, darunter das Gemälde *Madonna von Solothurn* (1522) von Hans Holbein d. J. und eine dramatische Darstellung Wilhelm Tells (1897) von Ferdinand Hodler.

St.-Ursen-Kathedrale
Hauptgasse +41 32 626 4646 Kirche: tägl. 8–18:30; Turm: siehe Website
solothurn-city.ch

Altes Zeughaus
Zeughausplatz 1
Di–Sa 13–17, So 10–17
museum-alteszeughaus.so.ch

Kunstmuseum
Werkhofstrasse 30
Di–Fr 11–17, Sa, So 10–17 kunstmuseum-so.ch

9 Weissenstein

C3 Oberdorf, Weissensteinstrasse 187; +41 32 622 1827 seilbahn-weissenstein.ch

Den besten Blick über das Mittelland hat man vom Weissenstein, einem bis 1395 Meter hohen Gebirgszug des Jura. Man erreicht

← *Blick auf die Altstadt von Olten, dem größten Ort im Kanton Solothurn*

Wälder und Wiesen-landschaften prägen weite Teile des Jura ↑

ihn mit dem Auto oder dem Zug nach Oberdorf. Von dort aus kann man hinaufwandern oder per Gondelbahn (Mi–So) hinauffahren.

Auf dem Grat liegt das Kurhaus Weissenstein, ein Hotel mit Restaurant. Es ist ein guter Ausgangspunkt zum Wandern, Klettern, Paragliden und Rodeln. Zu den weiteren Attraktionen zählen ein botanischer Garten und die Kalksteinhöhle Nidlenloch.

10

Biel (Bienne)

C3 55 140
Bahnhofplatz 12; +41 32 329 8484 Bieler Seefest (Juli, Aug); Zibelemärit (Okt) biel-seeland.ch

Biel (franz. Bienne) ist die zweitgrößte Stadt des Kantons Bern. Sie wurde im 13. Jahrhundert gegründet und stand bis ins 19. Jahrhundert unter der Herrschaft der Fürstbischöfe von Basel. Biels herausragender Produktioszweig ist die Uhrmacherei. In den Fabriken der Stadt entstehen Uhren so namhafter und führender Marken wie Omega und Rolex. Biel ist die einzige offiziell zweisprachige Stadt in der Schweiz: Zwei Fünftel der Einwohner sprechen Französisch, der Rest der Bevölkerung Deutsch.

Die Stadt liegt am Ufer des Bielersees (Lac de Bienne), an der Stelle, an der die Schüss (Suze) in den See mündet. Die Altstadt mit ihren engen, kopfsteingepflasterten Gassen und hübschen Brunnen liegt auf einem Hügel.

Mittelpunkt der Stadt ist ein Platz namens Ring, der von Häusern mit hübschen Arkaden umgeben ist, darunter auch vom Haus der Försterzunft. Dessen runder Eckturm (16. Jh.) wird von einer Zwiebelkuppel gekrönt. In der Nähe befindet sich die Stadtkirche Biel (15. Jh.) mit spätgotischen Bleiglasfenstern.

An der Kreuzung von Burggasse und Rathausgasse, im Westen des Ring, steht das Rathaus, ein gotischer Bau aus den 1530er Jahren. Davor befindet sich der Gerechtigkeitsbrunnen. Das in der Nähe gelegene Zeughaus (16. Jh.), einst Waffenkammer, dient heute als Theater.

Das **Neue Museum Biel** versammelt Nachbauten von Interieurs aus dem 19. Jahrhundert sowie Ausstellungsstücke zur Geschichte der Stadt und ihrer Industrie.

Im lebhaften **Centre Pasquart** finden Wechselausstellungen zeitgenössischer Kunst und Fotografie statt.

Bootsausflüge auf dem See führen nach Solothurn, ins mittelalterliche Twann und ins hübsche La Neuveville.

Den besten Blick über das Schweizer Mittelland hat man vom Weissenstein, einem bis 1395 Meter hohen Gebirgszug des Jura.

Neues Museum Biel
Seevorstadt 52
Di–So 11–17
nmbiel.ch

Centre Pasquart
Seevorstadt/Faubourg du Lac 71–73 Mi, Fr 12–18, Do 12–20, Sa, So 11–18 pasquart.ch

Das Emmental mit saftig grünen Weiden und schroffer Bergkulisse ↑

⑪ Meiringen

D4 5000
Bahnhofplatz 12; +41 33 972 5050 haslital.swiss

Die Gemeinde liegt im Herzen des Haslitals im Oberen Aaretal östlich des Brienzersees. Der Wintersportort eignet sich im Sommer hervorragend zum Wandern und Mountainbiken.

Den nahen **Reichenbachfällen** verhalf Sir Arthur Conan Doyle zu literarischem Ruhm: Hier lässt er Sherlock Holmes nach einem Kampf mit Professor Moriarty sterben (natürlich nur zum Schein). Das **Sherlock Holmes Museum** ist Holmes' Wohnzimmer in der Baker Street 221b nachgebildet. Von Meiringen führt eine Zahnradbahn zu den Reichenbachfällen, einer Kaskade von sieben Wasserfällen.

Sehenswert ist auch die kleine St.-Michaels-Kirche im oberen Teil der Stadt, die 1684 über der Krypta eines romanischen Baus entstand. Ihr frei stehender Glockenturm besitzt einen achteckigen Grundriss. Oberhalb des Haslitals erhebt sich der Restiturm, der einzig verbliebene Rest einer Burg, die Mitte des 13. Jahrhunderts errichtet wurde. Die Anlage sollte die im Tal verlaufenden Handelswege kontrollieren. Im 16. Jahrhundert verfiel die Burg. Eine 2004 im Turminnern angebrachte Treppe führt zu einer Aussichtsplattform, von der man herrlich ins Tal blicken kann.

Auch die **Aareschlucht** zwischen Meiringen und Innertkirchen ist imposant.

Reichenbachfälle
Seilbahn Anfang Mai – Anfang Okt: tägl. 9 –17:30 (letzte Bergfahrt um 17:15) grimselwelt.ch

← *Statue des Meisterdetektivs Sherlock Holmes in Meiringen*

Schon gewusst?

Die Schweiz produziert über 450 Käsesorten. Die aus dem Emmental sind ein Exportschlager.

Sherlock Holmes Museum
Bahnhofstrasse 26 +41 33 972 5000 Zeiten der Website entnehmen sherlockholmes.ch

Aareschlucht
Apr – Mitte Juni, Mitte Sep –1. Nov: 8:30 – 17:30; Mitte Juni – Mitte Sep 8:30 – 18:30; weitere Zeiten siehe Website aareschlucht.ch

⑫ Emmental

C3 Bahnhofstrasse 14, Burgdorf; +41 34 402 4252 emmental.ch

Das Emmental, ein langes Tal der 82 Kilometer langen Emme, ist für seine wunderschöne Landschaft und die saftig grünen Wiesen voller weidender Kühe bekannt. Zwischen traditionellen Holzchalets kann man aus-

gezeichnet Rad fahren und wandern.

Das Emmental ist traditionell von der Landwirtschaft geprägt. Hier wird der berühmte Emmentaler Käse hergestellt, meist noch von Hand. In der **Schaukäserei** in Affoltern kann man jede Stufe zur Herstellung der löchrigen, nussig schmeckenden Köstlichkeit verfolgen. Dort hat man auch Gelegenheit, den Käse zu kaufen oder im Restaurant zu probieren.

Das alte Zentrum von Burgdorf im Norden des Emmentals prägen Arkadenhäuser, eine gotische Kirche und eine Burg (12. Jh.).

In den Töpferwerkstätten von Trubschachen, einem Dorf weiter oben im Tal, kann man farbenprächtige Töpferwaren erstehen.

Das Emmental verfügt über die längste hölzerne Bogenbrücke in Europa. Die »Holzbrücke« wurde 1839 erbaut und führt bei Hasle-Rüegsau über die Emme. Diese darf man allerdings nur bei Zahlung einer relativ hohen Gebühr benutzen (www.ruegsau.ch).

Schaukäserei
Schaukäsereistrasse 6, Affoltern
+41 34 435 1611
tägl. 9–17 emmentaler-schaukaeserei.ch

13

Giessbachfälle

D4

Die Giessbachfälle stürzen sich in 14 Stufen über etwa 500 Meter talwärts in den Brienzersee. Am eindrucksvollsten sind sie im Frühling, wenn der Giessbach während der Schneeschmelze besonders viel Wasser führt. Dann ist das tosende Wasser schon von Weitem zu hören.

Am besten erreicht man die Giessbachfälle von Brienz mit der Fähre über den Brienzersee *(siehe S. 88f)*. Von der Schiffsanlegestelle Giessbachsee rattert die rote **Giessbachbahn**, die älteste Standseilbahn der Schweiz (1879), hoch zum Grandhotel Giessbach. Das imposante historische Haus bildet den Ausgangspunkt für den Rundwanderweg zu den Fällen. Spektakulär ist der Abschnitt, der hinter einen der Wasserfälle führt – ohne dass man dabei nass wird.

In der Nacht werden die Fälle beleuchtet, ein magischer Anblick, den man von der Terrasse des Grandhotels beobachten kann.

Giessbachbahn
Zeiten der Website entnehmen giessbach.ch/giessbach-bahn-1

Hotels

Hotel Bären
Hotel in einer ehemaligen Poststation. Fragen Sie nach einem Zimmer mit Blick auf den Eiger.
C4 Oberdorfstrasse 1, Wilderswil
+41 33 827 0202
baeren.ch

Chalet zum Steg
Wunderschönes Chalet oberhalb von Meiringen. Ideal für Wanderer.
D4 Balmstrasse 69, Meiringen
+41 33 557 8999

Grandhotel Giessbach
Ein romantischer Zufluchtsort aus der Belle Époque mit Blick auf den Brienzersee und die Giessbachfälle.
D4 Brienz
+41 33 952 2525
giessbach.ch

↑ *In mehreren Stufen stürzen die Wassermassen der Giessbachfälle in die Tiefe*

14

Grindelwald

D4 4000 Dorfstrasse 110; +41 33 854 1212 grindelwald.ch

Südlich von Interlaken trennen sich Straße und Eisenbahnlinie, die in die Berge führen. Eine Route verläuft ins Lauterbrunnental, die andere am Lütschental entlang nach Grindelwald.

Das berühmte Bergdorf unterhalb von Wetterhorn, Mettenberg und Eiger ist eines der populärsten Reiseziele der Alpen. Hier findet man ausgezeichnete Skibedingungen mit exzellenten Pisten und die Möglichkeit, mit dem allgegenwärtigen *velogemel* zu fahren. Im Sommer ist das Gebiet ideal für herrliche Wanderungen. Besonders beliebt ist der Panoramaweg durch den Wald zum Oberen Gletscher am Wetterhorn.

Von der Talstation der Firstbahn im Dorfzentrum transportieren Gondeln die Besucher auf den First, den Hausberg von Grindelwald. Während der Fahrt lässt sich die einmalige Aussicht auf den Grindelwaldgletscher und die Eigernordwand genießen. Oben auf 2168 Meter Höhe angekommen sind gleich ab der Bergstation Wanderungen möglich, beispielsweise zum Bachalpsee (ca. 50 Min.).

Bei der Bergstation First führt mit dem **First Cliff Walk** ein Gipfelrundweg mit Hängebrücke an der Felswand des Firstgipfels entlang zu einer spektakulären Aussichtsplattform. Diese ragt 45 Meter hinaus mit Blick auf den Eiger und in den Abgrund.

Für die Rückfahrt bietet sich mit der Seilrutsche **First Flieger** eine spannungsgeladene Alternative zur Firstbahn an. Dabei saust man mit solidem Gurtzeug gesichert und einem Tempo von etwa 80 Stundenkilometer auf einem 800 Meter langen Stahlseil nach Schreckfeld hinunter.

Restaurants

Bergrestaurant Bussalp
Genießen Sie in dem Lokal herzhafte Gerichte und die Aussicht.
D4 Bussalp
huettenzauber.ch
SF SF SF

Piz Gloria
Das Drehrestaurant überzeugt mit gutem Essen, z. B. mit dem 007-Burger.
C5 Schilthorn
schilthorn.ch
SF SF SF

C und M
Tolles Gebäck in einer ehemaligen Skischule mit Blick auf den Eiger.
D4 Almisgässli 1, Grindelwald
cundm-grindelwald.ch
SF SF SF

Grindelwald, einer der meistbesuchten Orte in den Schweizer Alpen ↑

First Cliff Walk
Bergstation First
während den Betriebszeiten der Firstbahn (siehe Website) Anfang Nov–Mitte Dez +41 33 828 7233 jungfrau.ch

First Flieger
Bergstation First
Sommer und Winter: tägl. 11–16 Anfang Nov–Mitte Dez
+41 33 828 7233
jungfrau.ch

15

Jungfraujoch

D5 Höheweg 35, Interlaken; +41 33 828 7233 jungfrau.ch

Südlich von Interlaken erhebt sich die Berglandschaft des Berner Oberlands – mit der weltberühmten Dreiergruppe von Eiger (3970 m), Mönch (4107 m) und Jungfrau (4158 m). Ein Netzwerk von Eisen- und (Stand-)Seilbahnen erleichtert von Interlaken *(siehe S. 84f)* aus den Zugang.

Die bekannteste Bahnstrecke ist diejenige zum Jungfraujoch. Sie ist nicht gerade preisgünstig, dafür

aber einzigartig. Der vereiste Bergsattel liegt knapp unterhalb des Jungfraugipfels und wird als »Dach Europas« bezeichnet. Der Bahnhof in 3454 Metern Höhe ist der höchste Europas.

Da die Bahnreise zum Jungfraujoch auf zwei verschiedenen Routen gemacht werden kann, bietet sich eine Rundreise an. Züge fahren von Interlaken nach Lauterbrunnen, wo man auf die Wengenalpbahn (Zahnradbahn) umsteigen kann, die über Wengen *(siehe S. 104)* zur Passhöhe Kleine Scheidegg (2061 m) führt.

Die andere Route führt von Interlaken nach Grindelwald. Von dort erreicht man mit der Zahnradbahn aus der anderen Richtung die Kleine Scheidegg. Von der Passhöhe fährt die Jungfraubahn zum Jungfraujoch hoch. Diese Route führt durch tiefe Tunnel, die in das Innere des Eiger gegraben wurden. An gleich mehreren Haltestellen bietet sich eine großartige Aussicht.

Im Zeitraum zwischen April und September sollte man Sitzplätze möglichst frühzeitig reservieren.

Grindelwalds »Fahrradschlitten«

Leihen Sie sich einen der einzigartigen Schweizer Fahrradschlitten für ein besonderes Erlebnis. Ein Schreiner erfand 1911 den *velogemel*, ein Holzgefährt, um sich im Tiefschnee fortzubewegen. Ein *velogemel* sieht aus wie ein Fahrrad mit Skiern anstelle von Rädern. Verleihstellen gibt es u. a. am Bahnhof in Grindelwald und an der Bussalp. Jedes Jahr finden hier rund um die Bussalp die Velogemel-Weltmeisterschaften statt.

16

Lauterbrunnen

D4 Stutzli 460; +41 33 856 8568 lauterbrunnen.swiss

Das Lauterbrunnental weist die für Gletschertäler typische U-Form auf, U-Tal oder Trogtal genannt. Insgesamt 72 Wasserfälle tragen zum besonderen Charme bei. Der 297 Meter hohe Staubbachfall am Rand des Dorfs Lauterbrunnen inspirierte bereits Literaten wie Johann Wolfgang von Goethe. Davon zeugt dessen Gedicht *Gesang der Geister über den Wassern* (1779).

Im Jahr 1911 befand sich der 19-jährige J. R. R. Tolkien auf einer Reise durch die Schweiz und kam dabei auch in das Lauterbrunnental. Die alpine Landschaft inspirierte den Schriftsteller zu seinem späteren Werk *Herr der Ringe* (1954/55), u. a. bei der Beschreibung von Mittelerde.

Der Staubbachfall ist nur im Sommer über eine Felsengalerie zugänglich.

Im Winter warten Skipisten und Langlaufloipen auf Wintersportler.

Lauterbrunnen liegt an der Bahnlinie nach Grindelwald und Wengen.

→ *Lauterbrunnen im gleichnamigen, von Wasserfällen geprägten Tal*

17

Wengen

D4 1300 Wengiboden 1349b; +41 33 856 8585 wengen.swiss

Das komplett autofreie Dorf liegt in 1274 Metern Höhe im Lauterbrunnental. Die hier anzutreffende »klassische« Landschaft der Schweizer Alpen besteht aus schroffen Abhängen, Wasserfällen, grünen Almen mit weidenden Kühen und schneebedeckten Berggipfeln.

Die Bergbahnen von Lauterbrunnen zum Jungfraujoch *(siehe S. 102f)* halten auf halbem Weg in Wengen mit seinen vielen Chalets und großen Hotels. Das Dorf weist selbst im Winter viele Sonnenstunden auf. Wie seine Nachbarorte Grindelwald und Mürren zieht auch Wengen seit über 100 Jahren zahlreiche Besucher, darunter viele Familien mit Kindern, an.

In Wengen gibt es exzellente Möglichkeiten zum Ski- und Snowboardfahren sowie zum Wandern. Die Wanderwege führen zu den blumenübersäten Wiesen des Wengwalds und hinauf zum Männlichen (Seilbahnstation). Von hier aus genießt man eine traumhafte Aussicht über Grindelwald auf der einen Seite und das Lauterbrunnental auf der anderen.

Schon gewusst?

Rund um Wengen gibt es ein Wanderwegnetz von über 500 Kilometern Länge.

18

Mürren

D5 400 Höhematte, Mürren; +41 33 856 8686 muerren.swiss

Von Lauterbrunnen aus gibt es zwei Möglichkeiten, zum autofreien Bergdorf Mürren auf der Wengen gegenüberliegenden Seite des Tals zu gelangen. Beide Routen sind bildschön. Eine Standseilbahn fährt zur Grütschalp. Von dort aus geht es mit der Schmalspurbahn am Rand der Abhänge weiter nach Mürren. Alternativ fahren auch Busse von Lauterbrunnen aus am spektakulären Wasserfall bei Trümmelbach vorbei nach Stechelberg, wo man die Seilbahn ins 1650 Meter hoch gelegene Mürren nehmen kann.

Die Aussicht ins Tal und der Blick hinauf zu den schneebedeckten Felsspalten sind atemberaubend. Die Seilbahn führt weiter hinauf zum eisbedeckten Schilthorn (2973 m). Auf dem Gipfel gibt es das bekannte Drehrestaurant Piz Gloria, das schon im James-Bond-Film *Im Geheimdienst Ihrer Majestät* (1969) eine Rolle spielte.

19

Adelboden

C5 3500 Dorfstrasse 23; +41 33 673 8080 adelboden.ch

Der Ort mit den typischen Chalets, hübschen Straßen und gepflegten Gärten liegt am oberen Ende des Engstligentals. Die Gemeindekirche

↑ *Das bezaubernde Bergdorf Mürren inmitten einer spektakulären alpinen Landschaft*

↑ *Kandersteg ist idealer Ausgangspunkt zum Skifahren oder Wandern*

(1433) hat Fresken und Bleiglasfenster von Augusto Giacometti. Sehenswert ist auch das Museum des Orts, das sich der Alltagsgeschichte des Engstligentals widmet.

Adelboden ist wie Kandersteg vor allem ein Winterferienort – und mit über 70 Skiliften und 210 Kilometer Skipisten vor allem bei Familien beliebt. Doch auch Extremsportler kommen hier auf ihre Kosten, ebenso Skating- und Curling-Fans. Im Sommer trifft man in Adelboden eher auf Mountainbiker und Wanderer.

Die 370 Meter hohen, spektakulären Engstligenfälle an der Engstligenalp stürzen vier Kilometer oberhalb von Adelboden ins Tal. Hier beginnen mehrere Wanderwege, die in größere Höhen hinaufführen, etwa zur Ammertenspitz (2613 m), oder an den Wasserfällen vorbei wieder hinab ins Tal.

20 Kandersteg

C5 800 Äussere Dorfstrasse 26; +41 33 675 8080 kandersteg.ch

Kandersteg liegt im Kandertal, westlich des Jungfrau-Massivs, am Nordeingang des Lötschbergtunnels, eines Eisenbahntunnels (15 km) nach Goppenstein im östlichen Wallis. 2008 wurde ein neuer Tunnel unter dem alten eröffnet, der die Reisezeit stark verkürzt.

Kandersteg besitzt eine hübsche Kirche (16. Jh.), ist ansonsten aber vor allem als Ferienort mit vielfältigen Sporteinrichtungen bekannt. Die sanften Hügel der Umgebung sind auch für Ski-Anfänger gut geeignet. Im Sommer wimmelt es hier von Bergwanderern und Paraglidern.

Der von Gletscherbächen gespeiste Oeschinensee, ein von Dreitausendern umgebenes Gewässer, liegt oberhalb von Kandersteg. Man kann ihn per Sessellift vom östlichen Ortsrand aus erreichen. Die Anlage ist von Mai bis Oktober in Betrieb. Geübte Wanderer können anschließend nach Kandersteg zurückgehen. Der Blausee, ein kleines Gewässer inmitten eines Kiefernwalds, liegt zehn Autominuten nördlich von Kandersteg. Er bietet sich für Bootsfahrten an.

Blüemlisalphorn (3664 m) und Hockenhorn (3293 m), beide bei Kandersteg, sind für Bergsteiger eine Herausforderung. Die Lötschenpasshütte bietet sich für Übernachtungen bei mehrtägigen Wanderungen an.

Hotels

Alpinhotel Bort
Kleines Chalet-Hotel mit einfach eingerichteten, aber sonnenverwöhnten Zimmern.
D4 Bortweg 44, Grindelwald huettenzauber.ch

Ruedihaus Kandersteg
Rustikales Haus außerhalb von Grindelwald, das sich der Tradition verpflichtet: kein Metall, kein Plastik, kein WLAN.
C5 Hinder de Büele 249, Kandersteg doldenhorn-ruedihus.ch

Alpenruh
Kleines Hotel bei der Schilthornbahn-Station.
D5 Eggli 954b, Mürren alpenruh-muerren.ch

Grand Hotel Regina
Luxushotel mit Pool und Spa, nur wenige Schritte vom Bahnhof entfernt.
D4 Dorfstrasse 80, Grindelwald grand-regina.hotels-grindelwald.com/de

Bellevue des Alpes
Kletterer und Freizeitwanderer genießen Komfort und Aussicht.
D4 Kleine Scheidegg scheidegg-hotels.ch

↑ *Traditionelle Schweizer Architektur prägt den Ferienort Gstaad*

21 Gstaad

C5 · 7000 · Haus des Gastes; +41 33 748 181 · Heißluftballonwoche (Jan); Swiss Open Gstaad (Tennisturnier; Juli) · gstaad.ch

Der international geschätzte Ferienort liegt zwischen vier Tälern und verfügt über rund 250 Skipisten sowie zahlreiche Skilifte an Wispile, Eggli und Wasserngrat.

Im Sommer zieht Gstaad Kletterer, Wanderer, Radfahrer, Tennisspieler und auch Extremsportler an, etwa Rafter, die es mit den Wassern der Saane aufnehmen.

Alle Häuser des Promi-Ferienorts sind im traditionellen Chalet-Stil erbaut, was Gstaad ein romantisches Flair verleiht.

22 Martigny

B5 · 16000 · Ave de la Gare 6; +41 27 720 4949 · martigny.com

Die nette Kleinstadt liegt am Zusammenfluss von Drance und Rhône, die ab dort Richtung Norden fließt. Martigny wurde im Jahr 15 v. Chr. von den Römern als »Octodorus« gegründet. Bei Ausgrabungen wurden römische Gebäude, darunter ein Minervatempel, Bäder und ein Amphitheater, freigelegt.

Die Stadt wird von der Tour de la Bâtiaz überragt, einer Festung (13. Jh.), die auf einem Felsvorsprung thront. Sehenswert in der Altstadt sind auch die Maison Supersaxo (15. Jh.) und die Chapelle Notre-Dame de Compassion (um 1620).

Bedeutendste kulturelle Attraktion Martignys ist die **Fondation Pierre Gianadda**, ein Museum, das auf den Ruinen eines gallisch-römischen Tempels erbaut wurde. Das Musée Archéologique Gallo-Romain präsentiert die Statuen, Münzen, Keramiken und Bronzearbeiten, die bei den Ausgrabungen gefunden wurden. Im Musée de l'Auto im Untergeschoss sind Oldtimer (auch Schweizer Modelle) zu sehen, in der etwas kleineren Salle Franck u. a. Gemälde von van Gogh, Cézanne und Toulouse-Lautrec.

In der Nähe befindet sich das beliebte **Barryland**. Dieses Museum ist den berühmten Bernhardinern gewidmet, die im Kloster am Großen St.-Bernhard-Pass von Mönchen ausgebildet wurden, um von Lawinen verschüttete Reisende aufzuspüren. Das Museum hält auch einige Hunde, die zu bestimmten Tageszeiten gestreichelt werden dürfen.

Fondation Pierre Gianadda
Rue du Forum 59 · Juni – Nov: tägl. 9 –18; Dez – Mai: tägl. 10 –18 · gianadda.ch

Barryland
Route du Levant 34 · Sommer: tägl. 10 –18; Winter: tägl. 9 –17 · barryland.ch

23 Verbier

B6 · 2000 · Place Centrale; +41 27 775 3888 · verbier.ch

Verbier ist mit rund 400 Pistenkilometern das größte

Schon gewusst?

In Nendaz bei Verbier findet im Juli ein internationales Alphornfestival statt.

Skigebiet der Schweiz. Skifahrer aller Niveaus finden hier viele Pisten. Der Ferienort punktet auch mit seiner traumhaften Lage und einem pulsierenden Nightlife. Verbier liegt gut 1500 Meter hoch auf einem weiten Plateau, das sich im Süden zum Mont Blanc und zum Grand Combin hin öffnet. Unterhalb von Verbier erstreckt sich das Val de Bagnes, ein überaus malerisches Tal.

Höchster Punkt des Skigebiets ist Mont Fort (3300 m), wo man eine wunderbare Aussicht über die Schweizer Alpen bis zum Mont Blanc genießen kann. Im Sommer sind zwei Golfplätze in Betrieb, auch Wanderer kommen gern hierher.

Beim Event »Xtreme Verbier« treffen sich die besten Snowboarder der Welt. Im Sommer bietet das Verbier Festival klassische Musik und Workshops.

24

Großer St.-Bernhard-Pass

B6 Route du Grand-St-Bernard, Liddes; +41 27 775 2382
saint-bernard.ch

Der St.-Bernhard-Pass (Col du Grand St-Bernard) liegt an der Grenze zu Italien auf 2469 Meter Höhe. Trotz der großen Höhe wurde dieser Verbindungsweg schon in der frühen Eisenzeit begangen – und somit ist er einer der ältesten Alpenpässe.

Der Pass ist nach Bernhard von Menthon, Bischof von Aosta, benannt, der hier um 1050 ein Hospiz für Reisende errichten ließ. Das Hospiz wird seither von Mönchen bewohnt und steht Reisenden das ganze Jahr über offen (im Winter nur mit Schneeschuhen erreichbar). In einem Museum wird die Geschichte des Passes dokumentiert.

Aufgrund der Höhe und des oftmals heftigen Schneefalls ist der Pass im Winter geschlossen. Doch seit 1964 gelangt man durch den St.-Bernhard-Tunnel unter dem Pass ganzjährig von der Schweiz nach Italien.

25

Simmental

C4 Rawilstrasse 3, Lenk; +41 33 736 3535
lenk-simmental.ch

Das sehr lange Simmental im westlichen Berner Oberland ist in zwei Abschnitte unterteilt: Das Niedersimmental erstreckt sich von Spiez, wo die Simme in den Thunersee mündet, bis nach Boltigen im Westen. Hier krümmt sich das Tal nach Süden und wird zum Obersimmental. In diesem Teil liegt das Thermalbad Lenk in der Nähe der Quelle der Simme.

Im Simmental befinden sich mehrere Ferienorte: Erlenbach ist ein guter Ausgangspunkt für Rafting-Touren auf der Simme.

Expertentipp
Radtour durch das Simmental

Von Lenk nach Erlenbach verläuft eine sehr schöne Radroute. Die Strecke führt in flachem Gelände über asphaltierte Wege (www.lenk-simmental.ch).

→ *Kirche (17. Jh.) im Hospiz am Großen St.-Bernhard-Pass*

26 St-Pierre-de-Clages

B5 · 600
Fête du Livre (Aug)

Das kleine Dorf St-Pierre-de-Clages liegt an den südlichen Weinberghängen des Rhônetals. Abgesehen vom jährlichen Literaturfestival, besteht die Hauptattraktion des Dorfs in seiner wunderschönen romanischen Kirche (11./12. Jh.), die einst Teil einer Benediktinerabtei war. Der Innenraum des Baus ist schmucklos – diese Strenge wird durch den unverzierten Stein der Mauern und Säulen noch betont. Die Bleiglasfenster stammen von 1948.

27 Sion

C5 · 35 000
Espace des Remparts 19; +41 27 327 7727
siontourisme.ch

Die Hauptstadt des Wallis liegt auf einem Plateau am Nordufer der Rhône und wird von zwei Hügeln überragt, die jeweils von einer Burg gekrönt sind. Schon im Mittelalter handelte Sion (Sitten) mit Obst und Wein. Letzterer gedeiht noch heute im Rhônetal.

Das **Château de Tourbillon** (13. Jh.) wurde 1788 durch einen Brand zerstört. Große Teile der Wehrmauern blieben jedoch erhalten. In der Kapelle kann man Steinmetzarbeiten der Kapitelle und Fresken sehen. Im **Château de Valère** (12./13. Jh.) sind romanische Kapitelle, gotische Wandmalereien und das Chorgestühl (17. Jh.) sehenswert. Die Orgel von 1430 ist die älteste spielbare Orgel der Welt.

Sion, die Hauptstadt des Wallis, liegt auf einem Plateau am Nordufer der Rhône und wird von zwei Hügeln überragt, die jeweils von einer Burg gekrönt sind.

Château de Tourbillon
+41 27 322 5200 · Mitte März – Apr, Okt – Mitte Nov: tägl. 11 – 17; Mai – Sep: tägl. 10 – 18 · tourbillon.ch

Château de Valère
+41 27 606 4715
Juni – Sep: tägl. 10 – 18; Okt – Mai: Di – So 10 – 17

28 Sierre

C5 · 16 000
Avenue Général Guisan 6; +41 27 455 8535
sierretourisme.ch

Sierre (Siders) im Rhônetal, an der Grenze zwischen französisch- und deutschsprachigem Wallis, ist von Weinbergen umgeben und besitzt schöne alte Gebäude, darunter das Château des Vidomnes (16. Jh.). Im barocken Rathaus ist ein Zinnmuseum untergebracht. Das **Musée du Vin** dokumentiert die Tradition der Weinherstellung. Ein Teil ist im Château de Villa (16. Jh.) in Sierre ausgestellt, der andere im Zumofenhaus (16. Jh.) in Salgesch (Salquenen) östlich von Sierre. Die zwei Orte sind durch eine Weinstraße (»Sentier Viticole«) verbunden, die sich durch Dörfer und Weinberge schlängelt.

Im Château de Muzot im Dorf Veyras, nordöstlich von Sierre, verbrachte Rainer Maria Rilke (1875 – 1926) die letzten Jahre seines Lebens. Auf dem Friedhof von Raron, östlich von Sierre, ist er bestattet. In der Maison de

Entdeckertipp
Lac St-Léonard
Zwischen Sierre und Sion liegt mit dem Lac St-Léonard der größte bekannte unterirdische See Europas. Von Mitte März bis November kann man ihn besichtigen (www.lac-souterrain.com).

↑ *Der Lac des Dix wird durch die Barrage de la Grande Dixence abgedämmt*

Courten (30 Rue du Bourg) in Sierre gibt es ein Rilke-Museum.

Musée du Vin
Château de Villa, Rue Ste-Catherine 6
März – Nov: Mi – Fr 14 –18, Sa, So 11 –18
museeduvin-valais.ch

29

Barrage de la Grande Dixence

C6 Anfang Juni – Ende Okt grande-dixence.ch

Der Barrage de la Grande Dixence ist einer der größten Staudämme der Welt und ein Beispiel moderner Schweizer Ingenieurskunst. Der hydroelektrische Damm am oberen Ende des Val d'Hérémence überspannt den Fluss Dixence in 285 Meter Höhe.

Der lang gestreckte, von Bergen umgebene Lac des Dix versorgt das Tal oberhalb des Damms mit Wasser. Im Westen erheben sich Rosablanche (3336 m), im Osten Les Aiguilles Rouges (3646 m) und im Süden Mont Blanc de Cheilon (3870 m) und Pigne d'Arolla (3796 m). Eine Seilbahn bringt Besucher vom Fuß des Damms, wo es ein Restaurant gibt, auf die Höhe des Sees. Hier kann man mit dem Boot zur Berghütte Cabane des Dix gelangen, um den See spazieren oder einen Wanderweg einschlagen – etwa zum kleinen Ort Arolla.

Das Val d'Hérémence grenzt bei Hérémence an das Val d'Hérens *(siehe S. 110)*, eine gute Ausgangsbasis für Skifahrten am Osthang des Mont Rouge.

← *Imposant ist die Lage von Sion, der Hauptstadt des Wallis*

30

Vallée du Trient

B6 Ave de la Gare 6, Martigny: +41 27 720 4949 valleedutrient.ch

Das Vallée du Trient verbindet Martigny über den schmalen Forclaz-Pass mit Chamonix in Frankreich. In dem ein wenig vergessen wirkenden Trient-Tal kann man das ruhige Landleben genießen.

Der Mont Blanc Express befördert die Fahrgäste entlang dem Rand des Tals und bietet überwältigende Ausblicke, die Autofahrer von der Straße aus niemals erleben werden. Am spektakulärsten ist die Fahrt hinauf zum See mit einer Bahn von **VerticAlp Emosson**.

Wanderer können bis zum Rand des Trientgletschers wandern und in einer der über das Gelände verteilten Berghütten des Schweizer Alpen-Clubs übernachten.

Auf dem Weg befindet sich das Dorf Le Trétien, in dem alte Holzhäuser zu sehen sind. Ein wenig weiter erreicht man in Les Marécottes das Naturschwimmbad mit seinem kristallklaren Wasser. Das in einen Felsen gehauene Becken ist 70 Meter lang (www.zoo-alpin.ch).

VerticAlp Emosson
Route du Châtelard 6, Le Châtelard Mitte Mai – Nov: tägl. 9 –17
verticalp-emosson.ch

Schon gewusst?

Eine Standseilbahn im Vallée du Trient hat eine maximale Steigung von 87 Prozent.

Das traumhaft schöne Val d'Anniviers bietet sich ganzjährig für Wanderungen an ↑

31

Val d'Hérens

C5 · Place du Clos Lombard 6, Evolène; +41 027 283 4000
valdherens.ch

Das Val d'Hérens (Eringertal) erstreckt sich südöstlich von Sion bis in die Walliser Alpen hinein. In der reizvollen Landschaft liegen Dörfer mit Holzchalets. Auf den Feldern arbeiten Frauen teils noch in Tracht.

Auffälliges geologisches Merkmal des Val d'Hérens ist eine Felsformation namens Pyramides d'Euseigne. Die spitzen Erdpyramiden sehen von der Talstraße wie die Fänge eines Tiers aus. Sie entstanden im Lauf der Eiszeit aufgrund von Erosion durch Wind, Regen und Eis. Jede Felsspitze ist von einem Block gekrönt, der das weichere Material darunter vor weiterer Erosion schützt.

Das Dorf Evolène, 15 Kilometer südlich von Euseigne, ist ein guter Ausgangspunkt für Wanderungen. Am oberen Ende des Tals liegt das Dorf Les Haudères, in dem es ein Geologie- und Gletscherzentrum mit einem Museum gibt. Hinter Les Haudères geht das Val d'Hérens ins Val d'Arolla über. In dem kleinen Ferienort Arolla, der dem Tal seinen Namen gab, endet die Straße.

↑ *Pyramides d'Euseigne – Erdpyramiden mit aufliegenden Blöcken*

32

Val d'Anniviers

C5 · +41 27 476 1715
valdanniviers.ch

Das grüne Flusstal der Navisence, das Val d'Anniviers, ist von den Gipfeln der Walliser Alpen umgeben. Es beginnt gegenüber von Sierre und erstreckt sich südlich bis zum Gletscherareal des Weilers Zinal. Überall bieten malerische Dörfer Möglichkeiten für Wintersport, Wanderungen und Radtouren.

Nahe dem Taleingang befindet sich das Dorf Vercorin. Von Soussillon aus empfiehlt sich ein Ausflug in das mittelalterliche Dorf Chandolin mit seinen Holzchalets und seiner beeindruckenden Aussicht. Von Vissoie aus lohnt ein Besuch von Saint-Luc, einem 1650 Meter hoch gelegenen Bergdorf mit Panoramablick auf das Val d'Anniviers. Von dort aus kann man auch noch weiter in die Berge hinaufwandern, bis zum 3025 Meter hohen Bella Tola. Auch Grimentz ist ein faszinierendes Dorf voller traditioneller ausladender Holz-

Expertentipp
Wandern an alten Kanälen

Die Suonen genannten Bewässerungskanäle gibt es überall im Wallis. Einige von ihnen wurden bereits vor Jahrhunderten angelegt und seither gut gepflegt. Entlang von vielen dieser Kanäle verlaufen zum Teil sehr schöne Wanderwege.

chalets, die auf felsigem Untergrund erbaut wurden. Über Wanderwege erreicht man den Moiry-Damm sowie den Glacier de Moiry. Das höchste Dorf des Tals ist Zinal (1670 m). Zusammen mit anderen Orten bildet es im Winter ein Skizentrum, im Sommer ist es Ausgangspunkt für Wanderungen. In Zinal kann man geführte Klettertouren zum Zinalrothorn (4221 m), der Pyramide des Besso, dem Oberen Gabelhorn und der Pointe de Zinal buchen. Es gibt auch Gipfel für leichtere Wanderungen.

33 Monte Rosa

C6 Gornergrat

Das Monte-Rosa-Massiv besteht aus einem Schweizer und einem italienischen Teil. Es ist nicht so berühmt wie das Matterhorn, weist aber den höchsten Gipfel der Schweiz und – nach dem Mont Blanc – den zweithöchsten der Alpen auf: die Dufourspitze mit einer Höhe von 4634 Meter.

Der Monte Rosa stellt eine geringere Herausforderung als das Matterhorn dar. Auf der italienischen Seite, in der Nähe des Gipfels auf einer Höhe von 4554 Meter, befindet sich die Capanna Regina Margherita (1893), die höchste Gebirgshütte Europas. Das Monte-Rosa-Massiv ist vom riesigen Gornergletscher umgeben.

34 Crans-Montana

C5 11 000 Rue du Prado 29; +41 27 485 0404 Omega European Masters (Golfturnier, Sep) W crans-montana.ch

Das schicke Ski- und Golfzentrum Crans-Montana liegt auf einer Hochebene nördlich des Rhônetals mit Sicht auf die Walliser Alpen im Süden. Erst im späten 19. Jahrhundert, als Bergurlaube in Mode kamen, wuchsen Crans und Montana zusammen, blieben jedoch zwei getrennte Orte.

Crans-Montana erreicht man mit dem Auto von Sion aus. Von Sierre aus kann man entweder auf der Straße bleiben, die sich durch die Weinberge und Wiesen schlängelt, oder die Standseilbahn nehmen. Der sonnenreiche Ort verfügt über eine gute Infrastruktur an Seilbahnen und Skiliften und über 140 Kilometer Skipisten. Auf dem Plaine-Morte-Gletscher gibt es ganzjährig eine Loipe.

Berühmt sind die beiden 9-Loch-Golfplätze in großer Höhe, denen Crans-Montana seinen Ruf als bedeutendstes Golfzentrum des Landes verdankt.

↑ *Radfahrer auf der kurvenreichen Strecke hinauf nach Crans-Montana*

Restaurants

La Brentaz

Das Restaurant bietet eine große Auswahl an Seafood-Gerichten.

C5 Place Centrale 2, Vercorin
+41 27 455 1701
Di, Mi

SF

L'Étable du Marais

In der liebevoll restaurierten Scheune genießt man traditionelle Schweizer Küche und exzellente Weine. Eine Spezialität in diesem »Beizli« ist Rösti Marais.

C5 3961 Grimentz, Wallis
+41 27 476 2018

SF SF

← *Rastplatz am Straßenrand inmitten der Hügellandschaft um Saas-Fee*

35 Saas-Fee

D6 1700 Obere Dorfstrasse 2; +41 27 958 1858 Almauftrieb (Juni); Älplerfest (Aug) saas-fee.ch

Die Geschichte von Saas-Fee reicht bis ins 13. Jahrhundert zurück. Der Ort in den Walliser Alpen war bereits im frühen 19. Jahrhundert ein beliebtes Reiseziel. Er ist der Hauptort des Saastals, das von der Saaser Vispa durchströmt wird. Saas-Fee hat eine großartige Lage am Fuß des Dom (4545 m) und ist von rund einem Dutzend weiterer Viertausender umgeben.

Wie viele andere Ferienorte der Region ist auch Saas-Fee eine autofreie Stadt mit vielen traditionellen Holzchalets. Obwohl die zunehmende Kommerzialisierung die ländlichen Traditionen weitgehend abgelöst hat, wurden einige der alten Bräuche zur Unterhaltung der Besucher beibehalten. Zu diesen zählen Fronleichnamsprozessionen, Kuhkämpfe und Jodel-Wettbewerbe, Volksfeste zum Schweizer Nationalfeiertag sowie der Almauftrieb im Juni, bei dem das Vieh zu den Sommerweiden getrieben wird.

Das Saaser Museum widmet sich den Bräuchen und der regionalen Kultur. Zu sehen sind u. a. die Rekonstruktion eines typischen Hauses und Sammlungen an Handwerksgegenständen und Trachten.

Besucher haben im Sommer die Auswahl zwischen Wanderwegen verschiedener Schwierigkeitsgrade, auf denen man die Gipfel oder den Mattmarksee erkunden kann. Auf dem Feengletscher ist ganzjährig Skisaison. Eine Seilbahn führt zum Felskinn (2989 m). Von dort gelangt man mit der Metro Alpin, einer unterirdischen Standseilbahn, zum Mittelallalin mit dem »höchsten Drehrestaurant der Welt« (3500 m).

36 Simplon-Pass

D5 Simplon Dorf; +41 27 979 1010 simplon.ch

Der Simplon-Pass (ital. Sempione) liegt 2005 Meter hoch und ist einer der wichtigsten Verbindungswege zwischen der Schweiz und Italien sowie zwischen West- und Südeuropa. Der Pass markiert auch die Grenze zwischen Walliser und Lepontinischen Alpen. Die Route wurde schon von den Römern genutzt und spielte im Mittelalter eine wichtige Rolle als Handelsweg.

Diese strategische Bedeutung erkannte auch Napoléon, der hier 1800–06 eine befestigte Passstraße (64 km) bauen ließ. Sie führt von Brig aus über den Pass und durch den Ort Simplon nach Domodossola auf der italienischen Seite. Die Straße ist praktisch ganzjährig befahrbar. 1906 wurde unter dem Pass ein Eisenbahntunnel gebaut.

→ *Eindrucksvolles Bauwerk: Stockalper-Palast in Brig mit dem von Arkaden gesäumten Innenhof* (Detail)

37

Brig

D5 12 000 Bahnhofstrasse 2; +41 27 921 6030 brig-simplon.ch

Brig (ital. »Briga«) ist der Hauptort im Oberwallis. Er liegt an der Kreuzung der Hauptalpenrouten, die über den Simplon-, Furka-, Grimsel- und Nufenen-Pass und durch den Lötschbergtunnel führen.

Im 17. Jahrhundert wurde der Handelsweg nach Italien über den Simplon-Pass von der Kaufmannsfamilie Stockalper kontrolliert. Kaspar Jodok Stockalper vom Thurm schenkte Brig sein schönstes Bauwerk, einen Renaissance-Barock-Palast (1658–78). Er weist drei hohe, quadratische Kuppeltürme auf, die im Volksmund nach den Heiligen Drei Königen Kaspar, Melchior und Balthasar heißen. Der Palast besitzt einen Innenhof mit Arkaden und eine den Heiligen Drei Königen geweihte Kapelle mit silbernem Altar von Samuel Hornung aus Augsburg.

38

Leukerbad

C5 1600 Rathaus; +41 27 472 7171 leukerbad.ch

Auf 1400 bis 2700 Meter Höhe im oberen Dalatal präsentiert sich Leukerbad (Loèche-les-Bains) als eines größten Thermalbäder Europas. Der therapeutische Nutzen der heißen Quellen, die reich an Kalzium, Schwefel und Kalziumsulfat (Gips) sind, war schon in der Römerzeit bekannt.

Leukerbad verfügt über mehrere Bäder mit einem großen Angebot an Anwendungen und Rehabilitationsprogrammen. Zudem bietet der Ort schöne Skipisten. Oberhalb von Leukerbad liegt der über eine Seilbahn erreichbare Gemmi-Pass am Wanderweg nach Kandersteg *(siehe S. 105)* und ins Berner Oberland.

Bräuche im Lötschental

Das Lötschental, das größte nördliche Seitental der Rhône, liegt östlich von Leukerbad. Jahrhundertelang waren die Einwohner im Winter von der Außenwelt abgeschnitten. So konnten sich viele altertümliche Rituale, Bräuche und Traditionen erhalten. Das Roitschäggättä etwa ist ein Faschingsbrauch, der von Mariä Lichtmess bis Fasnacht dauert. In dieser Zeit ziehen die Junggesellen der Dörfer Kostüme aus Schaffell an, tragen groteske Masken und treiben ihr Unwesen.

Die Therme in Leukerbad (Loèche-les-Bains) gilt als eines größten Thermalbäder im gesamten Alpenraum.

Monument Brunswick am Quai du Mont-Blanc in Genf

Genf

Genf (Genève) am Ufer des Genfer Sees (Lac Léman) ist Hauptstadt des gleichnamigen, westlichsten Kantons der Schweiz und mit etwa 200 000 Einwohnern nach Zürich die zweitgrößte Stadt des Landes.

Seit dem 9. Jahrhundert gehörte Genf lose dem Heiligen Römischen Reich an, später wurde es von Savoyen regiert, 1536 erhielt es die Unabhängigkeit. Der Versuch von Savoyen, 1602 die Stadt noch einmal zu erobern, wurde zurückgeschlagen. Diesen Sieg feiert man bis heute mit einem Fest: der L'Escalade.

Im 16. Jahrhundert entwickelte sich die Stadt zum wohlhabenden Handelszentrum. Mit der Ankunft Johann Calvins wurde sie auch zu einer Hochburg der Reformation. Als »Rom der Protestanten« zog Genf protestantische Flüchtlinge aus ganz Europa an, die den Wohlstand der Stadt förderten und ihr ein kosmopolitisches Flair verliehen. Nach einer kurzen Phase als unabhängige Republik war Genf zwischen 1798 und 1813 von Frankreich besetzt. 1815 traten die Stadtrepublik und der Kanton der Schweizer Eidgenossenschaft bei.

Die französischsprachige Stadt ist ein dynamisches Geschäftszentrum mit weltoffenem, gleichwohl etwas zurückhaltendem Charakter. Genf ist Standort vieler internationaler Organisationen, darunter einer der Hauptsitze der UN und Sitz des Internationalen Roten Kreuzes, und »Hauptstadt« der Diplomatie. In Genf befindet sich auch die Europäische Organisation für Kernforschung (CERN), eines der modernsten Wissenschaftszentren der Welt.

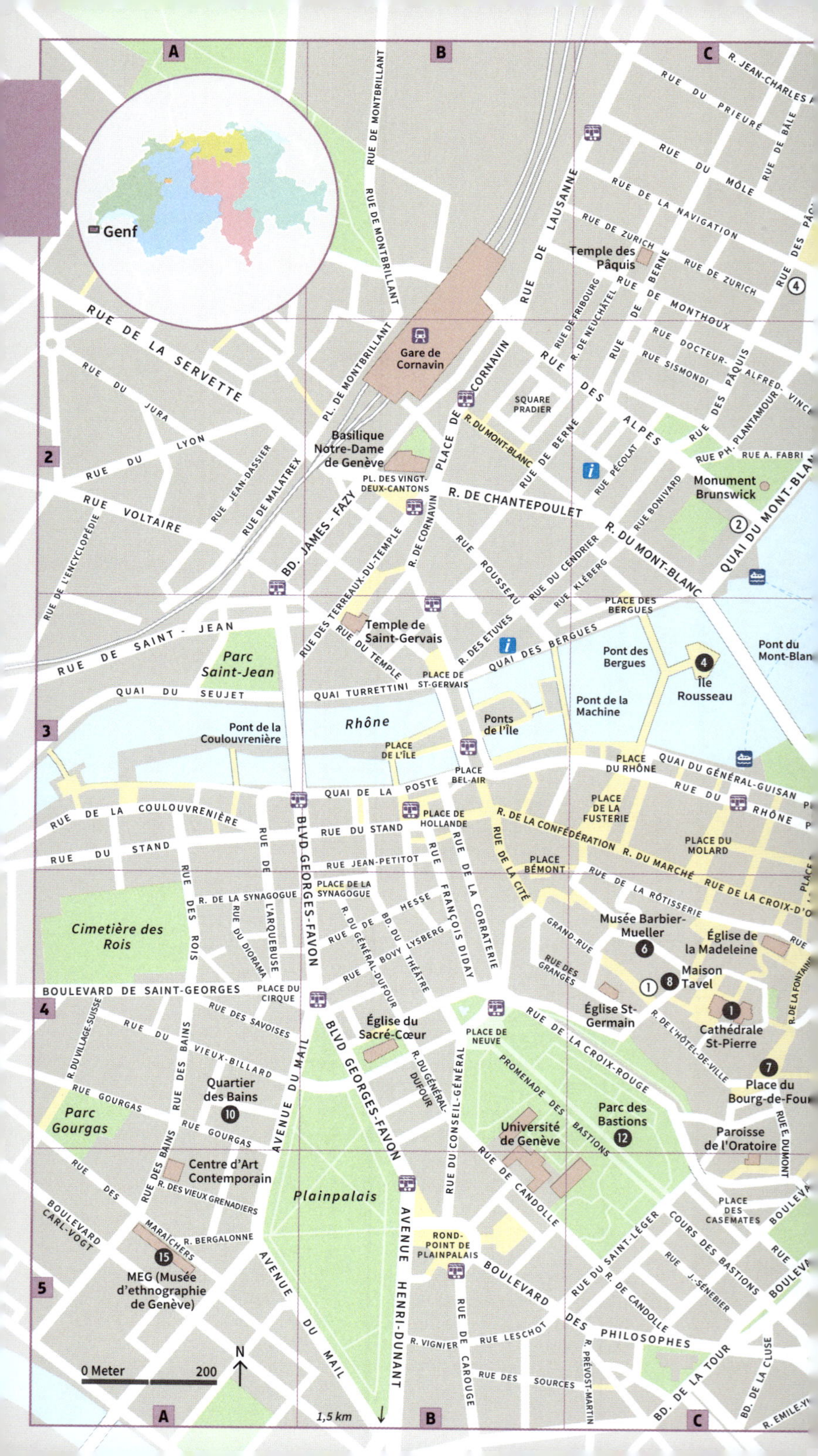

A
B
C
Genf
R. JEAN-CHARLES
RUE DU PRIEURÉ
RUE DE BÂLE
RUE DU MÔLE
RUE DE LA NAVIGATION
RUE DE ZURICH
RUE DES PÂQUIS
RUE DE MONTBRILLANT
RUE DE LAUSANNE
Temple des Pâquis
RUE DE BERNE
RUE DE MONTHOUX
RUE DE FRIBOURG
R. DE NEUCHÂTEL
RUE DOCTEUR-ALFRED-VINCENT
RUE SISMONDI
RUE DE LA SERVETTE
PL. DE MONTBRILLANT
Gare de Cornavin
PLACE DE CORNAVIN
RUE DES ALPES
SQUARE PRADIER
R. DU MONT-BLANC
RUE PH. PLANTAMOUR
RUE PH. FABRI
RUE A. FABRI
RUE DU JURA
RUE DU LYON
2
Basilique Notre-Dame de Genève
PL. DES VINGT-DEUX-CANTONS
R. DE CHANTEPOULET
RUE PÉCOLAT
RUE BONIVARD
Monument Brunswick
QUAI DU MONT-BLANC
RUE VOLTAIRE
RUE JEAN-DASSIER
RUE DE MALATREX
BD. JAMES-FAZY
R. DE CORNAVIN
RUE ROUSSEAU
RUE DU CENDRIER
RUE KLÉBERG
RUE DE L'ENCYCLOPÉDIE
RUE DES TERREAUX-DU-TEMPLE
PLACE DES BERGUES
RUE DE SAINT-JEAN
Temple de Saint-Gervais
R. DES ETUVES
QUAI DES BERGUES
Pont des Bergues
Pont du Mont-Blanc
Parc Saint-Jean
RUE DU TEMPLE
PLACE DE ST-GERVAIS
Île Rousseau
QUAI DU SEUJET
QUAI TURRETTINI
Pont de la Machine
3
Rhône
Ponts de l'Île
Pont de la Coulouvrenière
PLACE DE L'ÎLE
PLACE BEL-AIR
PLACE DU RHÔNE
QUAI DU GÉNÉRAL-GUISAN
QUAI DE LA POSTE
RUE DU RHÔNE
PLACE DE LA FUSTERIE
RUE DE LA COULOUVRENIÈRE
PLACE DE HOLLANDE
R. DE LA CONFÉDÉRATION
R. DU MARCHÉ
RUE DU STAND
PLACE DU MOLARD
RUE JEAN-PETITOT
RUE DE LA CITÉ
PLACE BÉMONT
RUE DE LA ROTISSERIE
RUE DE LA CROIX-D'OR
BLVD GEORGES-FAVON
RUE DE LA CORRATERIE
RUE FRANÇOIS DIDAY
RUE DES ROIS
R. DE LA SYNAGOGUE
PLACE DE LA SYNAGOGUE
RUE DE HESSE
RUE DE L'ARQUEBUSE
RUE DU DIORAMA
Cimetière des Rois
R. DU GÉNÉRAL-DUFOUR
BD. DU THÉÂTRE
RUE BOVY LYSBERG
GRAND-RUE
Musée Barbier-Mueller
Église de la Madeleine
RUE DES GRANGES
Maison Tavel
R. DE LA FONTAINE
BOULEVARD DE SAINT-GEORGES
PLACE DU CIRQUE
4
Église St-Germain
Cathédrale St-Pierre
RUE DES SAVOISES
Église du Sacré-Cœur
PLACE DE NEUVE
RUE DE LA CROIX-ROUGE
R. DE L'HÔTEL-DE-VILLE
R. DU VILLAGE-SUISSE
RUE DU VIEUX-BILLARD
RUE DES BAINS
R. DU GÉNÉRAL-DUFOUR
RUE DU CONSEIL-GÉNÉRAL
PROMENADE DES BASTIONS
Place du Bourg-de-Four
Quartier des Bains
AVENUE DU MAIL
Parc des Bastions
RUE GOURGAS
Parc Gourgas
Université de Genève
Paroisse de l'Oratoire
RUE DUMONT
Centre d'Art Contemporain
RUE DE CANDOLLE
RUE DES MARAÎCHERS
R. DES VIEUX GRENADIERS
Plainpalais
PLACE DES CASEMATES
BOULEVARD CARL-VOGT
R. BERGALONNE
ROND-POINT DE PLAINPALAIS
COURS DES BASTIONS
RUE DU SAINT-LÉGER
R. DE CANDOLLE
RUE J.-SÉNEBIER
MEG (Musée d'ethnographie de Genève)
5
BOULEVARD DES PHILOSOPHES
AVENUE HENRI-DUNANT
R. VIGNIER
RUE LESCHOT
RUE DE CAROUGE
RUE DES SOURCES
R. PRÉVOST-MARTIN
BD. DE LA TOUR
BD. DE LA CLUSE
R. EMILE-YUNG
N
0 Meter
200
1,5 km

Genf

Highlights

1. Cathédrale St-Pierre
2. Musée d'art et d'histoire

Sehenswürdigkeiten

3. Jet d'Eau
4. Île Rousseau
5. Jardin Anglais
6. Musée Barbier-Mueller
7. Place du Bourg-de-Four
8. Maison Tavel
9. Musée International de la Croix-Rouge et du Croissant-Rouge
10. Quartier des Bains
11. Palais des Nations
12. Parc des Bastions
13. Fondation Bodmer
14. CERN
15. MEG (Musée d'ethnographie de Genève)

Restaurants

① Café-Restaurant de l'Hôtel de Ville
② Fiskebar

Bars

③ L'Atelier
④ Qafé Guidoline

←

1 *Seilbahn zum Mont Salève*

2 *Raddampfer am Genfer See*

3 *Jet d'Eau, von Genfs Kathedrale aus gesehen*

4 *Ausstellung in der Maison Tavel*

2 TAGE
in Genf

Tag 1

Vormittags Ihre Erkundung des alten Genf beginnt im ältesten Haus der Stadt aus dem 12. Jahrhundert, der Maison Tavel *(siehe S. 125)*. Nachdem Sie tief in die faszinierende Geschichte der Stadt eingetaucht sind, laufen Sie zu einem der bunten Märkte und kaufen für ein Picknick ein.

Nachmittags Machen Sie am Standort des Teilchenbeschleunigers im CERN (www.home.cern) die interessante dreistündige Führung (https://visit.cern). Wenn Sie lieber im Freien unterwegs sind, nehmen Sie den Bus Nr. 8 und fahren zu Genfs Hausberg Mont Salève. Steigen Sie in Veyrier-Douane aus, von dort laufen Sie in knapp zehn Minuten über die französische Grenze (Ausweis nicht vergessen) zur Seilbahnstation. Genießen Sie im Gipfelrestaurant bei einem Kaffee die großartige Aussicht auf Genf und den See. Folgen Sie einem der kleinen Wege am Fels entlang, nach jeder Ecke überrascht Sie ein neuer fantastischer Blick.

Abends Zurück in der Stadt gönnen Sie sich ein romantisches Abendessen auf dem 1914 gebauten Raddampfer *Savoie*. Während Sie speisen, fährt das Schiff an vielen Sehenswürdigkeiten vorbei, zum Beispiel an der beeindruckenden Fontäne Jet d'Eau *(siehe S. 124)*, die zu einem Wahrzeichen der Stadt geworden ist.

Tag 2

Vormittags Nach einem feinen Croissant am Fluss laufen Sie über den Uni-Campus zum Musée International de la Croix-Rouge et du Croissant-Rouge *(siehe S. 126)*. Tauchen Sie in den drei verschiedenen Bereichen der Dauerausstellung ein in 150 Jahre humanitärer Geschichte. Anschließend laufen Sie über den Pont Hans-Wilsdorf, der die Arve überspannt, nach Carouge, Genfs ganz spezielles »Klein Italien«. Im Süden des Viertels liegt La Clémence (www.laclemence.ch), wo Sie einen köstlichen Kaffee bekommen – ideal für eine Erholungspause.

Nachmittags Halten Sie beim Bummel durch das lebendige Viertel Augen, Ohren und Nase offen – es lohnt sich. Der einstige Weiler im sardischen Stil hat sich zu einer Künstlerkolonie entwickelt, wo sich Boutiquen, Kunsthandwerksläden, kleine Bistros und gemütliche Cafés abwechseln.

Abends Am Fluss entlang bummeln Sie zurück in die Altstadt und essen im großartigen Café-Restaurant des Hôtel de Ville *(siehe S. 127)*. Das Gebäude stammt aus dem Jahr 1764 und verströmt den altmodischen Charme eines gemütlichen Bistros. Sie bekommen dort klassische Genfer Gerichte, beispielsweise das traditionelle *Fricasée de porc* (Schweinefleischragout mit vielen Gewürzen).

1

Cathédrale St-Pierre

C4 Cour St-Pierre +41 22 311 7575 Archäologische Stätte: tägl. 10–17; Kirche: Juni–Sep: Mo–Fr 9:30–18:30, Sa 9:30–16:30, So 12–18:30; Okt–Mai: Mo–Sa 10–17:30, So 12–17:30
site-archeologique.ch cathedrale-geneve.ch

Die Bauzeit der Genfer Kathedrale betrug 70 Jahre (1160–1230). Der gewaltige Bau erhielt in den folgenden Jahrhunderten noch diverse Anbauten, was die Stilmischung erklärt.

Archäologische Funde aus den 1970er Jahren dokumentieren, dass sich an dieser Stelle schon etwa 360 n. Chr. eine christliche Kirche befand. Der heutige gotische Grundbau besitzt ältere romanische Elemente und ein unpassend wirkendes klassizistisches Portal aus dem 18. Jahrhundert. Im Jahr 1536 wurde St-Pierre protestantisch und verlor den überwiegenden Teil des üppigen katholischen Dekors. Nur das Chorgestühl und die Bleiglasfenster im Chor haben die »Reinigung« überlebt. Heute zeigt sich die Kirche in Einfachheit und Strenge. Unter der Kathedrale befindet sich ein archäologisches Museum, in dem Überreste von Gebäuden aus dem 4. Jahrhundert sowie Funde von Ausgrabungen aus der Umgebung ausgestellt sind.

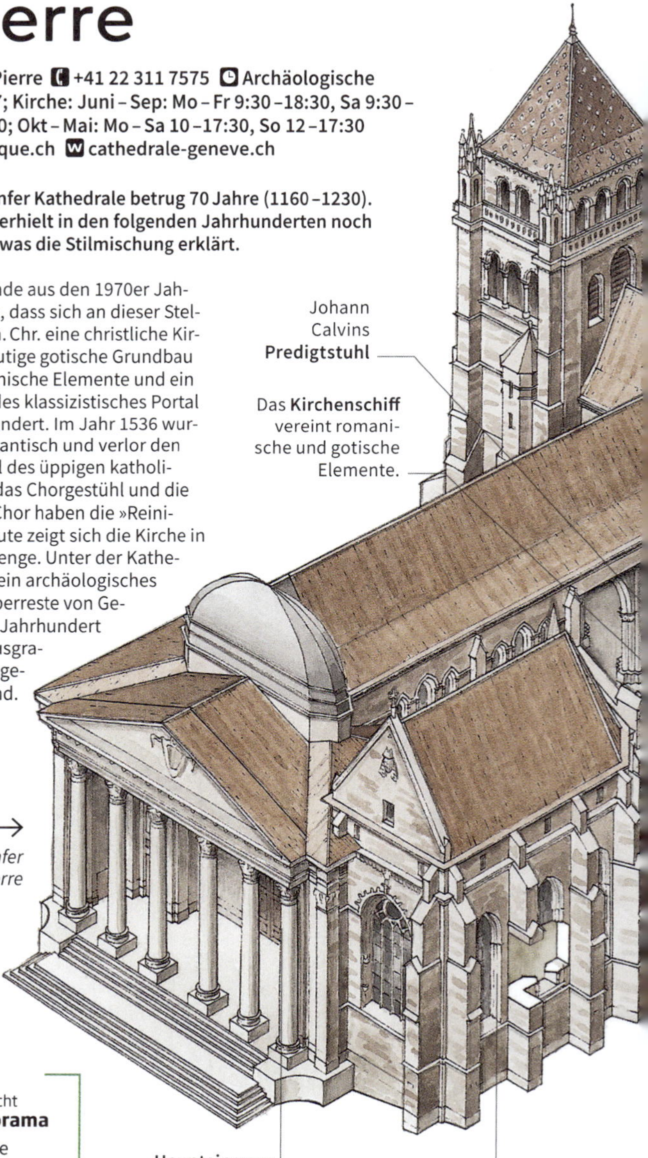

→ *Darstellung der Genfer Kathedrale St-Pierre*

Schöne Aussicht
Stadtpanorama
Erklimmen Sie die 157 Stufen der Wendeltreppe im Nordturm, und genießen Sie den spektakulären Panoramablick über die Stadt.

Highlight

1 *Die Farbenvielfalt reicht von den Bleiglasfenstern bis zur aufwendig bemalten Decke.*

2 *Auch Holzskulpturen wie diese Darstellung eines Tiers schmücken den Kirchenbau.*

3 *Statue des Propheten Jeremia vor der Kathedrale*

Chronik

um 360 n. Chr.
▽ Erste Kirche an dieser Stätte

1160–1230
▽ Bauphase der Kathedrale

16. Jh.
▽ Umgestaltung im Zuge der Reformation

1970er Jahre
▽ Funde antiker Überreste bei Ausgrabungsarbeiten

2

Musée d'art et d'histoire

D4–5 · Rue Charles-Galland 2 · 7 · +41 22 418 2600 · Di–So 11–18, Do 12–21 · institutions.ville-geneve.ch

Die riesige Sammlung an Gemälden, Skulpturen und Artefakten, die im Museum für Kunst und Geschichte zu sehen ist, deckt eine Zeitspanne von der Ur- und Frühgeschichte bis in die Gegenwart ab. Besucher können in diesem größten Kunstmuseum der Stadt problemlos mehrere Stunden verbringen, um wenigstens einen Teil der rund eine halbe Million Objekte zu sehen.

Das Museum gliedert sich in mehrere Bereiche: Die größte Abteilung widmet sich der Archäologie, ausgestellt sind etwa 70 000 Exponate aus Ägypten, Griechenland, Rom und anderen alten Kulturen. Zu den kunsthandwerklichen Ausstellungsstücken gehören u. a. Möbel (darunter Stühle, Sessel, Tisch und Bücherschrank von Josef Hoffmann, einem Hauptvertreter der Wiener Werkstätte, für den Schweizer Maler Ferdinand Hodler), Textilien, Bleiglasfenster, Musikinstrumente und *objets d'art*. Die Sammlungen umfassen bedeutende künstlerische Bewegungen und Werke einiger der herausragenden Maler aus der Zeit vom 15. bis 21. Jahrhundert. Zu den Höhepunkten gehören *Der wunderbare Fischzug* (1444) von Konrad Witz sowie Gemälde von Monet, Picasso und Rubens. Spannende Wechselausstellungen ergänzen das Museumsangebot.

→ *Elegante Fassade des 1903–10 errichteten Kunstmuseums*

Highlight

Kurzführer

Im Tiefparterre ist die umfassende Sammlung von Exponaten aus der Antike untergebracht. Im Erdgeschoss sind die Abteilungen Ur- und Frühgeschichte sowie Kunsthandwerk zu besichtigen, auch Wechselausstellungen finden hier ihren Platz. Das erste Stockwerk des Museums ist für Besucher nicht zugänglich, in der zweiten Etage werden Gemälde und Skulpturen von Künstlern aus ganz Europa präsentiert. Diese Werke decken den Zeitraum vom Mittelalter bis zur Gegenwart ab.

1

2

3

1 Türkisches Bad *(1907) des Schweizer Künstlers Félix Vallotton (1865–1925) ist eine Hommage an das gleichnamige Gemälde von Jean-Auguste-Dominique Ingres.*

2 *Die Marmorgruppe* Venus und Adonis *zählt zu den Meisterwerken des Bildhauers Antonio Canova (1757–1822), eines der zentralen Vertreter des italienischen Klassizismus.*

3 Der wunderbare Fischzug *von Konrad Witz (um 1400–1466) ziert den Petrusaltar der Cathédrale St-Pierre* (siehe S. 120f).

Schon gewusst?

Eine für 2016 geplante Renovierung wurde verschoben, nachdem die Genfer die Idee abgelehnt hatten.

SEHENSWÜRDIGKEITEN

↑ *Jet d'Eau – Fontäne im Genfer See und ein Wahrzeichen der Stadt*

❸

Jet d'Eau

E2 · unweit vom Quai Gustave-Ador · 2, 6, E, G

Die Brunnenanlage steht isoliert auf einem Damm am Südufer des Genfer Sees. Eine 140 Meter hohe Fontäne schießt daraus empor und drückt pro Sekunde 500 Liter Wasser mit einer Geschwindigkeit von rund 200 Stundenkilometern nach oben.

Seine Entstehung verdankt der Jet d'Eau eigentlich einem Zufall. Im späten 19. Jahrhundert wurde ein einfacher Brunnen angelegt, um den überschüssigen Wasserdruck bei der Installation eines Reservoirsystems auszugleichen. Er war bei der Bevölkerung jedoch so beliebt, dass man beschloss, einen festen Brunnen zu bauen, der durch mächtige Pumpen noch spektakulärer wurde. Den schon seit 1930 nachts beleuchteten Jet d'Eau sieht man bereits von Weitem. Er ist der Stolz Genfs und hat sich zum Wahrzeichen der Stadt entwickelt.

❹

Île Rousseau

C3 · Pont des Bergues · 6, 8, 9, 25

Von der Mitte des Pont des Bergues führt im rechten Winkel ein Fußweg zu einer Bastion in der Rhône. Die Île Rousseau wurde nach Jean-Jacques Rousseau (1712–1778) benannt, dem Schriftsteller und Philosophen der Aufklärung – einer der berühmtesten Bürger Genfs.

❺

Jardin Anglais

D3 · Quai du Général-Guisan · 2, 6, 7, 8, 9, 10, 12

Der »Englische Garten« liegt am Seeufer am Fuß der Altstadt mit Blick auf den Hafen und die Gebäude am nördlichen Kai. Am Eingang befindet sich eine Blumenuhr, die Horloge Fleurie. Sie wurde 1955 als Anerkennung für die Uhrmachertradition der Schweiz geschaffen und besteht aus acht sich überschneidenden Rädern mit 6500 blühenden Pflanzen.

Nördlich des Parks ragen zwei Felsbrocken aus dem See, die mächtige Gletscher im Lauf einer Eiszeit dorthin transportiert haben. Die Findlinge sind unter dem Namen Pierres du Niton (Neptunsteine) bekannt. Den größeren der beiden nutzte man einst als Referenzpunkt für Höhenmessungen in der Schweiz.

❻

Musée Barbier-Mueller

C4 · Rue Jean-Calvin 10 · 36 · +41 22 312 0270 · tägl. 11–17 · barbier-mueller.ch

In einer Gasse hinter der Kathedrale präsentiert das Museum Kunstgegenstände, Masken und andere Objekte aus Afrika, Asien und Ozeanien, aber auch klassische Artefakte aus dem antiken Griechenland und dem alten Rom. Der Bestand geht auf eine Sammlung zurück, die Josef Mueller 1907 anlegte.

❼

Place du Bourg-de-Four

C4 · 36

Die Place du Bourg-de-Four liegt vermutlich über dem römischen Forum Genfs und war im Mittelalter der Marktplatz der Stadt. Heute steht hier ein schöner Brunnen (18. Jh.). Man findet alte Häuser (16. Jh.), Kunstgalerien und Antiquitätenläden. Bunte Cafés und Restaurants machen den Platz zu einem lebhaften Zentrum der Altstadt.

Blick auf Île Rousseau und Quai des Bergues an der Rhône ↑

↑ *Place du Bourg-de-Four, schmucker Platz mitten in der Genfer Altstadt*

Das beeindruckende Palais de Justice auf der Südostseite wurde 1707–12 erbaut und dient seit 1860 als Sitz des Gerichts. In der nahe gelegenen Rue de l'Hôtel-de-Ville auf der Südwestseite des Platzes befindet sich das Hôtel de Ville mit Renaissance-Fassade. Das Gebäude (15. Jh., mit Anbauten aus späteren Jahrhunderten) war ursprünglich das Rathaus und ist heute Sitz der Kantonalregierung. Über die Rampe im Innenhof konnten früher Kanonen ins Gebäude gehievt werden, ebenso konnten Würdenträger zu Pferd ins Rathaus gelangen.

In der Tour Baudet (1455), dem ältesten Teil des Gebäudes, waren einst die Archive untergebracht. Im Erdgeschoss befindet sich der Alabama-Raum. Hier wurden 1864 die Genfer Konvention unterzeichnet und das Internationale Rote Kreuz als humanitäre Organisation anerkannt. Im Jahr 1920 traf sich hier der Völkerbund zum ersten Mal.

8

Maison Tavel

C4 Rue du Puits-St-Pierre 6 36 +41 22 418 3700 Di–So 11–18 institutions.ville-geneve.ch

Das Kalksteingebäude ist das älteste Haus von Genf. Die gotische Fassade ist mit drei Fensterreihen, einem Eckturm, dem Familienwappen der Tavels, der Erbauer des Hauses, und ungewöhnlichen Steinskulpturen von Tier- und Menschenköpfen verziert.

Die Maison Tavel beherbergt das Musée du Vieux Genève, das sich dem Alltagsleben der Stadt vom 14. bis 19. Jahrhundert widmet. Im Untergeschoss finden Wechselausstellungen statt, die weiteren Räume füllen Ausstellungsstücke von Münzen und Eisenarbeiten bis hin zu Fliesen, Holztüren und anderen Bauelementen. In zwölf Räumen im zweiten Stock kann man Alltagsgegenstände aus dem 17. Jahrhundert sehen. Im Dachgeschoss steht ein riesiges Modell der Stadt, das 1850 entstand. Eine audiovisuelle Show erklärt das Modell.

Eine eigene Abteilung ist Général Dufour (1787–1875) gewidmet, der eine topografische Karte des Landes im Maßstab 1:100 000 erstellte. Er war auch einer der Gründer des Internationalen Roten Kreuzes.

Bars

L'Atelier

Grandiose Auswahl an Weinen und Cocktails in industriell schickem Ambiente.

E3 Rue Boissonnas 16 So atelierlounge.ch

SF SF SF

Qafé Guidoline

Große Bar mit Terrasse. Hier gibt es eine gute Auswahl an Craftbeer und Cocktails.

C1
Rue des Pâquis 24
+41 22 900 2266
qafeguidoline.ch

SF SF SF

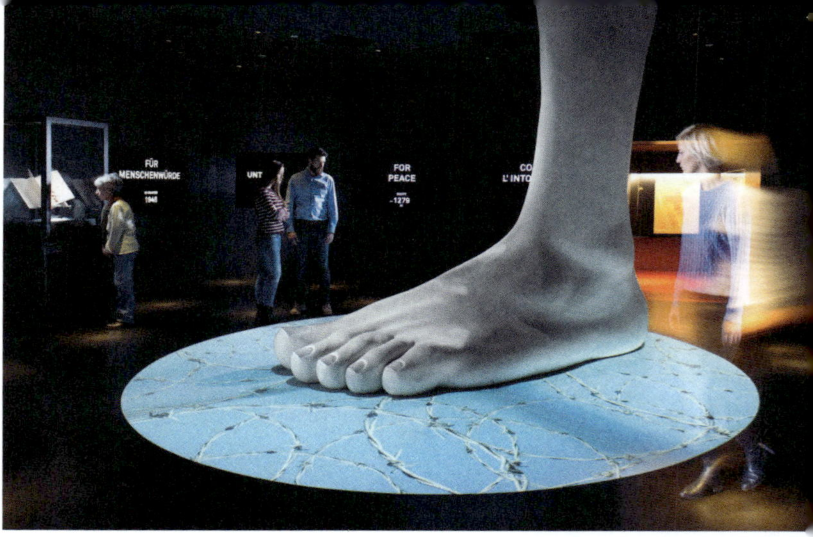

9

Musée International de la Croix-Rouge et du Croissant-Rouge

F5 17 Ave de la Paix 8, 20, 22, F +41 22 748 9511 Apr–Okt: Di–So 10–18; Nov–März: Di–So 10–17 redcross museum.ch

Die Ausstellung des Internationalen Museums des Roten Kreuzes und des Roten Halbmonds legt Zeugnis ab vom Leiden, das das Rote Kreuz seit seiner Gründung 1863 zu lindern versucht, aber auch von menschlichem Mitgefühl und der Möglichkeit, sich neuen Herausforderungen zu stellen.

Das ursprüngliche Gebäude von Pierre Zoelly aus den 1980er Jahren wurde von einem Team aus Architekten und Designern neu ausgestaltet. Der Glas-Beton-Bau wird innen durch natürliches Licht erhellt. Am Eingang stehen Steinfiguren mit Augenbinden und Fesseln, ein Denkmal der Menschenrechtsverletzungen.

Drei Zonen wurden von Architekten aus verschiedenen Kulturzonen gestaltet: *Defending Human Dignity* (Gringo Cardia, Brasilien), *Reconstructing the Family Link* (Diébédo Francis Kéré, Burkina Faso) und *Refusing Fatality* (Shigeru Ban, Japan). Innerhalb jeder Zone wird der Besucher emotional berührt und über die Hintergründe aufgeklärt. Der Bereich »On the Spot« informiert über die jüngsten Ereignisse aus den Krisen- und Kriegsgebieten der Welt.

10

Quartier des Bains

A4 2, 19, 35 quartierdesbains.ch

In dem pulsierenden Viertel mit 18 Ateliers und Galerien organisiert eine Künstlergruppe oft Themenausstellungen zeitgenössischer Kunst. Das Spektrum reicht von Installationen bis zu Skulpturen. In der Nähe sind viele Bars und Restaurants.

Entdeckertipp
Bains des Pâquis

In den Genfer See ragen die öffentlich zugänglichen Bains des Pâquis (www.bains-des-paquis.ch) – mit Whirlpools, türkischem Bad, gutem Essen und ausreichendem Platzangebot.

11

Palais des Nations

F5 14 Ave de la Paix +41 22 917 4896 Tour mind. drei Monate vor dem geplanten Besuch buchen; siehe Website für weitere Details unog.ch

Das weltweit größte Konferenzzentrum für internationalen Frieden und Sicherheit wurde 1929–36 als Hauptsitz des Völkerbunds errichtet. Nach dessen Auflösung 1946 wurde der Komplex zum Sitz der Vereinten Nationen (UN bzw. UNO = United Nations Organization, auf Französisch: ONU = Organisation des Nations Unies). Rund 3000 Personen aus allen Teilen der Welt arbeiten hier. Das gesamte Gebäude ist internationales Territorium.

Einige Bereiche sind öffentlich zugänglich. Es gibt Führungen in zwölf Sprachen. Man kommt durch lange Korridore an der Salle du Conseil (Ratskammer) vorbei, deren Wände und Decke mit Allegorien des katalanischen Malers José Maria Sert verziert sind. Sie stellen die Vision einer gewaltfreien Zukunft dar.

Die Salles des Assemblées (Versammlungssäle) verfügen über 2000 Sitzplätze und

←

Musée International de la Croix-Rouge et du Croissant-Rouge

sind die größten der rund 30 Konferenzräume der Vereinten Nationen.

Im umliegenden, baumbestandenen Parc des Nations stehen diverse Skulpturen.

12

Parc des Bastions

C4 12, 17 3, 5, 20, 25

Der Park wurde im 18. Jahrhundert entlang den Wehrmauern im südlichen Teil der Stadt angelegt. Ein riesiges Monument, der Mur de la Réformation, erhebt sich am östlichen Rand. Es wurde 1909 zum 400. Geburtstag Johann Calvins und zum 350. Jahrestag der Gründung der Genfer Akademie, einer protestantischen Schule, errichtet. Die Mauer ist 100 Meter lang und wird von fünf Meter hohen Statuen der vier Reformationsführer in Genf gekrönt: Guillaume Farel, Johann Calvin, Théodore de Bèze und John Knox. Die Reliefs stellen die Geschichte der Reformation dar. Weitere Denkmäler erinnern an Martin Luther und Ulrich Zwingli.

13

Fondation Bodmer

F5 19–21 Route Martin Bodmer, Cologny A
+41 22 707 4436
Di–So 14–18
fondationbodmer.ch

Nördlich des Genfer Stadtzentrums, in der Gegend von Cologny, steht eine große Villa mit formellen Gärten und einer einzigartigen Mission: ein Museum des menschlichen Geistes zu sein. Zu den 150 000 Objekten zählen altägyptische Papyrusbücher und handgeschriebene Seiten von William Shakespeare. Zu sehen sind außerdem eine Gutenberg-Bibel und eine Kopie von Sir Isaac Newtons *Principia Mathematica*.

14

CERN

E5 Esplanade des Particules 1, Meyrin 18
Mo–Sa 8–18 visit.cern

Die Europäische Organisation für Kernforschung, besser bekannt unter dem Kürzel CERN, gibt es bereits seit 1954. Sie betreibt physikalische Grundlagenforschung, vor allem zur Teilchenphysik und zur Entstehung des Weltalls. 2010 wurden erstmals die Tore für Besucher geöffnet. Das Besucherzentrum »Globe of Science and Innovation« thematisiert die Anfänge des Universums im »Universe of Particles«, das aus kugelförmigen Ausstellungseinheiten besteht. Ein Highlight ist die Big Bang Show, eine fantastische Multimediashow. Eine andere Ausstellung präsentiert ein Miniaturmodell des Teilchenbeschleunigers LHC (Large Hadron Collider) im CERN.

Restaurants

Café-Restaurant de l'Hôtel de Ville
Traditionelle regionale Küche von hervorragender Qualität.
C4 Grand-Rue 39 facebook.com/HDV1204
SF SF SF

Fiskebar
Hier kann man exzellenten Fisch erwarten.
C2 Quai de Mont-Blanc 11
geneva-fiskebar.com
SF SF SF

15

MEG (Musée d'ethnographie de Genève)

A5 Blvd Carl-Vogt 65
2, 19 +41 22 418 4550
Di–So 11–18 meg.ch

Der 2014 eröffnete Neubau des volkskundlichen Museums präsentiert ca. 100 000 Objekte, u. a. Trachten und Musikinstrumente. Sehr beliebt sind die Workshops.

→

Modernde Architektur: Fassade des Musée d'ethnographie de Genève

Spaziergang durch die Altstadt

Länge 1,5 km **Dauer** 25 Min. **Bus** Place de Neuve

Die Genfer Altstadt (Vieille Ville) liegt etwas erhöht am Südufer der Rhône um die Kathedrale und die Place du Bourg-de-Four – ein Viertel mit viel Atmosphäre. Hauptschlagader ist die Fußgängerzone Grand-Rue, deren enge, kopfsteingepflasterte Straßen von Kalksteingebäuden gesäumt werden. Das südliche Ende der Altstadt wird von der Promenade des Bastions markiert, die an den alten Stadtmauern entlangläuft. Die Nordseite fällt zum Kai mit seinen breiten Boulevards und dem attraktiven Jardin Anglais hin ab.

Maison Rousseau, das Geburtshaus des Schriftstellers und Philosophen Jean-Jacques Rousseau (18. Jh.), steht in der Grand-Rue 40.

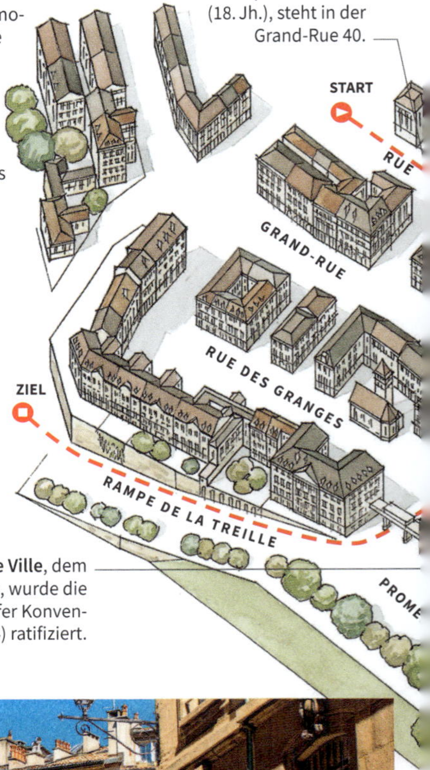

Im **Hôtel de Ville**, dem Rathaus, wurde die erste Genfer Konvention (1864) ratifiziert.

Schon gewusst?

Die Place du Bourg-de-Four, ältester Platz der Stadt, wurde in römischer Zeit angelegt.

An der Place du Bourg-de-Four gibt es einige Straßencafés ↓

Zur Orientierung
Siehe Stadtteilkarte S. 116f

↑ *Reich und farbenprächtig verzierte Decke der Cathédrale St-Pierre*

Die 1334 erbaute **Maison Tavel** ist das älteste Haus in Genf. Heute dokumentiert hier ein Museum den Genfer Alltag im Wandel der Zeit.

Die **Cathédrale St-Pierre** *(siehe S. 120f)* wurde über mehreren älteren Bauten errichtet, u. a. über einem Bischofspalais, dessen Mosaikboden erhalten ist.

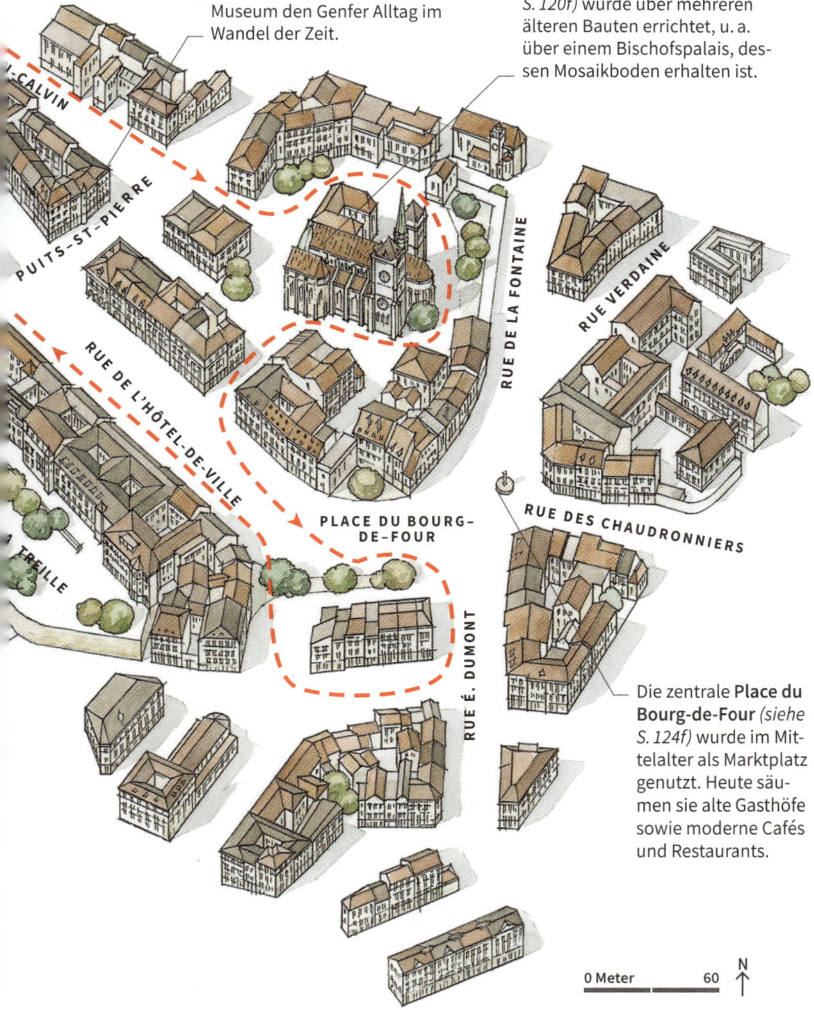

Die zentrale **Place du Bourg-de-Four** *(siehe S. 124f)* wurde im Mittelalter als Marktplatz genutzt. Heute säumen sie alte Gasthöfe sowie moderne Cafés und Restaurants.

Weinbaugebiet am Ufer des Genfer Sees (siehe S. 142–147)

Westschweiz

Die Westschweiz, eine überwiegend französischsprachige Region, besteht aus drei Naturräumen: dem Schweizer Jura im Norden, dem Westausläufer der Mittelland-Hochebene im Osten und den Alpen im Südosten. Im Süden erstreckt sich der Genfer See (Lac Léman), an dessen Ufer die Städte Genf (Genève), Lausanne, Vevey und Montreux liegen.

Während die großen politischen Organisationen und die Banken Genf ein internationales Profil verleihen, ist Lausanne mit seiner großartigen Kathedrale und der Universität ein kulturelles und intellektuelles Zentrum. Fribourg wird von der Sarine nicht nur topografisch, sondern auch sprachlich in zwei Teile geteilt: Westlich des Flusses spricht man Französisch, östlich davon Deutsch. Das reinste Französisch der Westschweiz wird angeblich in Neuchâtel gesprochen.

In der Westschweiz, genauer im Schweizer Jura, liegen die Anfänge der Uhrmachertradition des Landes – und hier blüht sie heute noch. Die Region ist auch für ihren Wein berühmt, insbesondere edle Tropfen vom Genfer See. Und schließlich findet sich in der Westschweiz eine der schönsten Schweizer Sehenswürdigkeiten: das märchenhafte Château de Chillon, das auf dem Wasser des Genfer Sees zu schweben scheint.

Westschweiz
FRANKREICH
NEUCHÂTEL
VAUD
GENÈVE
Jura
Montbéliard
Fahy
Baume-les-Dames
Saint-Hippolyte
Laviron
Passavant
Saignelégier
Le Noirmont
Pierrefontaine-les-Varans
Bonnétage
Doubs
Valdahon
La Chaux-de-Fonds
Le Locle
Chouzelot
Ornans
Saint-Gorgon-Main
Neuchâtel
Peseux
Noiraigue
Boudry
Lac de Neuchâtel
Lavier
Les Verrières
Fleurier
Creux du Van
Estavayer-le-Lac
Pontarlier
Frasne
Concise
Ste-Croix
Cheyres
Malbuisson
L'Auberson
Grandson
Payerne
Yverdon-les-Bains
La Broye
Champagnole
Orbe
Lucens
Mouthe
Vallorbe
Thierrens
Romont
Romainmôtier
Moudon
Le Pont
La Sarraz
Lac de Joux
Echallens
Vallée de Joux
Morez
Le Brassus
Cossonay
Cheseaux
Essertes
Châtel-St-Denis
Bière
Bussigny
Vufflens-le-Château
Lausanne
Pully
Morges
Cully
Blonay
Vevey
Genfer See (Lac Léman)
Rolle
St-Cergue
Montreux
Château de Chillon
Gland
Saint-Claude
Nyon
Thonon-les-Bains
Rhône
Gex
Tannay
Douvaine
Aigle
Versoix
La Baume
Genève Aéroport
Monthey
Meyrin
Genève (Genf)
Lancy
Annemasse
Montriond
Collonges
Neydens
Valleiry
A36
683
50
464
31
461
57
41
67
9
437
72
467
471
10
A5
A1
130
A9
5
1
678
12
129
A12
123
1005
1206
22
902
884

Westschweiz

Highlights

1. Lausanne
2. Genfer See (Lac Léman)
3. Fribourg (Freiburg)

Sehenswürdigkeiten

4. Leysin
5. Villars-sur-Ollon
6. Les Diablerets
7. Château d'Oex
8. Vallorbe
9. Aigle
10. Estavayer-le-Lac
11. Gruyères
12. Murten (Morat)
13. Yverdon-les-Bains
14. Grandson
15. Ste-Croix
16. Neuchâtel
17. Vallée de Joux
18. Le Locle
19. Avenches
20. La Chaux-de-Fonds
21. Franches-Montagnes
22. Creux du Van
23. St-Ursanne

Schon gewusst?

T. S. Eliot vollendete sein Gedicht *The Waste Land* 1922 bei einem Kuraufenthalt in Lausanne.

Die gotische Kathedrale prägt die Silhouette von Lausanne ↑

1

Lausanne

B4 · 220 km südwestl. von Zürich · 140 000
Avenue de Rhodanie 2; +41 21 613 7373
lausanne-tourisme.ch

Mit seiner wunderschönen Lage am Nordufer des malerischen Genfer Sees ist Lausanne zweifelsohne eine der schönsten Städte der Schweiz. Sie wurde im 1. Jahrhundert als römische Siedlung gegründet. Aus Sicherheitsgründen zogen die Einwohner später auf die umliegenden Hügel. Der Bereich bildet nun die Altstadt (Vieille Ville). Lausanne war erst Bischofssitz (6. Jh.), später Universitätsstadt (die Fondation Académie wurde 1537 gegründet). Es ist wichtiges kulturelles und ökonomisches Zentrum der französischsprachigen Schweiz. Lausanne ist auch Sitz des Bundesgerichts und des Internationalen Olympischen Komitees (IOC).

← *Die bunt bemalte Fontaine de la Justice (16. Jh.) ist ein Blickfang auf der Place de la Palud*

①

Place de la Palud

M Riponne-M. Béjart
1, 2, 7, 8

Die Südseite des Marktplatzes wird vom Rathaus beherrscht, ein zweistöckiges Renaissance-Gebäude (17. Jh.) mit Arkaden. Hier wurde am 10. April 1915 das Internationale Olympische Komitee (IOC) gegründet.

Auf der Mitte der Place de la Palud steht die Fontaine de la Justice (16. Jh.), die von einer allegorischen Darstellung der Gerechtigkeit gekrönt wird. Die überdachte Holztreppe hinter dem Brunnen heißt Escaliers du Marché. Sie führt in die Rue Pierre-Viret. Von dort leiten Stufen zur Kathedrale.

Auf der Place de la Palud findet mittwochs und samstags ein Markt statt, einmal im Monat eine Kunsthandwerksmesse.

Highlight

②

Tour Bel-Air und Salle Métropole

Place Bel-Air 1
Lausanne-Flon
1, 2, 3, 4, 6, 7, 8, 9, 16, 17
+41 21 311 6317

Die Tour Bel-Air steht an einem steilen Abhang am Fuß der Altstadt und war bei seiner Fertigstellung 1931 das erste Hochhaus der Schweiz. In dem 50 Meter hohen Gebäude sind Büros, Apartments und die Salle Métropole untergebracht.

Zunächst war die an ähnliche Gebäude in New York erinnernde Tour Bel-Air bei der Bevölkerung umstritten, doch mittlerweile ist sie ein Wahrzeichen der Stadt.

Die Salle Métropole avancierte zu einem der wichtigsten kulturellen Zentren von Lausanne, Theateraufführungen und andere Veranstaltungen tragen zu seinem Ruf bei. Hier traten weltberühmte Künstler wie die Tänzerin Josephine Baker und der Trompeter Louis Armstrong auf. Noch heute präsentiert die Salle berühmte Künstler und Ensembles. Zudem ist sie Spielstätte des Lausanne Symphony Orchestra.

Schöne Aussicht
Blick vom Glockenturm

Unterer und oberer Teil Lausannes sind über viele Treppen miteinander verbunden. Nehmen Sie die vom Markt zur Kathedrale, und steigen Sie dann den Glockenturm des Gotteshauses hinauf. Von diesem höchsten Punkt der Stadt bietet sich eine tolle Aussicht über das Häusermeer, den Genfer See und die schöne Bergkulisse.

③

Place St-François

Ⓜ Lausanne-Flon 🚌 1, 2, 3, 4, 6, 7, 8, 9, 12, 13, 16, 17

In der Platzmitte befindet sich die Église St-François (13./14. Jh.), die als Kirche eines Franziskanerklosters erbaut wurde. Das Kloster wurde während der Reformation aufgelöst, die Kirche ihres Dekors beraubt. Die Fassade rekonstruierte man in den 1990er Jahren.

Die Straßen um den Platz zählen zu den schönsten der Stadt. Die Rue de Bourg wird von alten Häusern gesäumt. Zudem sind hier Juweliere, Läden, Bars und Jazzclubs.

④

Église St-Laurent

🏠 Rue St-Laurent Ⓜ R.-M. Béjart 🚌 1, 2, 3, 4, 6, 7, 8, 9, 16, 17 Ⓦ eerv.ch

Inmitten der Altstadt steht die Église St-Laurent, eines der wenigen Beispiele klassizistischer Architektur in Lausanne. 1716–19 wurde sie auf den Ruinen einer älteren Kirche (10. Jh.) erbaut.

Expertentipp
Livejazz

Talente der renommierten Jazzschule von Lausanne treten an verschiedenen Veranstaltungsorten der Stadt auf. Zu den Favoriten gehört Chorus, ein stimmungsvoller Keller nahe dem Zentrum (chorus.ch). Einige Konzerte sind gratis.

⑤

Musée historique

🏠 Place de la Cathédrale 4
Ⓜ Bessières 🚌 22, 60
📞 +41 21 315 4101
🕒 Di–So 11–18 (Juli, Aug: auch Mo 11–18)
Ⓦ lausanne.ch/mhl

Das Geschichtsmuseum der Stadt ist in den Räumen des ehemaligen Bischofspalais (11. Jh.) untergebracht. Die Sammlungen veranschaulichen die Geschichte Lausannes von prähistorischen Zeugnissen bis heute. Besonders interessant ist ein Modell der Stadt von 1638.

Buntes Nachtleben im angesagten Unterhaltungsviertel Flon ↑

⑥

Palais de Rumine

🏠 Place de la Riponne 6
Ⓜ Riponne-M. Béjart
🚌 1, 2, 7, 8 🕒 Di–So 10–17
Ⓦ palaisderumine.ch

Der beeindruckende Neorenaissance-Bau des Palais de Rumine (1896–1906) beherbergte einst die Universität Lausannes, bis diese in die Vororte der Stadt zog. Heute beherbergt er Museen zu Kunst, zu Archäologie und Geschichte sowie zu Geologie, Zoologie und Numismatik. Alle Museen habe dieselben Öffnungszeiten, ein Kombiticket gilt für alle.

← *Die Stufen vor der Église St-Laurent sind ein beliebter Treffpunkt*

Das Musée des Beaux-Arts im Erdgeschoss zeigt Schweizer Gemälde vom 18. bis 20. Jahrhundert. Das Musée d'archéologie et d'histoire (Museum für Archäologie und Geschichte) im sechsten Stock präsentiert Ausgrabungsfunde von der Bronzezeit bis ins Mittelalter. Eines der schönsten Exponate ist die Goldbüste Marc Aurels, die man 1939 in Avenches entdeckte.

⑦

Château St-Maire

Place du Château
Riponne-M. Béjart
7, 22, 60

Auch wenn es nicht öffentlich zugänglich ist, sollte man diesem Bauwerk Beachtung schenken. Der burgähnliche Bau wurde zwischen 1397 und 1427 als Palais der Bischöfe von Lausanne errichtet, die die Stadt damals regierten. Als man sie stürzte, wurde das Château die Residenz der neuen Machthaber, der Herren von Bern.

Den Unabhängigkeitskampf der Stadt und des Kantons Vaud (Waadt) führte Jean Davel, der 1723 auf Befehl der Berner Obrigkeit geköpft wurde. Sein Denkmal steht vor dem Château. Der Bau ist heute Sitz der Kantonalverwaltung.

⑧

Flon

Lausanne-Flon 18

Flon war früher das wichtigste Industriegebiet von Lausanne. Angelegt wurde es an einem Fluss, der im 19. Jahrhundert zugeschüttet wurde.

Längst schon hat die Gegend ihre industrielle Vergangenheit aufgegeben und sich zu einem Unterhaltungsviertel entwickelt. In früheren Lagerhäusern sind nun Geschäfte, Bars, Restaurants, Galerien, ein Kinokomplex und der Club MAD untergebracht. In der Fußgängerzone öffnet im Sommer eine Pop-up-Bar, im Winter eine Eisbahn.

Shopping

Blondel

Traumhaft schöne Schaufensterauslagen und der köstliche Hauch von Schokolade, der aus der Tür weht, machen das Blondel seit 1850 zu einer Institution. Hier kann man kaum vorbeigehen.

Rue de Bourg 5
blondel.ch

Cocooning

Hier können Sie Seifen, Cremes und andere Kosmetika kaufen. Die Artikel werden von Hand und aus natürlichen Zutaten hergestellt – z. B. eine Körperlotion mit dem Aroma von Edelweiß.

Rue Grand-Saint-Jean 16
cocooning.ch

9

Collection de l'Art Brut

Ave des Bergières 11
2, 21 +41 21 315 2570
Di–So 11–18 (Juli, Aug: tägl.; 1. Sa im Monat freier Eintritt) artbrut.ch

Art brut bedeutet in etwa »rohe, unverbildete Kunst«. Der Begriff wurde vom französischen Maler Jean Dubuffet (1901–1985) für Kunstwerke gebraucht, die von Künstlern am Rand der Gesellschaft geschaffen wurden – etwa von Kriminellen, Psychiatrie-Patienten oder spiritistischen Medien ohne jegliche künstlerische Ausbildung. Ihre Ideen entsprangen ihrer eigenen Gedankenwelt und waren in keiner Weise von Kultur und Kunstgeschichte beeinflusst. 1945 begann Dubuffet, Art brut zu sammeln. Die Collection de l'Art Brut eröffnete 1976.

Die Kunstwerke weisen eine ganz außergewöhnliche Kraft und Spontaneität auf. Neben jedem Ausstellungsstück findet sich eine Kurzbiografie des Künstlers, die einen Eindruck der Entstehungsgeschichte des Werks vermittelt.

Eisdiele

Loom Gelateria 1900
Hier lohnt sich auch längeres Warten in der Schlange. Probieren Sie köstliches Eis, zu den ungewöhnlichsten Sorten gehören Lapsang-Souchong-Sorbet und Curry-Eis.

Boulevard de Grancy 45
+41 21 647 5027
loom-gelateria.ch

SF SF SF

←
Run Up – *Statue des Bildhauers Nag Arnoldi vor dem Musée Olympique*

10

Musée Olympique

Quai d'Ouchy 1 M Jordils
24 +41 21 621 6511
Zeiten siehe Website
olympics.com/museum

Das Olympische Museum dokumentiert die Geschichte der Olympischen Spiele von den Athleten der griechischen Antike bis heute. Es ist Lausannes Hauptattraktion und zieht pro Jahr mehr als 200 000 Besucher an. Anhand von sehr interessanten Multimedia-Vorführungen, Filmen und interaktiven Exponaten werden die Entwicklung der sportlichen Disziplinen und die Leistungen von Athleten gezeigt. Viele Angebote richten sich an jüngere Besucher, so werden einige Themen wie Fairness und Vielfalt auch spielerisch präsentiert.

11

Fondation de l'Hermitage

Route du Signal 2 16
+41 21 320 5001 Di–So 10–18 (Do bis 21)
fondation-hermitage.ch

Die imposante neugotische Villa in einem Park nördlich der Stadt wurde 1842–50 von Charles-Juste Bugnion, einem wohlhabenden Bankier, erbaut. Seine Nachfahren stifteten sie der Stadt. Heute ist die Fondation de l'Hermitage eine Kunstgalerie mit einer Sammlung von fast 800 französischen Gemälden, darunter Impressionisten und Postimpressionisten, aber auch Walliser Maler des 20. Jahrhunderts. Alljährlich finden Wechselausstellungen internationaler Künstler statt.

In dem weitläufigen Parc de l'Hermitage stehen zahlreiche exotische Bäume. An seinem nördlichen Rand befindet sich ein Hügel, der Signal de Sauvabelin, der sich 647 Meter hoch erhebt und eine schöne Aussicht auf Lausanne, den Genfer See und das Alpenpanorama bietet.

Sehenswert ist auch der Lac de Sauvabelin, an dem ein Schutzgebiet für Steinböcke und andere Alpentiere eingerichtet wurde.

⑫

Parc Mon-Repos

Avenue Mon-Repos
M Ours 13

Der Landschaftspark ist einer der elegantesten Gärten in Lausanne. Im Zentrum befindet sich eine Villa (18. Jh.), in der der Schriftsteller Voltaire bei seinem Aufenthalt in Lausanne wohnte.

Später lebte hier der französische Aristokrat Baron Pierre de Coubertin (1863–1937). Er gründete das Internationale Olympische Komitee (IOC) 1894 in Paris. Bis in die 1970er Jahre war die Villa Mon-Repos Hauptsitz des IOC.

Am nördlichen Ende des Parks befindet sich das Bundesgericht, der Oberste Gerichtshof der Schweiz.

Expertentipp
Pop-ups am See

Den ganzen Sommer über erobern Pop-up-Bars und -Restaurants das Seeufer von Lausanne. Nehmen Sie ein Bad im See und genießen dann im Jetée de la Compagnie (www.jeteedelacompagnie.ch) einen Apéro und leckere Häppchen.

⑬

Ouchy

Am Genfer See, 2 km südl. des Zentrums
M Ouchy Olympique

Das ehemalige Fischerdorf Ouchy ist heute Stadtquartier Lausannes und Ferienort. Der Hafen liegt schön am Genfer See und bietet eine herrliche Aussicht auf die umliegenden Berge. An der baumgesäumten Uferpromenade legen die Ausflugsboote auf dem See ab.

Von der Burg (12. Jh.), die einst auch dem Schutz des Hafens diente, steht nur noch ein Turm des neugotischen Château d'Ouchy aus den 1890er Jahren. Im Château gibt es ein Hotel und ein Restaurant.

Ein Spaziergang führt zum neogotischen Hôtel d'Angleterre. In diesem wohnte Lord Byron bei seinem Lausanner Aufenthalt und schrieb *The Prisoner of Chillon*, ein Gedicht, das die Inhaftierung des Genfer Mönchs François Bonivard beschreibt.

Sehenswert ist auch der Lac de Sauvabelin, an dem ein Schutzgebiet für Steinböcke und andere Alpentiere eingerichtet wurde.

⑭

Musée Romain

Chemin du Bois-de-Vaux 24 25 +41 21 315 1485 Juli, Aug: tägl. 11–18; Sep–Juni: Di–So 11–18 W lausanne.ch/mrv

Westlich von Ouchy stehen die Ruinen von Lousonna und Vidy, zwei römischen Siedlungen, die von 15 v. Chr. bis Mitte des 4. Jahrhunderts n. Chr. existierten. Ausgrabungsfunde sind im nahen Musée Romain zu sehen.

↑ *Boote im Hafen des früheren Fischerdorfs Ouchy*

15

Cathédrale Notre-Dame

Place de la Cathédrale **Riponne-M. Béjart** **16**
Kirche: Apr – Sep: tägl. 9 –19; Okt – März: tägl. 9 –17:30; Turm: Details siehe Website **cathedrale-lausanne.ch**

Die im 12. Jahrhundert begonnene und im 13. Jahrhundert vollendete Kathedrale Notre-Dame im Zentrum von Lausanne ist eines der schönsten gotischen Bauwerke der Schweiz.

Die Kathedrale wurde auf den Überresten eines römischen Lagers und den Fundamenten karolingischer und romanischer Basiliken erbaut. Im von Seitenschiffen flankierten Mittelschiff, im Turm über dem Querhaus, in der Apsis und im Wandelgang zeigt sich deutlich der Einfluss der französischen Gotik. Der Südflügel des Querhauses wird durch eine Rosette aus Bleiglas (13. Jh.) erhellt. Hier sind u. a. Jahreszeiten, Tierkreiszeichen und Elemente dargestellt.

Der Kirchenbau wurde 1275 von Papst Gregor X. geweiht und ist seit der Reformation protestantisch. Vom Südwestturm aus hat man eine grandiose Aussicht auf Lausanne und auf den Genfer See.

Schon gewusst?

Ein Nachtwächter ruft von 22 bis 2 Uhr morgens von jedem Turm der Kathedrale die Stunde.

→ *Darstellung der prachtvollen gotischen Cathédrale Notre-Dame*

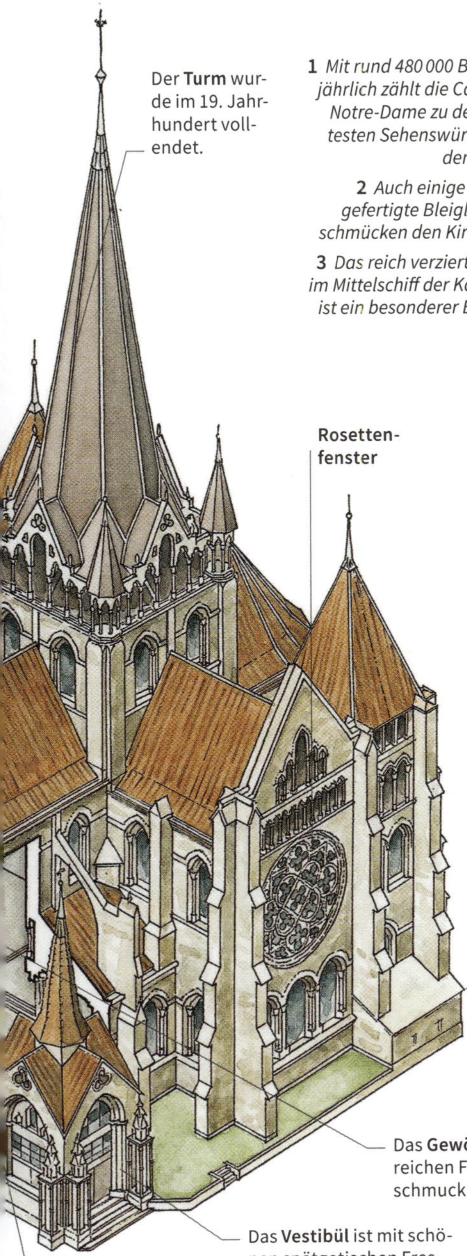

1 *Mit rund 480 000 Besuchern jährlich zählt die Cathédrale Notre-Dame zu den beliebtesten Sehenswürdigkeiten der Schweiz.*

2 *Auch einige kunstvoll gefertigte Bleiglasfenster schmücken den Kirchenbau.*

3 *Das reich verzierte Kruzifix im Mittelschiff der Kathedrale ist ein besonderer Blickfang.*

1

2

3

Innovative Orgel

Die Orgel der Kathedrale wurde maßgeblich von einer amerikanischen Firma gebaut – auch wenn der Entwurf vom Italiener Giorgetto Giugiaro stammt. Das Instrument zeigt einen Stilmix von barock über klassisch französisch bis zu romantisch deutschem Stil. Über eine Schnittstelle kann das Spiel des Organisten aufgezeichnet und die Orgel von einem anderen Standort aus gespielt werden.

2

Genfer See (Lac Léman)

AB5 · 90 km südwestl. von Bern · Lausanne, 60 Avenue d'Ouchy · myvaud.ch

Der Genfer See wird im Westen vom Jura, im Süden von den französischen Alpen und im Nordosten vom Mittelland umgeben. Obwohl beinahe das gesamte Südufer französisches Gebiet ist, gehört der Großteil des Sees zur Schweiz. Neben seinem Ufer bietet auch das klare Wasser, in dem sich die Berge der Umgebung spiegeln, faszinierende Anblicke. Schöne und spannende Städte liegen am See, und von vielen Häfen kann man Bootsausflüge unternehmen, mit denen man zahlreiche Sehenswürdigkeiten am Ufer erreicht. Wanderer können auch einzelne Etappen des 42 Kilometer langen Wegs begehen, der um den See verläuft.

1

Vevey

Vaud · 5 Rue du Théâtre, Montreux
montreuxriviera.com

Vevey und Montreux sind die bekanntesten Ferienorte an der Schweizer Riviera, die sich im Nordwesten des Genfer Sees zwischen Lausanne und Villeneuve erstreckt. Klima und Kultur der Region zogen schon im frühen 19. Jahrhundert Schriftsteller wie Lord Byron und Mary Shelley an. Später kam Charlie Chaplin, der seine letzten 25 Lebensjahre in Vevey verbrachte.

Im 19. Jahrhundert entwickelte sich Vevey zur ersten Industriestadt des Kantons Vaud (Waadt). 1867 gründete Henri Nestlé hier eine Milchpulverfabrik. Nestlé hat seinen Hauptsitz immer noch in Vevey.

Der attraktivste Teil der Stadt ist die Grande-Place bzw. Place du Marché. Im Sommer bieten Winzer Weinverkostungen an. Im Juli und August findet samstags ein Markt statt.

Das Museum **Chaplin's World** ist dem großen Komiker gewidmet. Es wurde im Manoir-de-Ban, Chaplins letztem Wohnort, eingerichtet und präsentiert persönliche Gegenstände sowie Nachbauten eines Filmstudios und von Filmkulissen.

Östlich des Hauptbahnhofs steht das **Musée Jenisch**. Neben einer Gemälde- und Skulpturensammlung von Schweizer Werken des 19. und 20. Jahrhunderts beherbergt das Museum die Fondation Oskar Kokoschka, die 800 expressionistische Gemälde des Künstlers und eine Samm-

→ *Statue von Charlie Chaplin in Vevey*

Der ruhige Genfer See, umgeben von Bergen und Städten am Ufer

Schon gewusst?

Das Mineralwasser Evian stammt aus Évian-les-Bains am französischen Ufer des Genfer Sees.

lung an Drucken enthält. Zu dieser gehört die größte Rembrandt-Lithografie-sammlung Europas.

Chaplin's World
2 Route de Fenil, Le Manoir-de-Ban
Jan – Mitte Apr, Nov–Dez: tägl. 10 –17; Mitte Apr – Juni, Sep, Okt: tägl. 10 –18; Juli, Aug: tägl. 10 – 19
chaplinsworld.com

Musée Jenisch
2 Avenue de la Gare
Di – So 11 –18 (Do bis 20)
museejenisch.ch

Highlight

Lokale

Denis Martin
In dem mit einem Michelin-Stern ausgezeichneten Restaurant gibt es experimentelle Kreationen.
Rue du Château 2, Vevey **denismartin.ch**
SF SF SF

Le Brasserie J5
Französische Küche aus heimischen Zutaten. Das Tatar ist köstlich.
Avenue du Casino 32, Montreux
brasseriej5.ch
SF SF SF

Oasis
Heiteres Lokal mit guten Fischgerichten.
Rue du Quai 6, Villeneuve
restaurantoasis.ch
SF SF SF

②
St-Saphorin

Vaud

Das von Weinbergen umgebene malerische Winzerdorf wird von gepflasterten Gassen durchzogen. Hier scheint die Zeit stillzustehen. Wahrzeichen ist die reformierte Kirche, die dem frühchristlichen Märtyrer Symphorianus von Autun gewidmet ist, der gleichzeitig auch der Namensgeber des Dorfs ist. Das heutige Gotteshaus mit Glockenturm entstand 1520–30, allerdings sind auch noch alte Mauerreste aus römischer zu sehen.

Heute ist St-Saphorin vor allem für seinen Wein bekannt, darunter sind sowohl trockene Weißweine als auch fruchtige Rotweine. Viele Pfade führen vom Dorfkern hoch zu den Weingärten.

③
Montreux

Vaud 5 Rue du Théâtre montreux riviera.com

Montreux, eine Perle am Genfer See, ist vor allem für sein Jazzfestival berühmt.

Bereits um 1815 hatte sich das Städtchen zu einem beliebten Reiseziel entwickelt. Seine Blütezeit dauerte bis zum Ausbruch des Ersten Weltkriegs 1914.

Montreux hat noch viele Hotels der Belle Époque. Berühmt ist das Montreux Palace (Avenue Claude Nobs). Das Centre des Congrès beherbergt das Igor Strawinsky (1882–1971) gewidmete Auditorium Stravinski (1990). Der *Sacre du Printemps* wurde teilweise in Montreux komponiert.

Am See befindet sich eine Statue von Freddie Mercury, dem 1991 verstorbenen Queen-Sänger. Montreux war seine zweite Heimat. In den 1970er Jahren reisten Rockbands wie Deep Purple, die Rolling Stones und Frank Zappas Mothers gerne hierher, gaben Konzerte oder gingen ins Aufnahmestudio.

④
Nyon

Vaud Avenue Viollier 8 lacote-tourisme.ch

Das von Weingärten umgebene Städtchen Nyon ist bekannt als Sitz des Fußballverbandes UEFA. Zwischen 46 und 44 v. Chr. gründeten die Römer eine Stadt, von der einige Zeugnisse vorhanden sind, u. a. drei Säulen vom einstigen Forum am Stadteingang. Vor den Römern siedelten hier Kelten vom Stamm der Helvetier.

Nur einen kurzen Spaziergang entfernt liegt das Schloss, das im 13. Jahrhundert errichtet wurde. Zwischen 1574 und 1583 wurde es umgebaut und erweitert. Heute beherbergt das **Château de Nyon** ein Museum, in dem exquisites Porzellan – in der Stadt zwischen 1781 und 1813 gefertigt – und zeitgenössische Keramiken ausgestellt sind. Zu den Ausstellungen zählen Arbeiten

Schon gewusst?

Zum Montreux Jazz Festival im Juli kommen jedes Jahr rund 200 000 Besucher.

Highlight

← Gasse in Nyon, die von Boutiquen und Straßencafés gesäumt wird

von lokalen Künstlern sowie die Sammlung Louis und Auguste Kunz, zwei Pioniere der Fotografie. Die Fußgängerzone hinter dem Schloss säumen zahlreiche elegante Läden, Cafés und Restaurants.

Das **Musée du Léman** widmet sich der Naturgeschichte des Genfer Sees, seiner Tierwelt und seinen Anwohnern.

Château de Nyon
Place du Château
Apr–Okt: Di–So 10–17; Nov–März: Di–So 14–17
chateaudenyon.ch

Musée du Léman
Quai Louis-Bonnard 8
Apr–Okt: Di–So 10–17; Nov–März: Di–So 14–17
museeduleman.ch

Wein

Lavaux Vinorama, Rivaz

Probieren Sie einige der besten Weine der Schweiz, darunter den heimischen und fruchtigen Chasselas blanc, in diesem wunderbaren Weingut mit Verkostungsraum und Weingärten in Rivaz. Zudem werden Veranstaltungen (inkl. Büfett), Seminare sowie diverse Weintouren angeboten, die drei bis fünf Stunden dauern.

Route du Lac 2, Rivaz
lavaux-vinorama.ch

Les Vins de Pierre et Michel Anex

Auf einer rund zweistündigen geführten Wanderung durch die Weingärten von Pierre und Michel Anex in Ollon lernt man viel über den Weinbau kennen. Bei den Touren wird eine gute Auswahl an eigenen großartigen Weiß-, Rosé- und Rotweinen verkostet. Touren sind nur nach vorheriger Verabredung möglich.

Chemin de la Monnaie 2, Ollon
anexvins.ch

← Die Stadt Montreux liegt idyllisch an den Ufern des Genfer Sees

5

Château de Chillon

B5 Ave de Chillon 21, Veytaux Veytaux-Chillon von Montreux Apr–Okt: tägl. 9–18 (Juni–Aug: bis 19); Nov–März: tägl. 10–17 1. Jan, 25. Dez chillon.ch

Das bezaubernde mittelalterliche Schloss liegt auf einem Felsvorsprung am Ostufer des Genfer Sees und ist eine der berühmtesten Sehenswürdigkeiten der Schweiz.

Das wehrhafte Anwesen wurde vermutlich im 11. Jahrhundert für die Herzöge von Savoyen erbaut. Seine jetzige Gestalt erhielt es im Lauf des 13. Jahrhunderts. 1536 wurde das Château von den Bernern erobert, nach der Révolution vaudoise im Jahr 1798 ging es in den Besitz des Kantons Waadt über und wurde in der Folgezeit als Zeughaus, Waffenlager und Krankenhaus sowie – wie schon in früheren Jahrhunderten – als Gefängnis genutzt. Dessen berühmtester Insasse war François Bonivard, der von 1530 bis 1536 wegen Volksverhetzung festgehalten wurde. Nach vorheriger Reservierung kann man an einer spannenden Führung durch das Château teilnehmen.

Gefangenschaft François Bonivards

Der 1493 geborene François Bonivard war Vorsteher von St-Victor, einem Kloster bei Genf. Als Freiheitskämpfer leistete er Widerstand gegen die Herrschaft des Hauses Savoyen, dessen Herzog ihn im Jahr 1530 in Chillon einkerkern ließ. 1536 wurde Bonivard befreit, als die Berner angriffen und die Kontrolle über die Burg erlangten. Sein Schicksal wurde in dem 392 Zeilen langen Gedicht *The Prisoner of Chillon* verewigt, das Lord Byron 1816 in Ouchy verfasste, als er mit den anderen Autoren Percy Bysshe und Mary Shelley reiste.

Hier befanden sich die **Gästezimmer.**

Aula nova, der ehemalige Bankettsaal, enthält ein Museum.

Die Holzdecke des **Großen Burggrafsaals** wird von Rundsäulen mit Bogen gestützt. Die Wände sind mit Gemälden geschmückt.

Die **Brücke** zum Tor war ursprünglich eine Zugbrücke.

Darstellung des geschichtsträchtigen Château de Chillon ↑

Schon gewusst?

Die Anlage besteht aus insgesamt 25 Gebäuden, die sich um drei Höfe gruppieren.

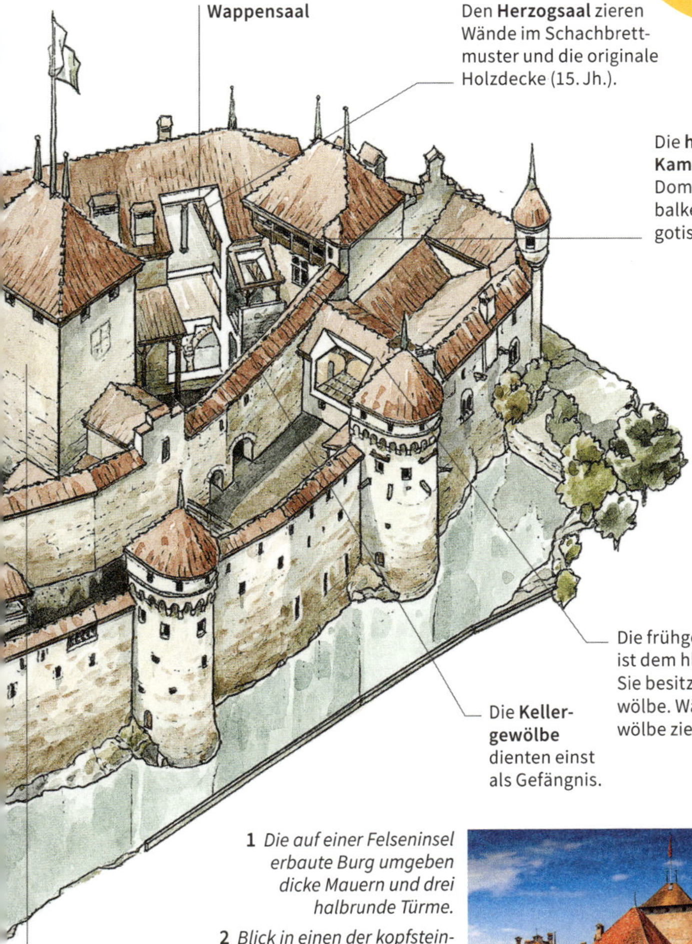

1 Die auf einer Felseninsel erbaute Burg umgeben dicke Mauern und drei halbrunde Türme.

2 Blick in einen der kopfsteingepflasterten Innenhöfe

3 Die Berner Kammer ist mit Wandmalereien und Antiquitäten ausgestattet.

1

2

3

Schon gewusst?

Der 1653 erbaute Pont de Berne ist die letzte überdachte Holzbrücke der Stadt.

Die Sarine (Saane) in Fribourg mit dem Pont de Berne ↑

Highlight

3

Fribourg (Freiburg)

B4 · 33 km südwestl. von Bern · 39 000 · Pl Jean-Tinguely 1; +41 26 350 1111 · Festival Les Jean (Mai); Internationales Folklorefestival (Aug) · fribourgtourism.ch

↑ *Seit 1899 in Betrieb: Fribourgs Standseilbahn Neuveville – Saint-Pierre*

Steile gepflasterte Straßen, ausgezeichnet erhaltene gotische Häuser und schön gestaltete Brunnen machen Fribourg (Freiburg) zu einer der attraktivsten Städte der Schweiz.

Die Stadt auf einem Felsvorsprung in einer Flussbiegung der Sarine (Saane) wurde 1157 von Berthold IV. von Zähringen gegründet und trat 1481 der Eidgenossenschaft bei. Fribourg blieb auch während der Reformation katholisch. Seit 1889 gibt es eine katholische Universität. Die wichtigsten Sehenswürdigkeiten findet man in der Nähe der Kathedrale. Nördlich des Kirchenbaus liegt der Espace Jean Tinguely – Niki de Saint Phalle. Die riesige Galerie enthält Objekte von Jean Tinguely, der in Fribourg geboren wurde, und Installationen seiner Frau Niki de Saint Phalle. Das in einem ehemaligen Kornspeicher untergebrachte Musée Gutenberg widmet sich der Geschichte des Buchdrucks. Die kurze Rue d'Or südlich der Kathedrale flankieren hübsche gotische Häuser. Der Pont de Berne verbindet die Halbinsel mit dem südlichen Flussufer. Die Holzbrücke führt zur Place des Forgerons mit Renaissance-Brunnen.

Musée d'Art et d'Histoire

Die Franziskanerkirche **Église des Cordeliers** besitzt ein schönes gotisches Chorgestühl (13. Jh.).

Tilleul de Morat, eine Linde, wurde für den Boten gepflanzt, der die Nachricht vom Sieg bei der Schlacht von Murten überbrachte.

Cathédrale St-Nicolas (1283–1490)

Espace Jean Tinguely – Niki de Saint Phalle

Musée Gutenberg

Basilique Notre-Dame

Vor dem **Hôtel de Ville** (1522) steht ein Brunnen mit der Figur des hl. Georg.

Die barocke **Maison de Ville** wurde von Hans Fasel 1730/31 erbaut.

↑ *Darstellung von Fribourgs historischem Zentrum*

SEHENSWÜRDIGKEITEN

↑ *Drehrestaurant auf der Berneuse in 2045 Metern Höhe, oberhalb von Leysin*

4 Leysin

B5 4000
Route de la Cité 27; +41 24 493 3300
leysin-tourisme.ch

Leysin liegt an einem sonnenbeschienenen Hang mit guter Aussicht über die Dents du Midi bis hinunter ins Rhônetal. Es liegt 1260 Meter hoch und hat ein trockenes Klima. Einst war Leysin ein berühmtes Heilzentrum für Tuberkulose, später entwickelte sich das Dorf zum Skiort. Mit der Seilbahn gelangt man zur Tour de Mayen (2326 m) und zur Berneuse.

5 Villars-sur-Ollon

B5 144

Villars-sur-Ollon zählt zu den beliebtesten Skigebieten für Familien in den Waadtländer Alpen. Von einem Plateau in rund 1300 Metern Höhe bringt eine Seilbahn die Skifahrer nach Col-de-Bretaye in 1800 Metern.

Hier oben können im Sommer Golfer einen 18-Loch-Platz mit Blick auf den Mont Blanc genießen. Im Winter jedoch ist das gesamte Gebiet fest in der Hand von Skifahrern. Wegen seiner großen Zahl an leichter zu befahrenden Hängen ist das Gelände bestens für Anfänger geeignet. Wer größere Herausforderungen sucht, nimmt den Sessellift zum benachbarten Gryon und nach Les Diablerets.

6 Les Diablerets

B5 1400
Chemin du Collège; +41 24 492 0010
diablerets.ch

Der kleine Skiort liegt in den Waadter Alpen auf einer Höhe von 1150 Meter. Über dem Ort erheben sich die Gipfel von Les Diablerets bis zu 3210 Meter.

Skifahren und Snowboarden kann man hier bis ins Frühjahr hinein. Das Gletschergebiet Glacier 3000 bietet ganzjährig Sportmöglichkeiten. Eine beliebte Attraktion ist der Alpine Coaster, eine Rodelbahn auf Schienen (www.glacier3000.ch).

Der Peak Walk, eine stählerne Hängebrücke, verbindet in einer Höhe von knapp 3000 Metern zwei Berggipfel.

→ *Das Skiresort Villars-sur-Ollon bietet viele für Anfänger geeignete Hänge*

> Expertentipp
> **Nachtrodeln**
> Ein besonderes sportliches Abenteuer ist eine rasante Schlittenfahrt bei Dunkelheit. An drei Abenden in der Woche fährt die Seilbahn hinauf nach Les Diablerets, wo die sieben Kilometer lange Abfahrt beginnt.

7
Château d'Oex

B5 3000 Pl du Village 6; +41 26 924 2525 chateau-doex.ch

Das hübsche Château d'Oex ist eine Station entlang der Eisenbahnstrecke von Montreux nach Gstaad. Die Kirche (15. Jh.), die auf einem steilen Hügel im Zentrum des Dorfs thront, ist schon von Weitem erkennbar.

International bekannt ist Château d'Oex als Zentrum für Heißluftballonfahrten, die ganzjährig angeboten werden. Ende Januar findet die Heißluftballonwoche statt.

8
Vallorbe

A4 3500
+41 24 423 03 33
vallorbe-tourisme.ch

Vallorbe liegt in der Nähe der französischen Grenze. Seit dem Mittelalter wird hier Eisen verhüttet.

In Vallorbe wurde für die Eisenbahnlinie Paris – Istanbul auch der Tunnel durch den Schweizer Jura gegraben. Dies dokumentiert das 2023 renovierte **Musée du Fer et du Chemin de Fer** (Eisen- und Eisenbahnmuseum). Es erläutert neben der Geschichte der Eisenindustrie auch die der Eisenbahn in der Schweiz.

Südwestlich von Vallorbe befinden sich die **Grottes de Vallorbe**. Zwei Tropfsteinhöhlen bilden einen Tunnel über dem Fluss Orbe, der durch eine Schlucht braust.

Musée du Fer et du Chemin de Fer
Rue des Grandes-Forges 11 März – Okt: Di – So 10 –17; Nov – Apr: Mi, Sa, So 13 –17
museedufer.ch

Grottes de Vallorbe
Apr, Mai, Sep, Okt: tägl. 9:30 –16:30; Juni – Aug: tägl 9:30 –17:30
grottesdevallorbe.ch

9
Aigle

B5 10 000
Pl du Marché 2; +41 24 466 3000 aigle-tourisme.ch

Aigle ist die Hauptstadt des Chablais, einer Weinregion südöstlich des Genfer Sees, aus der einige der besten Weine der Schweiz stammen. Der Ort liegt zwischen Weinbergen am Fuß der Waadter Alpen und wird von einer Burg überragt, dem Château d'Aigle (12. Jh.), das vom Haus Savoyen erbaut wurde.

Heute ist hier das **Musée de la Vigne et du Vin** untergebracht, das sich der Geschichte der Weinproduktion widmet. Gegenüber steht das **Musée International de l'Étiquette**, in dem viele Weinetiketten zu sehen sind.

Musée de la Vigne et du Vin und Musée International de l'Étiquette
Château d'Aigle, Pl du Château 1; +41 24 466 2130 Apr – Okt: Di – So 10 –18 (Juli, Aug: tägl.); Nov – März: Di – So 11 –17
1. Jan, 25. Dez
museeduvin.ch

→

Château d'Aigle, Sitz eines Weinbaumuseums, vor grandioser Gebirgskulisse

10

Estavayer-le-Lac

B4 6000 Rue de l'Hôtel de Ville 5; +41 26 301 6030 estavayer-payerne.ch

Die kleine Stadt am Südufer des Lac de Neuchâtel (Neuenburgersee) ist auf drei Seiten vom Kanton Vaud (Waadt) umgeben und bildet eine kleine Exklave des Kantons Fribourg. Estavayer-le-Lac besitzt einen Yachthafen und ein hübsches mittelalterlich geprägtes Zentrum mit vielen Arkaden. Im Zentrum steht das gotische Château de Cheneaux, heute Sitz der örtlichen Regierung.

Das kuriose **Musée des Grenouilles** in einer Villa des 15. Jahrhunderts beherbergt eine skurrile Sammlung diverser Ausstellungsstücke, darunter Küchenutensilien. Bizarr ist die Sammlung von präparierten Fröschen *(grenouilles)* und anderen Tieren, die in Posen arrangiert sind und so das gesellschaftliche Leben Mitte des 19. Jahrhunderts wiedergeben sollen. François Perrier, ein exzentrischer Einwohner Estavayers und Mitglied der Schweizergarde, trug sie in den 1860er Jahren zusammen.

Musée des Grenouilles
13 Rue du Musée
März – Dez: Di – So 13 –18 museedes grenouilles.ch

11

Gruyères

B4 2000 Place de la Gare 3, Bulle; +41 919 8500 la-gruyere.ch

Das Dorf Gruyères (Greyerz) präsentiert sich vor spektakulärer Alpenkulisse. Der Ort ist ein beliebtes Ausflugsziel und im Sommer oft überlaufen. Die einzige Straße ist eine Fußgängerzone. Autos müssen auf dem Platz unterhalb der Stadt parken.

Die Häuser stammen größtenteils aus dem 15. bis 17. Jahrhundert. Überragt werden sie vom **Château de Gruyères**. Die Burg wurde im 11. Jahrhundert erbaut und bis zur Mitte des 16. Jahrhunderts von den Grafen von Gruyères bewohnt – bis der 19. Graf schließlich floh und das Land zwischen Bern und Fribourg aufgeteilt wurde.

Almabtrieb

Nach mehreren Monaten, in denen die Kühe auf den Hochgebirgsweiden leben, werden sie im Herbst wieder ins Tal gebracht. Viele Dörfer, darunter auch Charmey in der Nähe von Gruyères, veranstalten aus Anlass dieses Almabtriebs ein großes Fest mit viel Wein, Käse und Glockenläuten, während die geschmückten Kühe durch die Straßen geführt werden.

Gruyères ist aber auch für seinen Käse berühmt. In der Käserei La Maison du Gruyère (www.lamaisondu gruyere.ch) können Besucher bei der Herstellung zusehen.

Château de Gruyères
Rue du Château 8
Apr – Okt: tägl. 9 –18; Nov – März: tägl. 10 –17
chateau-gruyeres.ch

→

Genuss von heimischem Käse im Restaurant von La Maison du Gruyère in Pringy

12

Murten (Morat)

B4 · 8000
Hauptgasse 27; +41 26 670 5112 · murten-morat.ch/tourismus

Der Ferienort Murten (frz. Morat) liegt am Ostufer des Murtensees (Lac de Morat). Er blickt auf eine lange Geschichte zurück. Bedeutsam war der 22. Juni 1476. An diesem Tag besiegten die Streitkräfte der Schweizer Eidgenossenschaft hier die Armee von Karl dem Kühnen, Herzog von Burgund. Sie töteten rund 12 000 gegnerische Soldaten, verloren selbst jedoch nur 410 Mann. Der Sage zufolge rannte ein Bote 17 Kilometer von Murten nach Fribourg, um die Nachricht vom Sieg zu überbringen, und fiel dann vor Erschöpfung tot um. Daran erinnert der jährliche Lauf von Murten nach Fribourg (1. So im Okt).

Murten wurde im 12. Jahrhundert von den Herzögen von Zähringen gegründet, noch heute ist die Stadt fast vollständig von einer Ringmauer (12.–15. Jh.) umgeben. An der Hauptgasse der Altstadt stehen Häuser mit Arkaden (16. Jh.).

Ein Spaziergang auf den Wehrmauern, die man über die Deutsche Kirchgasse erreicht, bietet eine erstklassige Aussicht auf den Murtensee, die Burg und die Altstadt. Am westlichen Stadtrand steht eine weitere Burg (13. Jh.), am östlichen das Berner Tor (Porte de Berne) mit einer Uhr von 1712.

Das in einer Mühle am See untergebrachte **Musée Historique** enthält prähistorische Funde sowie Zeugnisse aus den Burgunderkriegen.

Musée Historique
Ryf 4 · Feb–Dez: Di–Sa 14–17 (So ab 10)
museummurten.ch

↑ *Château de Cheneaux in Estavayer-le-Lac am Lac de Neuchâtel*

13

Yverdon-les-Bains

B4 · 30 000
Ave de la Gare 2; +41 24 423 0313 · yverdonlesbainsregion.ch

Die nach Lausanne zweitgrößte Stadt des Kantons Vaud liegt am Südwestende des Lac de Neuchâtel. Die einst keltische Siedlung wurde später ein gallisch-römisches Lager namens Eburodunum. Wegen der heißen Schwefelquellen errichteten die Römer Thermen.

Das Zentrum liegt über der einstigen Römersiedlung. Im Mittelpunkt steht das **Château d'Yverdon**, eine Burg (13. Jh.), die Peter II. von Savoyen bauen ließ. Hier sind heute ein Modemuseum sowie das Geschichtsmuseum. Eine Abteilung ist Johann Heinrich Pestalozzi (1746–1827) gewidmet, der das Erziehungssystem reformierte.

Die Place Pestalozzi wird vom Hôtel de Ville (Rathaus, 1768–73) dominiert. Die Kirche Notre-Dame (1757) besitzt eine Barockfassade.

Die **Maison d'Ailleurs** ist für Science-Fiction- und Fantasy-Fans interessant.

Das **Centre Thermal** von Yverdon zählt zu den modernsten Thermenkomplexen der Schweiz.

Château d'Yverdon
Mi–So 11–18 · musee-yverdon-region.ch

Maison d'Ailleurs
Pl Pestalozzi 14
Di–So 11–18
ailleurs.ch

Centre Thermal
Ave les Bains 22 · Mo–Sa 9:30–20 (So bis 18:30)
bainsyverdon.ch

14 Grandson

B4 · 3000
Rue Haute 13; +41 24 445 6060 · yverdonlesbainsregion.ch

Die Stadt wird von der großen mittelalterlichen Burg beherrscht. Sie ist mit einem einschneidenden Ereignis in der Geschichte der Eidgenossenschaft verbunden: der Niederlage Karls des Kühnen, Herzog von Burgund, in der Schlacht von Grandson am 2. März 1476.

Im Februar 1476 belagerte der Herzog mit seiner Armee Grandson, zwang die Garnison zur Kapitulation und tötete die Soldaten. Die rund 18 000 Mann starke Armee der Eidgenossen zog daraufhin in die Stadt, um sich zu rächen. Die Männer des Herzogs flohen in Panik und ließen Waffen, Pferde, Zelte sowie den herzoglichen Schatz zurück. Die Beute ist im Bernischen Historischen Museum *(siehe S. 77)* ausgestellt.

Das **Château de Grandson** (11.–14. Jh.) erhebt sich am Ufer des Lac de Neuchâtel. Es birgt ein Modell des Schlachtfelds und ein Diorama zur Stadtgeschichte. Im Untergeschoss ist ein Automobilmuseum untergebracht, in dem u. a. Greta Garbos Rolls-Royce und Winston Churchills Austin Cambridge zu sehen sind.

Château de Grandson
Place du Château · +41 24 445 2926 · Apr–Okt: tägl. 10–18; Nov–März: tägl. 10–17

Schöne Aussicht
Nebelmeer

Die Terrasse von Ste-Croix bietet an klaren Tagen einen Panoramablick vom Säntis bis zum Mont Blanc. Auch an bewölkten Tagen lohnt sich ein Ausflug, um das Schweizer Mittelland in einem Nebelmeer zu erleben.

15 Ste-Croix

A4 · 4500
Rue Neuve 10; +41 24 423 0323 · yverdonlesbainsregion.ch

Die Stadt, als »Balkon des Jura« bekannt, befindet sich in 1092 Meter Höhe und bietet eine traumhafte Aussicht auf die Alpen, das Schweizer Oberland – und den Jura. Seit dem frühen 19. Jahrhundert gilt Ste-Croix als Welthauptstadt der Spieldosenmanufaktur. Zwei Museen widmen sich dem Thema. Bei der Führung durch das **Musée du CIMA** (Centre International de la Mécanique d'Art) werden Spieldosen und Musikautomaten in Gang gesetzt. Das **Musée Baud** im Dorf L'Auberson zeigt Spieluhren, die von der Familie Baud gesammelt wurden, sowie singende Vögel und animierte Figuren.

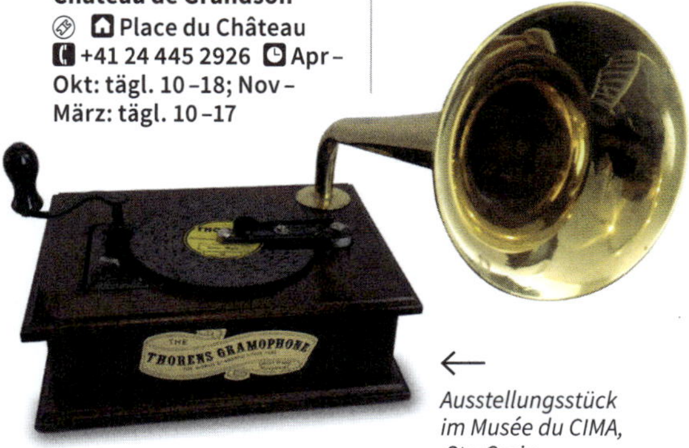

Ausstellungsstück im Musée du CIMA, Ste-Croix

Musée du CIMA
Rue de l'Industrie 2 · +41 24 454 4477 · wegen Umbauarbeiten bis 2024 · musees.ch

Musée Baud
Grand-Rue 23, L'Auberson · nur zu Führungen; Juli–Okt: Di–So um 14; Jan–Juni, Nov, Dez: Mi, Sa, So um 14 · museebaud.ch

16 Neuchâtel

B3 · 44 500
Hôtel des Postes; +41 32 889 6890 · Fête des Vendanges (Erntefest; Sep) · neuchateltourisme.ch

Die elegante Stadt mit gallischem Erbe liegt am Nordwestufer des schönen Lac de Neuchâtel (Neuenburgersee) – nur etwa 20 Kilometer von der französischen Grenze entfernt.

Wichtigste Sehenswürdigkeiten sind das Schloss, die frühgotische Église Collégiale und die Renaissance-Markthalle. Zudem gibt es zwei spannende Museen. Das Musée d'Art et d'Histoire zeigt Gemälde Schwei-

↑ *Ausgelassene Stimmung bei der Fête des Vendanges (Sep), einem Erntefest in Neuchâtel*

zer Künstler und französischer Impressionisten sowie einige Automaten, die Zeugnis vom Einfallsreichtum der Schweizer Uhrmacher im 18. Jahrhundert ablegen. Das Laténium, Parc et Musée d'archéologie de Neuchâtel, ist ein moderner Museumskomplex, der die Geschichte der Besiedlung der Region um den See vom Ende der Eiszeit bis zum Mittelalter illustriert. Zu den Höhepunkten zählen Beispiele keltischer Metallverarbeitungskunst.

17

Vallée de Joux

A4 Rue du Centre Sportif 1, Le Sentier; +41 21 845 1777 myvalleedejoux.ch

Der Schweizer Jura ist weniger gewaltig als die Alpen, aber leichter zugänglich. Eine der schönsten Landschaften ist das Vallée de Joux mit dem Lac de Joux, dem größte See im Jura. Im Sommer tummeln sich hier Schwimmer, Bootfahrer und Windsurfer, in der Umgebung sind Wanderer und Radfahrer unterwegs. Zu den beliebtesten Touren zählt die auf den Mont Tendre. Er ist mit 1679 Metern der höchste Berg der Region, aber im Vergleich zu den Alpen nur ein Hügel. Im Winter eignet sich das Gebiet zum Langlaufen, der zugefrorene See zieht Schlittschuhläufer an.

18

Le Locle

B3 10 000 Avenue de l'Hôtel-de-Ville 1; +41 32 933 8410 lelocle.ch

Der Ort ist seit 2009 UNESCO-Welterbe. Er darf sich rühmen, die Geburtsstätte der Schweizer Uhrmachertradition zu sein. Hier ließ sich 1705 der junge Daniel Jeanrichard aus Genf nieder und eröffnete eine Uhrmacherwerkstatt. Seine Lehrlinge gründeten später eigene Werkstätten in La Chaux-de-Fonds – die Anfänge der Schweizer Uhrmacherindustrie waren geschafft.

Im Musée d'Horlogerie, das in einer stattlichen Villa (18. Jh.) mit schönem Interieur untergebracht ist, gibt es eine große Sammlung an Uhren aus aller Welt sowie mehrere ausgeklügelte Automaten zu sehen.

19

Avenches

B4 3000 Pl de l'Église 3 (+41 26 675 3393) Rock Oz'Arènes (Aug) avenches.ch

Avenches war die Hauptstadt der keltischen Helvetier, die einst die Westschweiz beherrschten. Um 15 v. Chr. wurde sie von den Römern erobert, die sie Aventicum nannten und zur Kapitale der Provinz Helvetia machten.

Überreste der Römersiedlung sind östlich des mittelalterlichen Stadtzentrums zu sehen. Das Amphitheater ist am besten erhalten. Sehenswert sind auch der Turm Tornallaz, einzig verbliebener Teil der Stadtmauer, das Forum, die Thermen und eine zwölf Meter hohe korinthische Säule (Tour du Cigognier). Das **Musée Romain** in einem mittelalterlichen Turm enthält eine Sammlung römischer Artefakte.

Musée Romain

Tour de l'Amphithéâtre Feb, März, Okt: Di–So 14–17; Apr–Sep: Di–So 10–17; Nov–Jan: Mi–So 14–17 aventicum.org

Restaurants

Ananda Café-Boutique

Himalaya-Küche bei Vintage-Ambiente.

B3 Fbg de l'Hôpital 31, Neuchâtel ananda-online.ch

SF SF SF

Q-KJU

Mediterrane Küche mit dem gewissen Etwas.

B5 Quai Perdonnet 22bis, Vevey q-vevey.ch

SF SF SF

←

Objekte im Musée international d'horlogerie in La Chaux-de-Fonds

20

La Chaux-de-Fonds

B3 38 000
Rue Espacité 1; +41 32 889 6895 chaux-de-fonds.ch

Die größte Stadt im Kanton Neuchâtel liegt im Schweizer Jura in rund 1000 Meter Höhe. Nach seiner Zerstörung durch den Brand von 1794 wurde La Chaux-de-Fonds im Schachbrettmuster mit langen, breiten Straßen wiederaufgebaut. Heute prägen auch modernistische Gebäude das Stadtbild.

Wenn Le Locle als die Geburtsstätte der Schweizer Uhrenindustrie gilt, ist La Chaux-de-Fonds ihre Wiege. Aus diesem Grund gehört die Stadt seit 2009 ebenfalls zum UNESCO-Welterbe. Einst war die Uhrmacherkunst, die im 18. Jahrhundert hierhergelangte, ein häusliches Handwerk. Im Zuge der Industrialisierung wurde die Stadt bei der Uhrenherstellung führend.

Die illustre Vergangenheit von La Chaux-de-Fonds wird im **Musée international d'horlogerie** eindrucksvoll zelebriert. Die riesige Sammlung umfasst insgesamt rund 3000 Ausstellungsstücke aus aller Welt, anhand derer die Geschichte der Zeitmessung erzählt wird – von ihren Anfängen in der Antike bis hin zu hochmodernen Instrumenten, die kleinste Sekundenbruchteile registrieren. Viele der optisch schönsten Stücke wurden zur Blütezeit von La Chaux-de-Fonds hergestellt.

Ebenfalls gezeigt werden musikalische, astronomische, Atom- und Quarzuhren. Das Museum verfügt über Audioführer, eine Bibliothek und eine Werkstatt für die Restaurierung antiker Uhren. Am Eingang befindet sich ein Glockenspiel aus Stahlröhren.

La Chaux-de-Fonds ist auch Geburtsort des Architekten Charles-Édouard Jeanneret, besser bekannt als Le Corbusier (1887–1965). Bevor er 1917 nach Paris zog, baute er hier mehrere Häuser. Im örtlichen Tourismusbüro gibt es einen Plan mit einer Tour zu seinen Häusern.

Schon gewusst?

Der Wert der in der Schweiz produzierten Uhren macht 50 % des weltweiten Uhrenmarkts aus.

Musée international d'horlogerie

Rue des Musées 29
Di–So 10–17 mih.ch

→

Creux du Van – der »Grand Canyon der Westschweiz«

21

Franches-Montagnes

B3 Rue de la Gruère 6, Saignelégier; +41 32 432 4160
Marché-Concours (Aug)
juratourisme.ch

Der Teil des Schweizer Jura, der innerhalb des Kantons Jura liegt, wird als Franches-Montagnes (Freiberge) bezeichnet. Den Namen erhielt die Region im 14. Jahrhundert, als der Fürstbischof von Basel, dem das Territorium des jetzigen Kantons Jura gehörte, seinen Einwohnern die »franchise« (Steuerbefreiung) gewährte, um so die Besiedlung des wenig bevölkerten Gebiets zu fördern.

Die Franches-Montagnes liegen in 1000 bis 1100 Meter Höhe im Südwesten des Kantons Jura. Das schöne, leicht gewellte Hochplateau mit seinen Wäldern und Weiden besitzt ein ausgedehntes Netz an Wander- und Radwegen sowie an Loipen. Es ist zudem für seine Pferdezucht bekannt.

Hauptort der Region ist Saignelégier. Jährlich findet

hier in der zweiten Augustwoche der Marché-Concours national de chevaux statt. Der Markt mit Leistungsschau lockt Zehntausende Zuschauer und Pferdeliebhaber aus allen Teilen der Schweiz an.

Absinth

Die aus Wermut, Anis und Fenchel produzierte, hochprozentige Spirituose war früher in der französischen Künstlerszene ein beliebtes geistiges Getränk. Ursprünglich stammt Absinth aus Neuchâtel *(siehe S. 154f)*. Die meisten Absinthmarken sind grün, daher wird die Spirituose auch »Die grüne Fee« genannt. Um Absinth ranken sich zahlreiche Anekdoten, die in der Maison de l'Absinthe in Môtiers (www.maison-absinthe.ch) erzählt werden. Ein Themenweg verbindet mehrere Brennereien und Restaurants.

22

Creux du Van

B4

Die hufeisenförmige Felsformation im Jura wird gelegentlich auch als »Grand Canyon der Westschweiz« bezeichnet (im Osten des Landes gebührt dieses Attribut dem Rheintal). Auch wenn dies wohl ein wenig hoch gegriffen sein mag – die rund 160 Meter hohen Felswände sind beeindruckend und bieten fantastische Ausblicke auf den Jura und das darunterliegende Tal.

Der einfachste Weg dorthin führt über die Straße zum Restaurant in der Nähe des Gipfels. Für die sportlichere Variante wählt man den steilen Aufstieg vom Dorf Noiraigue. Eine Alternative für den Abstieg ist der Weg durch den mittleren Teil des Hufeisens. Dabei kommt man an der *fontaine froide* vorbei, einer natürlichen Quelle mit einer ganzjährig konstanten Temperatur von 4 °C. Zu dieser abgelegenen Stelle mit geradezu meditativer Stimmung kamen Absinthtrinker, als der Genuss dieser Spirituose Anfang des 20. Jahrhunderts verboten war – um heimlich zu trinken oder um das Getränk mit dem klaren Wasser der Quelle zu verdünnen.

23

St-Ursanne

B3 700 Pl Roger Schaffter; 41 32 432 4190
juratourisme.ch

Der bezaubernde mittelalterliche Ort liegt in einer tiefen, vom Doubs durchflossenen Schlucht. Der Ort entwickelte sich im 7. Jahrhundert aus der Einsiedelei des Ursicinus, eines Schülers des hl. Kolumban.

Im Zentrum steht die romanisch-gotische Stiftskirche. Sie besitzt ein romanisches Portal mit Statuen der Jungfrau Maria und des hl. Ursicinus. In der Nähe sind viele mittelalterliche Gebäude erhalten.

Eine alte Steinbrücke (1728) führt im Süden von St-Ursanne über den Doubs. Von hier aus hat man einen wunderbaren Blick auf die Stadt und die Umgebung. Auf der Brücke steht eine Statue des Brückenheiligen Johann Nepomuk.

Blick von einer Rooftop Bar über die Dächer der Altstadt

Zürich

Zürich ist mit rund 440 000 Einwohnern die größte Stadt der Schweiz und Hauptstadt des gleichnamigen Kantons. Sie liegt am Nordufer des Zürichsees an der Limmat, die hier aus dem See fließt. Die eleganten Uferpromenaden, die Straßen und Plätze des historischen Zentrums und die vielen schönen Gebäude geben der Stadt ein besonderes Flair.

Im 1. Jahrhundert v. Chr. war eine keltische Siedlung namens Turicum am Lindenhof entstanden. Der Hügel, heute im Herzen der Altstadt, war später Standort einer römischen Festung. Im 9. Jahrhundert wurde hier ein karolingischer Bau errichtet, um den sich eine Handelssiedlung entwickelte. Nach der kurzen Herrschaft der Herzöge von Zähringen fiel Zürich 1218 ans Heilige Römische Reich. 1351 schloss es sich der Schweizer Eidgenossenschaft an.

Bereits im Mittelalter gelangte die Stadt durch den Seiden-, Woll-, Leinen- und Lederhandel zu Reichtum. Die mächtigen Kaufleute wurden jedoch gestürzt und durch Zünfte ersetzt, die bis ins späte 18. Jahrhundert an der Macht blieben. Im 16. Jahrhundert gelangte die Reformation nach Zürich, vornehmlich durch Ulrich Zwingli, der im Grossmünster predigte.

Im 19. Jahrhundert stand Zürich im Zeichen industriellen Wachstums. Dank der politischen Stabilität und Neutralität der Schweiz behauptete es sich als Finanzzentrum und nimmt noch heute eine wichtige Stellung im internationalen Bankenwesen ein.

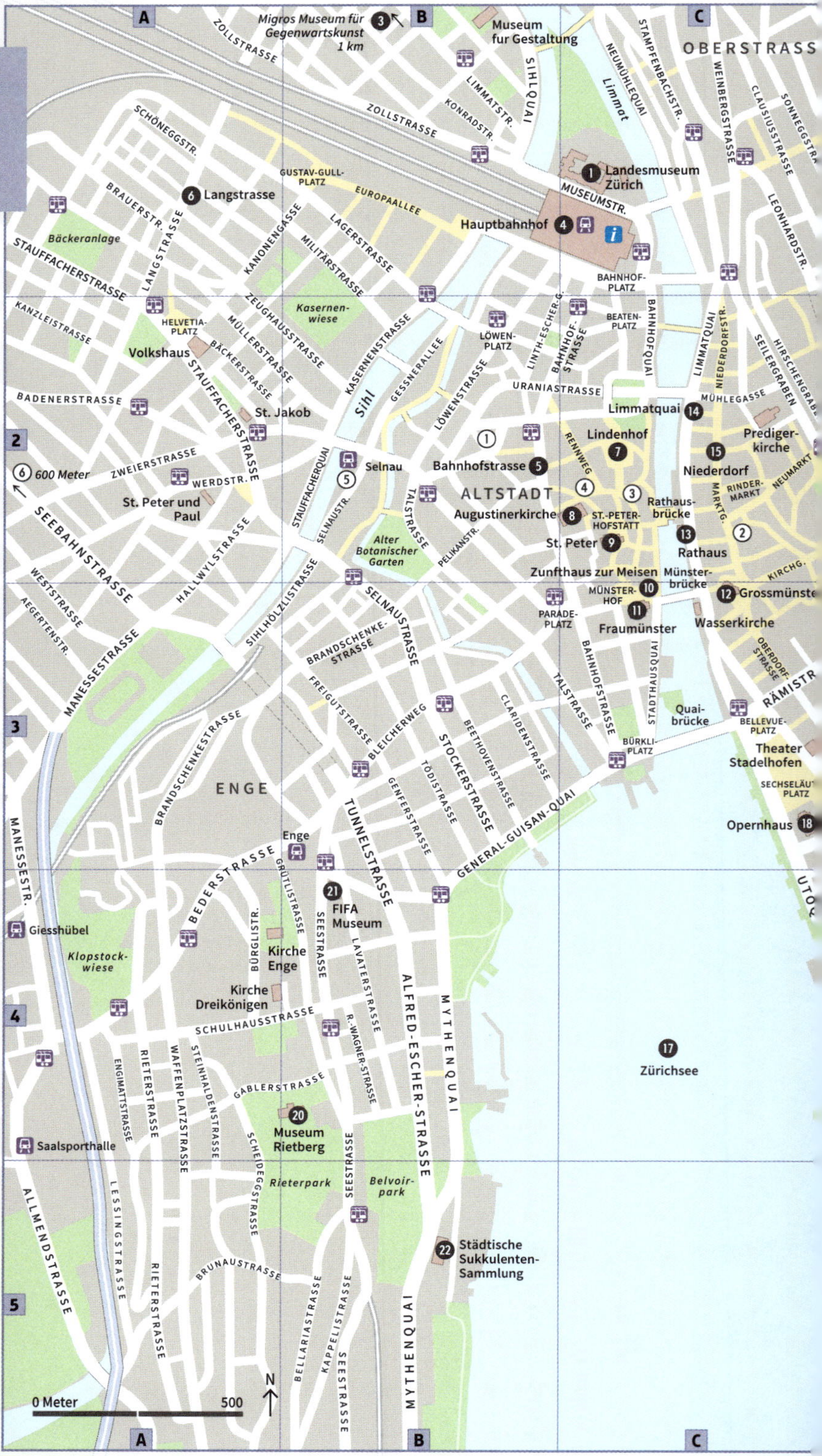
A
B
C
Migros Museum für Gegenwartskunst 1 km
3
Museum für Gestaltung
OBERSTRASS
ZOLLSTRASSE
LIMMATSTR.
KONRADSTR.
SIHLQUAI
NEUMÜHLEQUAI
Limmat
STAMPFENBACHSTR.
WEINBERGSTRASSE
CLAUSIUSSTRASSE
SONNEGGSTR.
SCHÖNEGGSTR.
GUSTAV-GULL-PLATZ
EUROPAALLEE
1 Landesmuseum Zürich
MUSEUMSTR.
6 Langstrasse
BRAUERSTR.
LANGSTRASSE
KANONENGASSE
LAGERSTRASSE
MILITÄRSTRASSE
Hauptbahnhof 4
LEONHARDSTR.
Bäckeranlage
STAUFFACHERSTRASSE
BAHNHOF-PLATZ
KANZLEISTRASSE
HELVETIA-PLATZ
ZEUGHAUSSTRASSE
Kasernen-wiese
LINTH-ESCHER-G.
BAHNHOF-STRASSE
BEATEN-PLATZ
BAHNHOFQUAI
LIMMATQUAI
NIEDERDORFSTR.
SEILERGRABEN
HIRSCHENGRABEN
Volkshaus
MÜLLERSTRASSE
BÄCKERSTRASSE
KASERNENSTRASSE
GESSNERALLEE
LÖWEN-PLATZ
LÖWENSTRASSE
URANIASTRASSE
MÜHLEGASSE
BADENERSTRASSE
St. Jakob
Sihl
Limmatquai 14
Lindenhof
7
Prediger-kirche
15
2
STAUFFACHERSTRASSE
1
RENNWEG
Niederdorf
6 600 Meter
ZWEIERSTRASSE
WERDSTR.
Selnau
5
Bahnhofstrasse 5
4
3
NEUMARKT
RINDER-MARKT
MARKTG.
St. Peter und Paul
STAUFFACHERQUAI
SELNAUSTR.
TALSTRASSE
ALTSTADT
Augustinerkirche 8
ST.-PETER-HOFSTATT
Rathaus-brücke
SEEBAHNSTRASSE
HALLWYLSTRASSE
Alter Botanischer Garten
PELIKANSTR.
St. Peter 9
13
Rathaus
2
SIHLHÖLZLISTRASSE
Zunfthaus zur Meisen
Münster-brücke
KIRCHG.
WESTSTRASSE
SELNAUSTRASSE
MÜNSTER-HOF 10
12 Grossmünster
AEGERTENSTR.
PARADE-PLATZ
11
Fraumünster
Wasserkirche
BRANDSCHENKE-STRASSE
OBERDORF-STRASSE
MANESSESTRASSE
BAHNHOFSTRASSE
TALSTRASSE
STADTHAUSQUAI
RÄMISTR.
FREIGUTSTRASSE
CLARIDENSTRASSE
3
BLEICHERWEG
Quai-brücke
BELLEVUE-PLATZ
BRANDSCHENKESTRASSE
STOCKERSTRASSE
BEETHOVENSTRASSE
BÜRKLI-PLATZ
Theater Stadelhofen
ENGE
GENFERSTRASSE
TÖDISTRASSE
SECHSELÄUTEN-PLATZ
MANESSESTR.
TUNNELSTRASSE
GENERAL-GUISAN-QUAI
Opernhaus 18
Enge
BEDERSTRASSE
GRÜTLISTRASSE
UTOQUAI
21
FIFA Museum
Giesshübel
BÜRGLISTR.
SEESTRASSE
LAVATERSTRASSE
Kirche Enge
Klopstock-wiese
ALFRED-ESCHER-STRASSE
MYTHENQUAI
Kirche Dreikönigen
4
SCHULHAUSSTRASSE
R.-WAGNER-STRASSE
17
Zürichsee
ENGIMATTSTRASSE
RIETERSTRASSE
WAFFENPLATZSTRASSE
STEINHALDENSTRASSE
GABLERSTRASSE
20
Museum Rietberg
SCHEIDEGGSTRASSE
Saalsporthalle
SEESTRASSE
Rieterpark
Belvoir-park
ALLMENDSTRASSE
LESSINGSTRASSE
22
Städtische Sukkulenten-Sammlung
RIETERSTRASSE
BRUNAUSTRASSE
BELLARIASTRASSE
KAPPELISTRASSE
5
SEESTRASSE
MYTHENQUAI
N
0 Meter
500
A
B
C

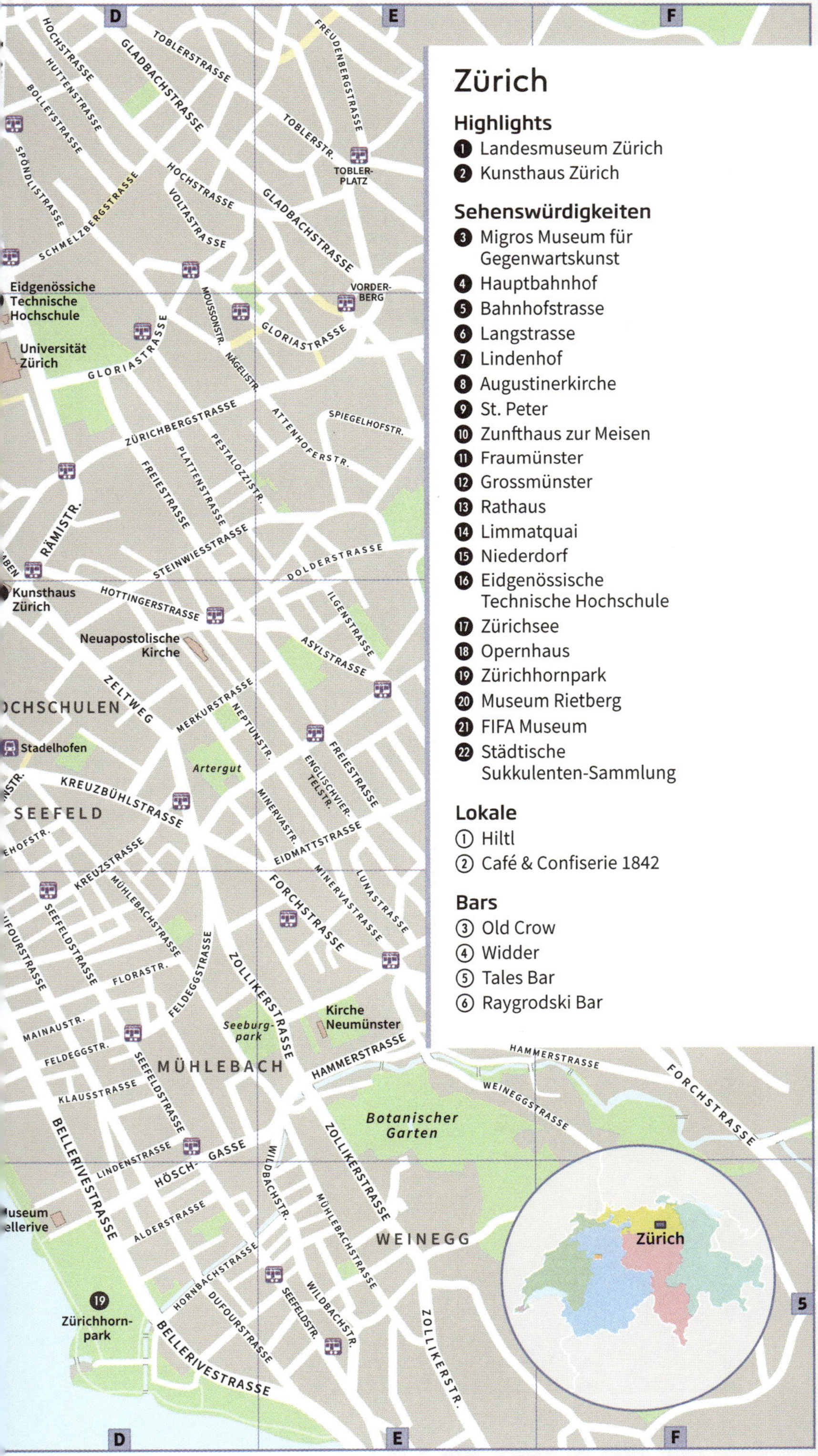

Zürich

Highlights

❶ Landesmuseum Zürich
❷ Kunsthaus Zürich

Sehenswürdigkeiten

❸ Migros Museum für Gegenwartskunst
❹ Hauptbahnhof
❺ Bahnhofstrasse
❻ Langstrasse
❼ Lindenhof
❽ Augustinerkirche
❾ St. Peter
❿ Zunfthaus zur Meisen
⓫ Fraumünster
⓬ Grossmünster
⓭ Rathaus
⓮ Limmatquai
⓯ Niederdorf
⓰ Eidgenössische Technische Hochschule
⓱ Zürichsee
⓲ Opernhaus
⓳ Zürichhornpark
⓴ Museum Rietberg
㉑ FIFA Museum
㉒ Städtische Sukkulenten-Sammlung

Lokale

① Hiltl
② Café & Confiserie 1842

Bars

③ Old Crow
④ Widder
⑤ Tales Bar
⑥ Raygrodski Bar

1

4

2

3

←

1 *Entspannung am Bürkli-platz*

2 *Yacht auf dem Zürichsee*

3 *Skulptur im Zürichhornpark*

4 *Zwillingstürme des Gross-münsters*

3 TAGE
in Zürich

Tag 1
Vormittags Steigen Sie direkt ein in die Geschichte der Stadt (und des Landes) bei einem Besuch des Schweizerischen Nationalmuseums *(siehe S. 164f)*. Faszinierende Exponate zeugen von der Entwicklung von Wohndesign und Mode.
Nachmittags Nach einer Stärkung im Museumsrestaurant Spitz überqueren Sie die Walchebrücke und erkunden das autofreie Niederdorf *(siehe S. 171)*. Machen Sie einen Abstecher in die Napfgasse zum Café & Confiserie 1842 *(siehe S. 169)*. Die hausgemachte Patisserie und das historische Ambiente sind einfach unwiderstehlich. Bummeln Sie zum Grossmünster *(siehe S. 171)*, wo einst der protestantische Reformator Ulrich Zwingli predigte.
Abends Laufen Sie die Bahnhofstrasse *(siehe S. 168)* hinunter bis zum Bürkliplatz, und besuchen Sie das Arboretum und den Belvoirpark, wo Hunderte von Schwertlilien und Taglilien wachsen. Abends essen Sie frischen Fisch mit Blick auf den See.

Tag 2
Vormittags Sie frühstücken in der Confiserie Sprüngli (www.spruengli.ch), seit 1859 ein Treffpunkt der Züricher Hautevolee und heute berühmt für Bircher Müsli mit frischen Beeren. Über die Limmat geht es ins Kunsthaus *(siehe S. 166f)*, wo einige der wichtigsten Künstler der Stadt vertreten sind. Ein Highlight ist Rudolf Kollers Gemälde *Gotthardpost* (1873) mit einer rasanten Postkutsche und weidenden Kühen als zentralen Motiven; es gilt als beliebtestes Bild der Schweiz. Essen Sie im Hiltl *(siehe S. 169)*, dem schon 1898 eröffneten vegetarischen Restaurant.
Nachmittags Auf einer Zugfahrt vom Hauptbahnhof *(siehe S. 168)* zum Züricher Hausberg Uetliberg lernen Sie eine andere Seite der Stadt kennen. Auf einem Waldweg vom Bahnhof aus erreichen Sie das Hotel Uto Kulm (www.utokulm.ch) mit seiner schönen Terrasse. Klettern Sie nach dem Kaffee die 179 Stufen des Fernsehturms hinauf, und genießen Sie den Rundblick.
Abends Machen Sie ab dem Pier am Bürkliplatz eine Rundfahrt auf dem Zürichsee *(siehe S. 172)* und laufen danach am Fluss entlang in die Altstadt, wo Sie sich im Old Crow *(siehe S. 170)* einen köstlichen Cocktail gönnen.

Tag 3
Vormittags Besuchen Sie den bekannten Stadtteil Zürich-West. Das frühere Industriequartier wurde zu einem hippen Viertel mit Bars, Restaurants und Läden umgestaltet, in denen Sie von tunesischen Stoffen bis zum E-Bike alles bekommen. Auch der Laden der Kultmarke FREITAG (www.freitag.ch) in 19 teils aufeinandergestapelten Containern ist nicht weit weg.
Nachmittags Nach dem Essen in der Brauerei Steinfels (www.steinfels-zuerich.ch) bummeln Sie durch den Zürichhornpark *(siehe S. 173)*, der sich bis zum Zürichsee erstreckt. Dort stehen moderne Skulpturen – u. a. *Heureka,* die Jean Tinguely für die Expo 64 in Lausanne *(siehe S. 134–141)* schuf.

1

Landesmuseum Zürich

C1 Museumstrasse 2 Zürich HB 4, 6, 8, 11, 13, 14 46
+41 44 218 6511 Di – So 10 –17 (Do bis 19) landesmuseum.ch

Die in einem burgähnlichen Gebäude und einem angrenzenden zeitgenössischen Flügel am Ufer der Limmat untergebrachten Sammlungen des Landesmuseums Zürich nehmen Besucher mit auf eine spannende Zeitreise durch die Höhepunkte der Schweizer Geschichte.

Unter dem Dach des Schweizerischen Nationalmuseums (SNM) sind drei Museen – Landesmuseum Zürich, Château de Prangins und Forum Schweizer Geschichte Schwyz – und das Sammlungszentrum Affoltern am Albis vereint. Die größte Sammlung des SNM zu Kulturgeschichte und Kunsthandwerk befindet sich im 1898 eröffneten Landesmuseum Zürich. Zu den Highlights der Sammlung zählen Ausgrabungsfunde diverser Epochen und die Abteilung »Mittelalter«. Darüber hinaus sind Rekonstruktionen von Räumen und Kostümen zu sehen sowie Modelle, die Webereihandwerk oder Uhrmacherkunst illustrieren.

Der das Stammhaus ergänzende, 2016 eröffnete Neubau der Schweizer Architekten Christ & Gantenbein beherbergt weitere Ausstellungshallen, eine Bibliothek und ein Auditorium für öffentliche Veranstaltungen.

Nach vielen Jahren waren 2020 die Sanierung und Erweiterung des Museum fertiggestellt; es gibt neue Ausstellungen wie »Mit fliegendem Teppich durch die Geschichte« – eine interaktive Wissensvermittlung für Kinder.

↑ *Zu den wissenschaftlichen Instrumenten des Museums gehört der von Jost Bürgi (1552 –1632) geschaffene Globus*

2016 fertiggestellter Erweiterungsbau des Landesmuseums; Blick in eine Ausstellung (Detail) ↑

Highlight

Kurzführer

Der Westflügel birgt die Galerie Sammlungen mit Kunsthandwerk vom Mittelalter bis zur Gegenwart. Zu den vielfältigen Exponaten zählen Altarbilder, Wandteppiche, Schmuck und Mode. Erster und zweiter Stock widmen sich der Geschichte der Schweiz. Im ersten Stock des Südflügels werden archäologische Objekte präsentiert. Auf allen Stockwerken ist auch Platz für Wechselausstellungen, die mehrmals pro Jahr stattfinden, u. a. die »World Press Photo« mit den weltweit besten Pressefotografien.

1

2

3

1 *Altarbild (1495) mit Eligius, dem Patron der Schmiede, von Hans Leu dem Älteren*

2 *Büste aus der Renaissance im Erweiterungsbau*

3 *Im Landesmuseum Zürich wird Geschichte auch mithilfe von interaktiven Stationen erlebbar.*

2

Kunsthaus Zürich

D3 Heimplatz 1 Stadelhofen 3, 5, 8, 9, 11 31, 33 +41 44 253 8484 Di–So 10–18 (Mi, Do bis 20) kunsthaus.ch

Das größte Kunstmuseum der Schweiz umfasst eine große Bandbreite an bedeutenden Werken – von mittelalterlicher Malerei und flämischen Alten Meistern bis hin zu impressionistischen und postimpressionistischen Gemälden sowie zur Kunst des 20. Jahrhunderts.

Zu den Höhepunkten der exquisiten, rund 4000 Gemälde und Skulpturen umfassenden Sammlung des Kunsthauses Zürich gehören insbesondere Gemälde der Schweizer Künstler Ferdinand Hodler und Albert Anker, die umfangreichste Edvard-Munch-Sammlung außerhalb Skandinaviens sowie einige Gemälde von Marc Chagall und Alberto Giacometti. Darüber hinaus finden Wechselausstellungen zu einzelnen Künstlern oder Genres statt.

Entdeckertipp

Das Höllentor

Beachten Sie vor dem Betreten des Museums neben dem Eingang die monumentale Bronzeskulptur *Das Höllentor*, eine Arbeit des französischen Bildhauers Auguste Rodin. Dieses sieben Meter hohe Werk ist eine von Dantes *Inferno* inspirierte Vision des Jenseits. Sie zeigt annähernd 200 Figuren, die sich um einen Denker gruppieren.

Kurzführer

In den oberen Etagen residieren die Dauerausstellungen. Im Erdgeschoss befinden sich der Museumsshop und ein Café. Im ersten Stockwerk findet man Schweizer, europäische und US-amerikanische sowie zeitgenössische Malerei. Im zweiten Stock sind französische Kunst des 19. Jahrhunderts und Fotografie untergebracht. Seit Herbst 2021 werden in einem von David Chipperfield entworfenen Erweiterungsbau die Werke der Sammlung E. G. Bührle gezeigt.

Schon gewusst?

Die Galerie zeigt drei Skulpturen des britischen Künstlers Henry Moore.

Highlight

1 *Ausstellungsraum mit mehreren Gemälden des deutschen Malers Sigmar Polke*

2 Wilhelm Wartmann *(1923) – eines von mehreren Bildern des Norwegers Edvard Munch im Kunsthaus Zürich*

3 Falstaff im Wäschekorb *des Schweizer Künstlers Johann Heinrich Füssli (1792)*

1

2

3

↑ *Das große Museumsgebäude beherbergt bedeutende Schweizer und internationale Kunstsammlungen*

SEHENSWÜRDIGKEITEN

3 Migros Museum für Gegenwartskunst

B1 Limmatstrasse 270
Wipkingen 4, 6, 8, 13
+41 44 277 2050
Di–So 11–18 (Do bis 20)
migrosmuseum.ch

Sammlungen mit innovativen Ausstellungskonzepten für moderne Kunst haben Zürich in der internationalen Kunstszene einen Namen verschafft. Das Migros Museum für Gegenwartskunst ist auf moderne Schweizer und internationale Kunst spezialisiert. Im Löwenbräukunst-Areal sind sowohl die Sammlungen als auch Wechselausstellungen zu sehen.

4 Hauptbahnhof

BC1 Bahnhofplatz
Zürich HB 4, 6, 8, 11, 13, 14 46

Zürichs Hauptbahnhof im Stil der Neorenaissance ist ein Wahrzeichen der Stadt. Der Kopfbahnhof wurde 1871 vollendet, die Haupthalle ist unverändert erhalten. Hier reihen sich elegante Läden aneinander. Viele Stände kommen hinzu, auch diverse Märkte werden hier abgehalten. Im Untergeschoss befinden sich Ladenpassagen.

An der Decke der Bahnhofshalle ist eine grellbunte Statue mit goldenen Flügeln angebracht: der *Schutzengel* der französischen Bildhauerin Niki de Saint Phalle.

5 Bahnhofstrasse

B2 6, 7, 10, 11, 13

Die lange Flaniermeile verläuft vom Bahnhofplatz aus nördlich am ehemaligen Wassergraben der Stadt entlang bis zum Ufer des Zürichsees. Sie ist Fußgängerzone, nur Straßenbahnen dürfen fahren. Die Bahnhofstrasse ist Zürichs Shopping-Meile par excellence und herausragendes Geschäftszentrum. Sie wird von eleganten Läden, schicken Restaurants und den Hauptfilialen mehrerer Banken gesäumt.

Zwischen Bahnhofstrasse und Löwenstrasse sowie zwischen Schweizergasse und Sihlstrasse liegen Zürichs größte Kaufhäuser – Globus und Jelmoli. Hier findet man exklusive Marken und kann in der Cafeteria auch essen.

Schon gewusst?

Die Sängerin Tina Turner lebt in Zürich und wurde 2013 Schweizer Staatsbürgerin.

Das Uhren- und Juweliergeschäft Beyer (Bahnhofstrasse 31) umfasst auch das Uhrenmuseum Beyer mit einer großen Sammlung, die von einfachsten Zeitmessern bis zu hochmodernen und teuren Uhren reicht.

Am Fraumünster öffnet sich die Bahnhofstrasse in westlicher Richtung zum Paradeplatz. Heute befinden sich an dem seinerzeit für militärische Zwecke genutzten Platz mehrere auffallende Gebäude, darunter auch der Hauptsitz des berühmten Schweizer Chocolatiers Sprüngli.

Die Bahnhofstrasse endet am Bürkliplatz gegenüber dem Zürichsee. Hier legen die Ausflugsdampfer ab.

6 Langstrasse

A1 8 31, 32

Das frühere Rotlichtviertel hat sich zu einem trendigen, wenn nicht sogar schicken Viertel mit überwiegend preiswerten Boutiquen und der besten Auswahl an ethnischen Lokalen Zürichs entwickelt. Nachts ist es das lebhafteste Viertel der Stadt. Im Juli erobert das viertägige Latin-Musikfestival Caliente die Straße.

← *Straßenbahnen verkehren entlang der Bahnhofstrasse, Zürichs Shopping-Meile Nr. 1*

↑ *Traumhafte Aussicht vom Lindenhof über die Limmat und die Altstadt*

Die Langstrasse reicht im Norden bis zur parallel zu den Bahngleisen verlaufenden Europaallee, einem neuen Stadtviertel mit einem Mix aus Kulturangeboten, Bürokomplexen, Läden und Restaurants.

7

Lindenhof

C2 7, 10, 11, 13

Am Westufer der Limmat erhebt sich ein bewaldeter Hügel, der Lindenhof, dessen günstige Lage ihn zum idealen Ort für eine keltische Siedlung und später für eine römische Festung machte. Das Quartier gehört zum ältesten Kern der Stadt. Der Aussichtspunkt auf dem Hügel bietet einen wunderbaren Blick über Zürich und die Universitätsgebäude im Osten.

8

Augustinerkirche

C2 Augustinerhof 8 7, 10, 11, 13 +41 44 211 1275 christkath-zuerich.ch

Die unprätentiöse frühgotische Kirche wurde gegen Ende des 13. Jahrhunderts für eine Gemeinschaft von Augustinermönchen gebaut. Nach der Säkularisierung des Klosters während der Reformation blieb die Kirche fast 300 Jahre lang ungenutzt. Das Innere wurde in den 1840er Jahren restauriert. 1847 wurde die Kirche erneut geweiht und der katholischen Kirche übergeben.

9

St. Peter

C2 St.-Peter-Hofstatt 1 4, 15 +41 44 250 6655 Mo–Fr 8–18, Sa 10–16, So 11–17 st-peter-zh.ch

Das auffälligste Merkmal von St. Peter ist das Zifferblatt der Turmuhr, mit einem Durchmesser von 8,70 Metern das größte Europas.

Die Kirche entstand über einem vorromanischen Bau (9. Jh.) und einem um 1000 errichteten romanischen Bau. Zudem finden sich Überreste einer spätromanischen Kirche (13. Jh.) im rechteckigen Presbyterium, das durch ein halbrundes Fenster erhellt wird. Gekrönt wird es von einem Turm, dessen oberer Teil aus dem 15. Jahrhundert stammt.

Der Hauptteil der Kirche wurde 1705–16 erbaut. Die Basilika weist ein barockes Interieur auf. Die dunkle Täfelung kontrastiert mit den roten Säulen im Mittelschiff und weißem Stuck. Der Taufstein ist barock stuckiert.

10

Zunfthaus zur Meisen

C2–3 Münsterhof 20 4, 15 +41 44 211 2144 nach Vereinbarung zunfthaus-zur-meisen.ch

Das barocke Gebäude zeigt eine Fayencen- und Porzellansammlung (18. Jh.) mit Stücken großer europäischer Manufakturen, etwa von Meißen, Sèvres oder der Schweizer Manufaktur Schooren.

Lokale

Hiltl

Grandioses vegetarisches Restaurant mit großer Auswahl. Probieren Sie Safran-Gnocchi.

B2 Sihlstrasse 28 hiltl.ch

SF SF SF

Café & Confiserie 1842

Unwiderstehliche handgemachte Pralinen sind gute Argumente für einen Besuch im historischen Haus der Conditorei Schober.

C2 Napfgasse 4 cafe1842.ch

SF SF SF

Blick auf das Fraumünster an der Münsterbrücke; Fresko von Bodmer im Kreuzgang (Detail) ↑

Bars

Old Crow
Von Profis gemixte Cocktails in eleganter Atmosphäre.
C2 Schwanengasse 4 So oldcrow.ch

Widder
Lange Weinkarte, kreative Gerichte.
C2 Widdergasse 6 widderhotel.com

Tales Bar
Cocktailbar mit Livemusik.
B2 Selnaustrasse 29 So tales-bar.ch

Raygrodski Bar
Entspannte Bar mit Hipster-Flair.
A2 Sihlfeldstrasse 49 So raygrodski.ch

11 Fraumünster

C3 Am Münsterhofplatz 4, 15 März–Okt: tägl. 10–18; Nov–Feb: tägl. 10–17 fraumuenster.ch

Die Geschichte des Fraumünsters reicht bis ins Jahr 853 zurück, als König Ludwig der Deutsche seine Tochter Hildegard hier zur Äbtissin machte. Das Kloster wurde während der Reformation aufgelöst. An seiner Stelle steht heute das neugotische Stadthaus, das für Ausstellungen genutzt wird.

Die Kirche des Klosters ist erhalten geblieben. Sie besitzt ein spätromanisches Presbyterium (13. Jh.), ein frühgotisches Querhaus und ein mehrfach umgebautes Mittelschiff. Die neugotische Fassade kam erst 1911 hinzu.

Das Presbyterium wird durch Farbfenster erhellt, die 1970 von Marc Chagall (1887–1985) entworfen wurden. Bei jedem der Fenster, die biblische Szenen darstellen, dominiert jeweils eine Farbe. Das mittlere (grüne) erzählt das Leben Jesu. Es wird flankiert von einem blauen Fenster mit den Visionen Jakobs und einem gelben Fenster, das als »Zion-Fenster« bekannt ist und König David und das Neue Jerusalem zum Thema hat. Chagall entwarf auch die Rosette im südlichen Querhaus. Sie zeigt die Schöpfungsgeschichte. Im nördlichen Querhaus befindet sich das Paradiesfenster des Schweizer Künstlers Augusto Giacometti, das 1940 eingesetzt wurde. Den romanischen Kreuzgang an der Südseite der Kirche zieren Fresken von Paul Bodmer, die 1923–32 entstanden. Sie erzählen die Geschichte der Klostergründung und stellen das Leben der Stadtpatrone von Zürich, der Heiligen Felix und Regula, dar. Auch die

Verbindung der Stadt zu Karl dem Großen wird hier thematisiert. Der Kaiser soll Zürich gegründet haben, als er die Gräber der beiden Heiligen entdeckte, die von einer römischen Legion im Wallis desertiert waren und den Märtyrertod starben.

12 Grossmünster

C3 Grossmünsterplatz 3, 4, 11, 15 Kloster und Kirche: März–Okt: tägl. 10–18; Nov–Feb: Mo–Sa 10–17, So 12–17; Turm: März–Okt: Mo–Sa 10–17:30, So 12:30–17:30; Nov–Feb: Mo–Sa 10–16:30, So 12:30–16:30 grossmuenster.ch

Die Zwillingstürme des Grossmünsters prägen die Skyline Zürichs am Ostufer der Limmat. Der Sage nach gründete Karl der Große im 8./9. Jahrhundert auf den Gräbern der Märtyrer Felix und Regula eine Kirche. Nachdem man die beiden getötet hatte, sollen die Heiligen ihre Köpfe auf den Hügel getragen haben, auf dem das Grossmünster steht.

Die Arbeiten an der heutigen romanisch-gotischen Basilika begannen um 1100, die Westtürme wurden Ende des 15. Jahrhunderts vollendet. Von der Kanzel aus predigte der Humanist Ulrich Zwingli die Reformation, die sich daraufhin auch in anderen Städten ausbreitete.

Im Zuge der Reformation beraubte man das Münster seines Schmucks. Überreste gotischer Fresken und die schönen romanischen Kapitelle im Mittelschiff sind jedoch erhalten geblieben.

In der Krypta steht die Statue Karls des Großen (15. Jh.), die einst am Südturm aufgestellt war und später dort durch eine Kopie ersetzt wurde. Sehenswert sind auch das romanische Portal mit Bronzetür (1935) und die von Augusto Giacometti (1932) geschaffenen Bleiglasfenster. 2009 gestaltete Sigmar Polke zwölf Glasfenster des Längsschiffs neu.

Dadaismus

Die als Dadaismus bekannte Kunstbewegung entstand in Zürich um 1916 als anarchische Reaktion auf das erstarrte Bürgertum und das Blutvergießen im Ersten Weltkrieg. Der Dadaismus machte sich über die Bürger lustig, verweigerte sich dem Realismus und setzte sich über sämtliche Konventionen hinweg. Er gilt als Urform aller späteren Avantgarde-Bewegungen.

13 Rathaus

C2 Limmatquai 55 4, 15 nur zu Führungen (mind. einen Monat im Voraus buchen; siehe Website) kantonsrat.zh.ch

Das Rathaus von Zürich wurde auf Pfählen im Flussbett der Limmat erbaut. Das zweistöckige Gebäude im Barockstil (1694–98) ersetzt einen mittelalterlichen Bau.

Die Fassade ist mit Maskenfriesen verziert, oberhalb der Fenster sind Nischen mit Büsten. Der Eingangsbereich des Rathauses ist aus Marmor gestaltet und weist Goldverzierungen auf. Zu den beeindruckendsten Räumen gehört die elegante barocke Ratskammer.

14 Limmatquai

C2 4, 15

Die attraktive Promenade verläuft am Ostufer der Limmat vom Bellevueplatz im Süden bis zur Bahnhofbrücke im Norden. Der schönere und deutlich interessantere Teil des Limmatquais liegt um das Grossmünster und das Rathaus herum. Hier stehen mehrere Zunfthäuser, die in Läden oder Restaurants umgewandelt wurden.

Zu den schönsten Gebäuden zählen das Haus zur Saffran (Nr. 54) von 1720, das Haus zum Rüden (Nr. 42) aus dem 17. Jahrhundert und das Haus zur Zimmerleuten daneben, ein Gebäude (18. Jh.) mit bunten Erkerfenstern.

15 Niederdorf

C2 4, 15

Das Viertel mit seinem dichten Netz an kopfsteingepflasterten Straßen und Gassen, die zum Limmatquai führen, ist das Herz der östlichen Altstadt. Hauptarterie ist die Niederdorfstrasse, eine Fußgängerzone, die im Süden durch die Münstergasse fortgeführt wird.

In den engen Gassen des historischen Viertels finden sich Antiquitätenläden und Galerien sowie kleine Hotels, gemütliche Cafés und Restaurants neben Gasthäusern und Fast-Food-Filialen.

↑ *Schmale, kopfsteingepflasterte Straße im malerischen Viertel Niederdorf*

16

Eidgenössische Technische Hochschule

D2 Rämistrasse 101 6, 9, 10 +41 44 632 1111 ethz.ch

Die Eidgenössische Technische Hochschule (ETH) wurde 1855 gegründet und genießt einen ausgezeichneten Ruf. Sie befindet sich in einem Bau im Stil der Neorenaissance, den Gottfried Semper gestaltete. Der berühmte deutsche Architekt war auch erster Architekturprofessor des Instituts.

Das Gebäude ist auch aufgrund seiner Graphischen Sammlung und der zahlreichen Wechselausstellungen einen Besuch wert. In einem Nebengebäude, dem Bodmer-Haus (1664), befindet sich das **Thomas-Mann-Archiv**. Es beherbergt das letzte Arbeitszimmer und Manuskripte des deutschen Schriftstellers, der 1955 in Zürich starb.

Von der Terrasse der ETH aus hat man einen guten Blick auf die gesamte Stadt. Im Norden befindet sich die obere Haltestelle der Polybahn (Standseilbahn), die hinunter zum Central führt, einem großen Platz auf der Ostseite der Bahnhofbrücke.

Street Parade

Die Züricher Street Parade (www.streetparade.com) ist mit über einer Million Fans das größte Techno-Musikfestival der Welt. Jedes Jahr am zweiten Samstag im August ist es wieder so weit. Bei dem Event der Superlative treten auf über 30 Bühnen renommierte Musiker und DJs auf. Aus Protest gegen die zunehmende Kommerzialisierung der Street Parade findet in Zürich zeitgleich die Antiparade statt.

Thomas-Mann-Archiv
Rämistrasse 101 siehe Website tma.ethz.ch

17

Zürichsee

C4 2, 4, 5, 8, 9, 11, 15 912, 916

Der Gletschersee erstreckt sich 42 Kilometer lang in Form eines Bogens von Zürich bis zum Fuß der Glarner Alpen. Von der Stadt aus kann man – z. B. mit Schiffen der **ZSG** – kurze Bootsausflüge oder auch Halbtages- und Tagestouren unternehmen. Die Hauptanlegestelle befindet sich am Bürkliplatz. Das klare Wasser des Zürichsees hat Trinkwasserqualität.

ZSG
Mythenquai 333 +41 44 487 1333 zsg.ch

18

Opernhaus

C3 Sechseläutenplatz 1 Stadelhofen 2, 4 +41 44 268 6666 opernhaus.ch

Das neubarocke Opernhaus wurde von den Wiener Archi-

Auf dem pittoresken Zürichsee sind viele Boote unterwegs ↑

tekten Hermann Helmer und Ferdinand Fellner entworfen. Der Bau wurde 1891 vollendet. Der eleganten Fassade vorgesetzt sind zwei Säulenreihen und ein von Vorhallen gerahmter Balkon.

19

Zürichhornpark

D5 912, 916

In dem Park südlich des Stadtzentrums stehen Skulpturen: Am Nordende befindet sich eine Bronze von Henry Moore, am Südende eine große kinetische Skulptur, die Jean Tinguely für die Expo 64 in Lausanne schuf. Das Werk heißt *Heureka* – von April bis Oktober wird es täglich um 11:15 und 17:15 Uhr in Bewegung gesetzt.

Im östlichen Teil des Parks befindet sich der **Chinagarten**. Er wurde 1994 angelegt und ist ein Geschenk von Kunming, der chinesischen Partnerstadt Zürichs. Der Garten ist ein Beispiel chinesischer Gartenbaukunst.

Am Rand des Parks gibt es interessante Gebäude. In der Höschgasse liegt das **Atelier Hermann Haller**, das Studio des Schweizer Bildhauers. Es wurde von Haller (1880–1950) entworfen und ist ein seltenes Beispiel hölzerner Bauhaus-Architektur.

Chinagarten
Mitte März–Mitte Okt: tägl. 11–19

Atelier Hermann Haller
Höschgasse 8a im Sommer stadt-zuerich.ch/atelierhermannhaller

20

Museum Rietberg

B4 Gablerstrasse 15
5 +41 44 415 3131
Di–So 10–17 (Mi bis 20)
rietberg.ch

Das Museum Rietberg widmet sich außereuropäischer Kunst. Die sehenswerten Sammlungen sind über zwei Gebäude im Rieterpark verteilt. Die klassizistische Villa Wesendonck, in der einst der berühmte deutsche Opernkomponist Richard Wagner einige Zeit lebte, beherbergt die Hauptsammlung mit Holzskulpturen, Metallarbeiten und Tonwaren aus Afrika, Indien, Tibet, China, Japan und einigen südostasiatischen Ländern. Die Park-Villa Rieter präsentiert indische, chinesische und japanische Drucke und Gemälde.

↑ *Holzskulpturen in der Villa Wesendonck, Museum Rietberg*

21

FIFA Museum

B4 Seestrasse 27
5, 6, 7, 8, 10 +41 43 388 2500 Di–So 10–18
fifamuseum.com

Zürich ist bereits seit 1932 der Hauptsitz des Weltfußballverbands, der FIFA. Dieses ausgezeichnete Museum, das 2016 eröffnet wurde, ermöglicht den Besuchern eine faszinierende Reise in die Geschichte des Fußballs. Zu sehen sind die FIFA-Gründungsdokumente, seltene Trikots, einzigartige Fotos, Bälle aus historischen Spielen und die Weltmeisterschaftstrophäe. Es gibt auch eine spezielle Abteilung für Kinder mit interaktiven Spielen und ein Kino mit Filmen über die Fußballhistorie.

22

Städtische Sukkulenten-Sammlung

B5 Mythenquai 88
161, 165 +41 44 412 1280 tägl. 9–16:30
stadt-zuerich.ch/sukkulenten

Mit über 4400 Arten von Kakteen, Agaven, Aloe-Arten und anderen Sukkulenten (saftspeichernden Pflanzen) ist die 1931 eröffnete Sammlung eine der größten ihrer Art in Europa. Von den Riesenagaven bis zu den winzigen Kakteen – die in sieben Schauhäusern und auf einer Freifläche von 4750 Quadratmetern gezeigten Pflanzen stammen aus allen Wüstenregionen der Welt.

Expertentipp
Thermalbad & Spa Zürich

Lassen Sie sich verwöhnen, und genießen Sie ein erfrischendes Bad und die wohltuenden Anwendungen dieses wunderbaren Wellnesstempels (www.aqua-spa-resorts.ch).

Traumblick: Nur die Gipfel ragen aus dem Wolkenmeer

Nordschweiz

Die deutschsprachige Region besteht aus den Halbkantonen Basel-Stadt und Basel-Landschaft im Westen, dem Kanton Aargau im Zentrum und Teilen des Kantons Zürich im Osten.

Die im Vergleich zu anderen Landesteilen relativ »flache« Nordschweiz ist die am dichtesten besiedelte Region des Landes. Neben mehreren schönen historischen Städten bietet die Nordschweiz auch eine große Anzahl an international renommierten Museen. Viele Gönner investierten hier einen beträchtlichen Teil ihres Vermögens in Kunst.

Der Rhein ist sowohl Teil der nördlichen Staatsgrenze als auch die einzige Verbindung des Binnenlands zum Meer. Das am Rhein liegende Basel verfügt über den einzigen Hafen mit direkter Schiffsverbindung nach Rotterdam und in die Nordsee. Basel ist ein Zentrum der pharmazeutischen und chemischen Industrie. Die älteste Universität des Landes und das Kunstmuseum Basel sind nur zwei von vielen Institutionen, die Basel zur Kulturstadt von internationalem Rang machen.

Winterthur, ein weiterer bedeutender Schweizer Industriestandort, bietet gleichfalls viele Kunstsammlungen. Zürich *(siehe S. 158–173)* im Osten der Region ist herausragende Finanzmetropole der Schweiz und eine Stadt von großer kultureller Vielfalt.

Nordschweiz

Highlights

1. Basel
2. Baden
3. Winterthur

Sehenswürdigkeiten

4. Riehen
5. Augusta Raurica
6. Zofingen
7. Dornach
8. Aarau
9. Muri
10. Kloster Königsfelden
11. Wettingen
12. Regensberg
13. Kaiserstuhl
14. Eglisau

0 Kilometer 10
N
DEUTSCH-
LAND
Blumberg
Bonndorf
Stühlingen
Radolfzell
Schaffhausen
Rhein
Rheinfall
Stein am Rhein
Waldshut
Tiengen
Koblenz
Zurzach
Ossingen
Andelfingen
Thur
Rhein
14 Eglisau
13 Kaiserstuhl
Ostschweiz
und Graubünden
Seiten 238–267
Henggart
Frauenfeld
Rorbas
Aare
Lengnau
Bülach
Wülflingen
3 Winterthur
Baden
2
12 Regensberg
ZÜRICH
Kollbrunn
Brugg
10
Kloster
Königsfelden
11 Wettingen
Zürich
Airport
Kloten
Wila
Regensdorf
Wallisellen
Illnau
AARGAU
Dietikon
Fehraltorf
Saland
Dübendorf
Schlieren
Zürich
Bauma
Lenzburg
Greifen-
see
Uster
Bremgarten
Wohlen
Küsnacht
Wetzikon
Adliswil
Boniswil
Reuss
Thalwil
Egg
Hinwil
Hallwilersee
9 Muri
Affoltern
Horgen
Meilen
Wald
Rüti
Reinach
Stäfa
Mettmenstetten
Rapperswil
Wädenswil
Zürichsee
Richterswil
Pfäffikon
Sins
Cham
Zugersee
Hochdorf
Einsiedeln
Zentralschweiz
und Tessin
Seiten 200–237
Rotkreuz
Arth
Luzern
Goldau
Seewen
SCHWYZ
Vierwaldstättersee
Horw
Brunnen
Hergiswil
Flüelen

↑ *Rheinufer auf Höhe der Altstadt mit dem alles überragenden Münster*

1

Basel

C2 · 75 km westl. von Zürich · 202 000 · Stadtcasino am Barfüsserplatz, Steinenberg 14; +41 61 268 6868 · Fasnacht (Feb/März); Art Basel (Juni); Basel Tattoo (Juli); Jazzfestival (Aug) · basel.com

Basel ist eine bedeutende Kunstmetropole mit einer Reihe hochrangiger Museen und Sammlungen sowie bedeutenden Messen und Festivals. Die internationale Kunstmesse Art Basel genießt Weltruf. Wegen seiner günstigen Lage am Rhein entwickelte sich Basel zu einer wichtigen Hafenstadt. Von besonderer wirtschaftlicher Bedeutung ist die Industrie. Die Stadt ist Standort einiger weltberühmter Unternehmen in den Branchen Chemie und Pharmazie. Geradezu legendär ist die von vielen Ritualen begleitete Basler Fasnacht.

①

Jüdisches Museum der Schweiz

Kornhausgasse 8 · 3 · 30, 34 · +41 61 261 9514 · Mo–Fr 13–16, So 11–17 · juedisches-museum.ch

Das einzige jüdische Museum in der Schweiz veranschaulicht Religion, Alltagsleben und jüdische Bräuche anhand einer Vielzahl von Exponaten, die teils bis auf das 13. Jahrhundert zurückgehen. Zu den interessantesten Stücken zählen liturgische Gegenstände.

Die jüdische Gemeinde in Basel ist die zweitgrößte in der Schweiz (nach Genf). 1897 fand in Basel der erste Zionistenkongress statt.

②

Universität

Petersplatz 1 · 3 · 30, 34

Die 1460 gegründete Universität Basels ist die älteste der Schweiz. Zu den Persönlichkeiten, mit der sie verbunden ist, zählen der Humanist Erasmus von Rotterdam (1466–1536), der Arzt Paracelsus (1493–1541), der Mathematiker Jakob Bernoulli (1654–1705) und der Philosoph Friedrich Nietzsche (1844–1900).

Ein Großteil der Universität ist heute im Kollegienhaus (1946) am Petersplatz untergebracht.

③

Spalentor

Spalenvorstadt · 3 · 30, 33

Das monumentale gotische Tor liegt im westlichen Teil

↑ *Spalentor mit gotischen Türmen und mit Kacheln verziertem Spitzdach*

der Altstadt am Eingang der Spalenvorstadt, einer schmalen Straße, die von Häusern mit bunten Fensterläden gesäumt ist.

Das Spalentor (1370) war ursprünglich ein Teil der Verteidigungsanlagen. Es besitzt markante Ecktürme mit Zinnen und einen mittleren Abschnitt mit spitzem Dach und glasierten Kacheln. Die Anlage verfügt über Holztürme und Fallgitter und ist mit Skulpturen und mit dem Wappen der Stadt geschmückt.

④

Spielzeug Welten Museum Basel

Steinenvorstadt 1 · 3, 6, 8, 11, 14, 15, 16, 17 · +41 61 225 9595 · Di – So 10 – 18 (Dez: tägl.) · spielzeug-welten-museum-basel.ch

Mit mehr als 6000 Ausstellungsstücken, die sich auf insgesamt vier Stockwerke verteilen, ist das Spielzeug Welten Museum Basel das größte seiner Art in ganz Europa. Der überwiegende Teil der hier präsentierten Exponate stammt aus dem späten 19. und dem frühen 20. Jahrhundert.

Die hübsch-verspielten Puppenhäuser und Miniaturkaufläden sind bis ins kleinste Detail eingerichtet. Zur Sammlung gehören außerdem mechanische Spielzeuge und Kuscheltiere von bekannten Herstellern. Vor allem die große Teddybärensammlung ist einzigartig.

↑ *Schaufensterpuppe mit Fahrrad im Spielzeug Welten Museum Basel*

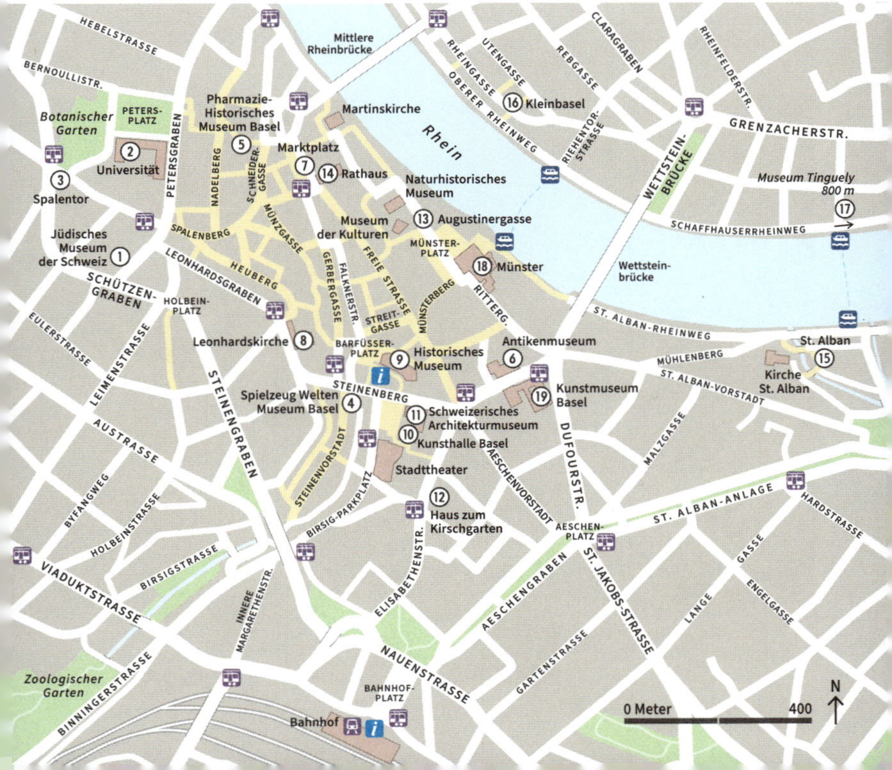

⑤

Pharmazie-Historisches Museum Basel

Totengässlein 3 · 6, 8, 11, 14, 15, 16, 17 · +41 61 207 4811 · Di – So 10 – 17 · pharmaziemuseum.ch

Als einer der bedeutendsten Standorte der Pharmaindustrie bietet Basel natürlich auch ein Museum, das sich mit der Historie von Medizin und Chemie auseinandersetzt. Es ist in dem Haus untergebracht, in dem Erasmus und Paracelsus lebten. Zu sehen sind Instrumente und Arzneien sowie die Rekonstruktionen einer frühen Apotheke und eines Labors.

⑥

Antikenmuseum

St. Alban-Graben · 1, 2, 15 · +41 61 201 1212 · siehe Website · antikenmuseumbasel.ch

Das Museum deckt mit seiner Sammlung einen Zeitraum von 5000 Jahren ab und widmet sich den vier großen frühen Zivilisationen im Mittelmeerraum: den Griechen, Etruskern, Römern und Ägyptern. Zu den griechischen Ausstellungsstücken zählen Vasen aus archaischer Zeit bis zur klassischen Periode, Münzen und Schmuck. Wechselausstellungen ergänzen das Angebot.

⑦

Marktplatz

3, 6, 8, 11, 14, 15, 16, 17

Am Vormittag eines jeden Werktags füllt sich der Marktplatz mit Ständen, an denen insbesondere Obst, Blumen und Gemüse verkauft werden. An Feiertagen ist der Platz Bühne für die großen Feste. Der Platz wird von einigen hübschen Gebäuden gesäumt, die schönsten stammen aus dem späten 19. und frühen 20. Jahrhundert.

Im Norden schließt sich die Mittlere Brücke an, in deren Nähe sich die merkwürdige Figur eines Bärtigen befindet: Der »Lällekönig« wurde zum Symbol der Stadt Basel. Er ist der Nachbau einer Automatenfigur (19. Jh.), die den Einwohnern von Kleinbasel die Zunge herausstreckte. Die originale Figur befindet sich im Historischen Museum der Stadt.

⑧

Leonhardskirche

Kohlenberg · 3 · tägl. 9 – 16

Die Kirche steht auf einem Hügel über der Stadt. Sie wurde über einem älteren Bau (11. Jh.) errichtet, des-

Im Norden schließt sich die Mittlere Brücke an, in deren Nähe sich die merkwürdige Figur eines Bärtigen befindet: Der »Lällekönig« wurde zum Symbol der Stadt.

Basels belebter Marktplatz ist auch ein Verkehrsknotenpunkt ↑

sen romanische Krypta erhalten ist. Nach dem Erdbeben von 1356, das einen Großteil Basels zerstörte, wurde die Kirche im gotischen Stil wiederaufgebaut.

Das Innere birgt gotische Malereien (15./16. Jh.) und ein schönes Kruzifix (1455).

9

Historisches Museum

Barfüsserplatz 3, 6, 8, 11, 14, 15, 16, 17 +41 61 205 8600 Di–So 10–17 hmb.ch

Das Museum ist in der Barfüsserkirche, einer früheren Franziskanerkirche, untergebracht. Es widmet sich der Kultur der Stadt seit der Zeit der Kelten.

Die Exponate des Historischen Museums umfassen Holzschränke, Töpferwaren, Silbergefäße, Gobelins, Waffen sowie liturgische Gefäße aus Gotik, Renaissance und Barock, Wandteppiche, Altaraufsätze und andere Stücke der Schatzkammer des Münsters. Das Museum ist auf drei Häuser verteilt.

10

Kunsthalle Basel

Steinenberg 7 1, 2, 3, 8, 10, 11, 14, 15, E11 +41 61 206 9900 Di–Fr 11–18 (Do bis 20:30), Sa, So 11–17 kunsthallebasel.ch

Die Kunsthalle Basel hat Vorreiterfunktion auf dem Gebiet der modernen Kunst. Sie ist eine der führenden Kulturstätten Basels und bietet ein vielfältiges Programm an Ausstellungen zeitgenössischer Künstler.

Das Museum liegt gegenüber dem Stadttheater, einer weiteren Institution in der Kulturlandschaft der Stadt. Zwischen den beiden Gebäuden steht ein Brunnen mit beweglichen Objekten von Jean Tinguely.

Highlight

Basler Fasnacht

Bei der am Montag nach Aschermittwoch beginnenden, exakt 72 Stunden dauernden Basler Fasnacht wird die Stadt für die *drey scheenschte Dääg* (die »drei schönsten Tage«) des Jahres förmlich auf den Kopf gestellt. Beim größten Karneval der Schweiz strömen Tausende von kostümierten Musikern und andere *Fasnächtler* durch Straßen und Kneipen der Stadt.

11

S AM Schweizerisches Architekturmuseum

Steinenberg 7 +41 61 261 1413 Di–Fr 11–18 (Do bis 20:30), Sa, So 11–17 sam-basel.org

Die Kunsthalle beherbergt auch das Architekturmuseum Basels. Dieses Museum versucht, das Gespür der Besucher für Architektur und Stadtentwicklung zu verfeinern, und konzentriert sich vor allem auf die Architektur des frühen 20. Jahrhunderts.

Das Architekturmuseum präsentiert zudem in der Regel vier Wechselausstellungen pro Jahr, die Arbeiten Schweizer und internationaler Architektur zeigen und sich auch Themen wie Architekturfotografie, Bedeutung der Akustik für die Gestaltung eines Gebäudes und die Verbindungen zwischen Kunst und Architektur widmen. Zudem gibt es Workshops.

12

Haus zum Kirschgarten

Elisabethenstrasse 27–29 1, 2 +41 61 205 8600 Mi–So 10–17 hmb.ch

Die Rokoko-Villa (1775–80) wurde als Residenz des Seidenbandfabrikanten J. R. Burckhardt erbaut. In dem im zeitgenössischen Stil eingerichteten Gebäude ist heute ein Museum zur Wohnkultur im 18. und 19. Jahrhundert (eine Zweigstelle des Historischen Museums). In den unteren beiden Stockwerken sind Salons, ein Speisezimmer, ein Musikzimmer und eine Küche. Im Obergeschoss befinden sich Puppen, Schaukelpferde und anderes Spielzeug, in Erd- und Untergeschoss Uhren und Porzellan, beispielsweise italienische Fayencen.

← *Kunstvoll verzierte Uhr (18. Jh.) im Haus zum Kirschgarten*

↑ *Große Maske aus Papua-Neuguinea im Museum der Kulturen am Münsterplatz*

⑬

Augustinergasse

6, 8, 11, 14, 15, 16, 17

Die malerische Augustinergasse verläuft vom Münsterplatz aus nach Norden am Rheinufer entlang. Neben einem Renaissance-Brunnen sind einige schöne Gebäude (14./15. Jh.) zu sehen.

In einem klassizistischen Bau befindet sich das **Naturhistorische Museum** mit einer Sammlung an Mineralien sowie einer Paläontologie- und Zoologieabteilung.

Das **Museum der Kulturen** residiert in einem von den Basler Architekten Herzog & de Meuron entworfenen Haus. Das anthropologische Museum präsentiert Artefakte verschiedener Kulturen der Welt.

Naturhistorisches Museum
Augustinergasse 2 Di–So 10–17
nmbs.ch

Museum der Kulturen
Münsterplatz 20 Di–So 10–17
mkb.ch

⑭

Rathaus

Marktplatz 9 6, 8, 11, 14, 15, 16, 17

Bekanntestes Bauwerk am Marktplatz ist das gotische Rathaus, dessen leuchtend rote Fassade mit Allegorien geschmückt ist. Der mittlere Teil des Gebäudes wurde 1504–21 errichtet. Turm und Anbau stammen aus dem 19. Jahrhundert. Den schönen Innenhof mit seiner manieristischen Treppe zieren Wandbilder (16. Jh.). Die Touristenbüros organisieren Besichtigungen.

⑮

St. Alban

3

Das St.-Alban-Viertel hat seinen Namen von der Kirche eines ehemaligen Benediktinerklosters, das im 11. Jahrhundert gegründet wurde. Es gilt als einer der grünsten und vornehmsten Stadtteile.

Hier fließt auch ein Kanal, der einst die Mühlen des Klosters antrieb. Die **Basler Papiermühle** beherbergt heute ein Museum für Papier, Schrift- und Druckkunst. In der Nähe stellt das **Kunstmuseum Basel | Gegenwart** (so die offizielle Schreibung) Werke aus den 1960er Jahren bis heute aus.

Das frühere [plug.in], das sich der Kunst mit elektronischen Medien widmete, wurde in das Haus der elektronischen Künste Basel (HeK; Freilager-Platz 9) integriert.

Basler Papiermühle
St. Alban-Tal 37
Di–So 11–17 (Sa ab 13)
baslerpapiermuehle.ch

Kunstmuseum Basel | Gegenwart
St. Alban-Rheinweg 60
Di–So 11–18
kunstmuseumbasel.ch

← *Leuchtend rote Fassade des Rathauses, eines Repräsentationsgebäudes der Stadt*

Einige kinetische Skulpturen Jean Tinguelys regen zum Mitmachen an ↑

(16)

Kleinbasel

6, 8, 14, 15, 17 31, 34, 38

Die erste feste Rheinbrücke im Gebiet von Basel wurde 1226 fertiggestellt. Zu dieser Zeit ließ man am Nordufer eine kleine Festung errichten, in deren Umgebung sich eine Siedlung entwickelte.

Im späten 14. Jahrhundert wurde diese Siedlung ein Teil der Stadt. Über viele Jahrhunderte war Kleinbasel Wohnort des eher ärmeren Teils der Basler Bevölkerung, während die Wohlhabenderen am gegenüberliegenden Rheinufer lebten. Doch dies hat sich inzwischen geändert, heute finden sich in Kleinbasel viele Cafés, Restaurants und Galerien.

Expertentipp
Museumspass
Der ein Jahr gültige Museums-PASS-Musées (www.museumspass.com) bietet Zutritt zu allen Ausstellungen in 280 Museen, Schlössern und Gärten im Dreiländereck Schweiz-Frankreich-Deutschland.

(17)

Museum Tinguely

Paul Sacher-Anlage 2
31, 36, 38, 42 +41 61 681 9320 Di–So 11–18
tinguely.ch

Das Gebäude im Solitude-Park am Rheinufer wurde vom Schweizer Mario Botta entworfen. Das Museum widmet sich den Werken Jean Tinguelys, der vor allem mit kinetischen Objekten berühmt wurde.

Tinguely wurde 1925 in Fribourg geboren, ging in Basel zur Schule und ließ sich 1960 in New York nieder, kehrte 1968 jedoch in die Schweiz zurück, wo er 1991 starb. Den Kern bilden Werke Tinguelys, die seine Frau, die Künstlerin Niki de Saint Phalle, stiftete. Im Lauf der Zeit kamen weitere Sammlerstücke hinzu.

Im Zwischengeschoss des Museums sind hauptsächlich Tinguelys kinetische Objekte zu sehen, die Besucher selbst in Bewegung setzen können. Im Obergeschoss finden sich mit Tinguelys Arbeit verbundene Exponate. Das zentrale Objekt im Erdgeschoss des Hauses ist die Installation *Grosse Méta-Maxi-Maxi Utopia* (1987).

Schon gewusst?

Jean Tinguely schuf sein erstes kinetisches Kunstwerk im Alter von zwölf Jahren.

⑱

Basel: Münster

Münsterplatz 9 · 1, 2, 15 · +41 61 272 9157 · Apr – Okt: Mo – Fr 10 –17, Sa 10 –16, So 11:30 –17; Nov – März: Mo – Sa 11 –16, So 11:30 –16 · baslermuenster.ch

Der auf einem Hügel über dem Rhein errichtete rote Sandsteinbau mit den bunten Dachziegeln dominiert das Stadtbild. Zudem ist das Münster ein eindrucksvolles Beispiel romanischer und gotischer Baukunst.

Die höchst eindrucksvolle Kirche besaß einen Vorgängerbau aus dem 8. Jahrhundert, ihre jetzige Gestalt erhielt sie im 12. Jahrhundert. Während des Erdbebens von 1356 wurde sie teilweise beschädigt und danach im gotischen Stil restauriert. Einige romanische Elemente sind noch erhalten. Im 16. Jahrhundert wurde das Münster im Zug der Reformation fast seines ganzen Schmucks beraubt. Einige romanische und gotische Skulpturen sowie die Fresken in der Krypta (14. Jh.) haben den Bildersturm allerdings überlebt. Die Bleiglasfenster stammen aus dem 19. Jahrhundert.

Auf der Südseite der Kathedrale befindet sich der gotische Kreuzgang mit mehreren Gräbern, die diesem Teil des Komplexes seinen kontemplativen Charakter verleihen.

↑ *Fresko mit biblischer Szene an der Decke der Krypta*

↑ *Sandsteinfassade der Kirche mit Türmen und gefliestem Dach*

Auf der Südseite der Kathedrale befindet sich der gotische Kreuzgang mit mehreren Gräbern, die diesem Teil des Komplexes seinen kontemplativen Charakter verleihen.

Schon gewusst?

Der Münsterhügel war bereits zu spätkeltischer Zeit (1. Jh. v. Chr.) bebaut.

↑ *Basler Münster, eine Hauptsehenswürdigkeit der Stadt*

19

Kunstmuseum Basel

St. Alban-Graben 16 1, 2, 15 +41 61 206 6262 Di–So 10–18 (Mi bis 20) kunstmuseumbasel.ch

Das Museum besitzt eine der umfangreichsten Kunstsammlungen der Welt und die größte der Schweiz mit einer beeindruckenden Sammlung von Gemälden und Skulpturen vom frühen 15. Jahrhundert bis in die Gegenwart.

Die international höchst angesehene Sammlung des Kunstmuseums Basel spannt einen Bogen von deutscher Kunst des 15. Jahrhunderts über niederländische und flämische Gemälde des 17. Jahrhunderts und Werke von Delacroix und Pissarro aus dem 19. Jahrhundert bis zu Werken von Rousseau, Picasso und Dalí aus dem 20. Jahrhundert. Die Galerien im ersten Stockwerk des Hauptgebäudes widmen sich Kunstwerken aus dem 15. bis 19. Jahrhundert, der zweite Stock präsentiert Kunst des 20. Jahrhunderts. Im 2016 eröffneten Erweiterungsbau gegenüber dem Hauptbau – beide sind durch einen unterirdischen Gang miteinander verbunden – werden Wechselausstellungen gezeigt.

Der Eintritt ins Museum ist an jedem ersten Sonntag im Monat sowie dienstags, mittwochs, donnerstags und freitags ab 17 Uhr frei.

Art Basel

Jedes Jahr Mitte Juni wird Basel zum Treffpunkt des internationalen Kunstmarkts. Aussteller aus mehr als 300 der weltweit bedeutendsten Galerien präsentieren auf dieser Kunstmesse Werke des 20./21. Jahrhunderts.

1

2

3

1 *Die Basler Fassung der berühmten Skulpturengruppe* Bürger von Calais *des französischen Bildhauers Auguste Rodin steht im Innenhof.*

2 *Die neoklassizistische Fassade (1931–36) des Kunstmuseums Basel wurde nach Plänen des Basler Architekten Rudolf Christ gestaltet.*

3 *Das kleine Gemälde* David übergibt Goliaths Haupt dem König Saul *(1627) ist ein frühes Werk Rembrandts.*

Schon gewusst?

Das Museum birgt die weltgrößte Sammlung von Werken der Holbein-Familie.

↑ *Lichtdurchflutetes Foyer des renommierten Kunstmuseums Basel*

Spaziergang durch die Altstadt

Länge 2 km **Dauer** 30 Min.
Tram Schifflände

Der Kern der mittelalterlichen Altstadt von Basel verläuft entlang dem südwestlichen Ufer des Rheins. Mittelpunkt ist der lebhafte Barfüsserplatz mit seinen Cafés und den Straßenbahnen. Hauptattraktionen der Altstadt sind das romanisch-gotische Münster und das Rathaus, das sich leuchtend rot am Marktplatz erhebt. Hübsche Einkaufsstraßen, mehrere Kirchen, steile Gassen und grüne Innenhöfe machen das Viertel einmalig. Da viele Straßen für den Autoverkehr gesperrt sind, kann man die Sehenswürdigkeiten sehr gut zu Fuß erkunden.

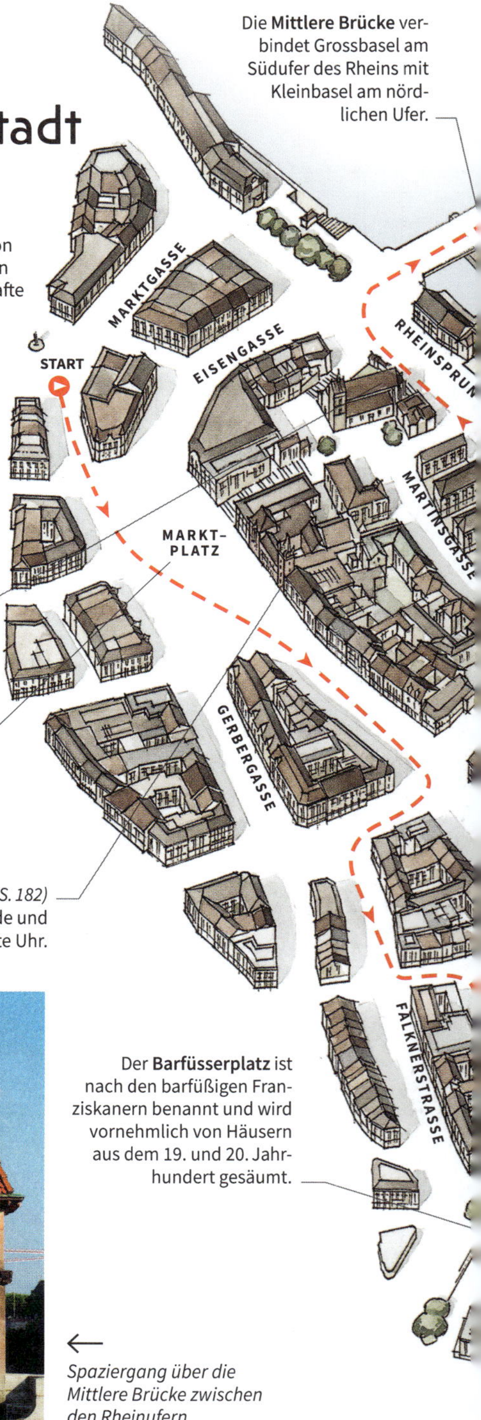

Die **Mittlere Brücke** verbindet Grossbasel am Südufer des Rheins mit Kleinbasel am nördlichen Ufer.

Die **Martinskirche** ist die älteste Gemeindekirche Basels (14. Jh.).

Auf dem **Marktplatz** *(siehe S. 180)* werden schon seit Jahrhunderten Märkte und Stadtfeste abgehalten.

Das **Rathaus** *(siehe S. 182)* prägen die farbige Fassade und die von Figuren gekrönte Uhr.

Der **Barfüsserplatz** ist nach den barfüßigen Franziskanern benannt und wird vornehmlich von Häusern aus dem 19. und 20. Jahrhundert gesäumt.

←
Spaziergang über die Mittlere Brücke zwischen den Rheinufern

→

Mittelalterliches Basler Münster am Münsterplatz

ZIEL

Das ethnografische **Museum der Kulturen** *(siehe S. 182)* besitzt umfangreiche Sammlungen, darunter auch exquisite präkolumbische Exponate.

In der **Augustinergasse** *(siehe S. 182)* stehen malerische Häuser und Villen.

Schon gewusst?

Das Basler Münster wurde durch das Erdbeben von 1356 zerstört und später wieder aufgebaut.

Das **Basler Münster** *(siehe S. 184f)* steht oberhalb der Stadt auf einer Terrasse über dem Rhein.

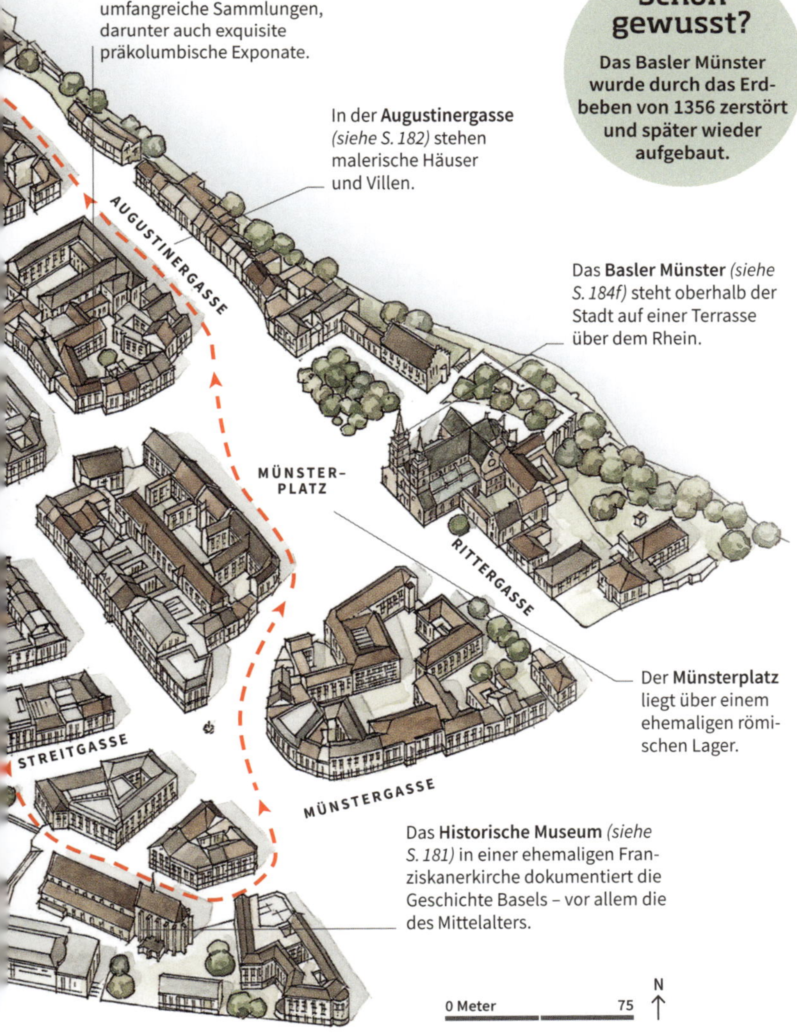

Der **Münsterplatz** liegt über einem ehemaligen römischen Lager.

Das **Historische Museum** *(siehe S. 181)* in einer ehemaligen Franziskanerkirche dokumentiert die Geschichte Basels – vor allem die des Mittelalters.

Herbststimmung rund um die auf einem Hügel thronende Ruine Stein ↑

Baden

D2 · 20 km nordwestl. von Zürich · 19 000
Bahnhofplatz 1; +41 56 200 8787 · dein.baden.ch

Das Städtchen ist eines der ältesten Bäder der Schweiz. Die heilsame Wirkung der heißen Schwefelquellen machte man sich schon in der Antike zunutze. Bei den Römern waren die Thermen unter dem Namen Aquae Helvetiae bekannt. Im Mittelalter stieg Baden zu einem wichtigen Handelszentrum auf. Die Altstadt dokumentiert noch heute die einstige Bedeutung. Mittlerweile ist Baden eine Industriestadt, die sich auf Elektromaschinenbau spezialisiert hat. Ihre Thermen sind wegen der vielfältigen Anwendungsmöglichkeiten bei Besuchern nach wie vor sehr beliebt.

Startpunkt für einen Bummel durch die Badener Altstadt ist das Historische Museum Baden am Ostufer der Limmat. Von hier aus kann man den Rest der Altstadt auf dem Hügel im Westen über eine Holzbrücke erreichen. Im Norden schließt sich das Bäderquartier an.

①

Ruine Stein

Dominiert wird die Altstadt von den Ruinen einer im 10. Jahrhundert errichteten Burg. Sie liegt auf einem Hügel, durch den ein Tunnel führt.

Mehrere Adelsgeschlechter waren nacheinander im Besitz des Anwesens, 1264 ging es an die Habsburger über. Im 13. Jahrhundert diente es der österreichischen Armee als Festung und Waffenlager, als Baden und Umgebung unter habsburgischer Herrschaft standen. 1712 wurde die Burg bei Kämpfen zwischen protestantischen und katholischen Kantonen nahezu vollständig zerstört. Eine Zeit lang diente sie als Steinbruch.

Heute kann man in den grasbewachsenen Ruinen spazieren gehen und die Aussicht auf die Stadt und die Limmat genießen.

②

Stadtturm

Schlossbergplatz 3

Der schlanke Turm aus dem 15. Jahrhundert bewachte einst den Eingang zur Altstadt. Der Bau besitzt vier Ecktürme und wird von einer Glockenstube gekrönt. Am Turm sieht man Malereien und an der Südfassade eine Sonnenuhr.

③

Pfarrkirche Mariä Himmelfahrt

Kirchplatz
+41 56 222 5715

Die Gemeindekirche von Baden geht auf eine gotische Kirche (15. Jh.) zurück.

Expertentipp
Spanisch Brötli

Badener Spezialität ist dieses Blätterteiggebäck, gefüllt mit einer Mischung aus gerösteten Haselnusskernen und Aprikosenmarmelade. Genießen Sie es warm aus dem Ofen mit einer Tasse Kaffee.

Schon gewusst?

Die Reformierte Kirche Baden am Bahnhofplatz wurde aus Steinen der zerstörten Festung erbaut.

Sie erhielt mehrfach eine neue Gestalt: Im 17. Jahrhundert kamen barocke, zu Beginn des 19. Jahrhunderts klassizistische Elemente hinzu. Dennoch blieb der gotische Grundcharakter des Gotteshauses erhalten, der auch in dem spitzen Türmchen zum Ausdruck kommt.

Der Kirchenschatz mit liturgischen Gefäßen ist für Besucher nach Vereinbarung zugänglich.

④

Stadthaus

Rathausgasse 1
+41 56 200 8111
baden.ch

Im nördlich der Pfarrkirche gelegenen Stadthaus, dem Rathaus des Stadt, beeindruckt insbesondere der restaurierte Tagsatzungssaal. Hier tagte das Parlament der Schweiz von 1426 bis 1712.

Der Saal ist mit Holzvertäfelungen und wunderschön geschnitzten Holzverzierungen geschmückt. Die markanten Glasfenster mit den Emblemen von 13 Schweizer Kantonen sind Nachbildungen von Fenstern des aus Zürich stammenden Glasmalers Lukas Zeiner.

Highlight

⑤

Historisches Museum Baden

Landvogteischloss, Wettingerstrasse 2 **+41 56 222 7574** **Di, Mi, Fr, Sa 13–17, Do 12–19, So 10–17**
museum.baden.ch

Das Landvogteischloss mit Burgturm (15. Jh.) am Ostufer der Limmat war 1415–1798 Residenz der Landvogte von Baden. Heute ist hier das Historische Museum Baden untergebracht. Die archäologische Abteilung umfasst Tongefäße, Münzen und andere Fundstücke, die in und um Baden ausgegraben wurden. Darüber hinaus sind Waffen, liturgische Exponate, Trachten aus der Region Aargau und Räume, die im Stil der jeweiligen Epoche eingerichtet sind, zu sehen.

Im modernen Flügel am Ufer sind Exponate untergebracht, die mit Badens jüngerer Geschichte verbunden sind.

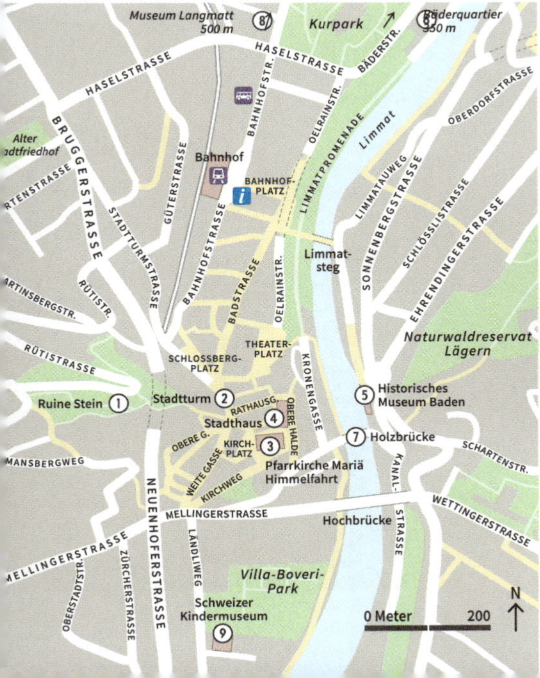

↑ *Büste der römischen Göttin Juno im Historischen Museum*

⑥
Bäderquartier

Die Bäderanlagen an einer Biegung der Limmat bestehen aus einem ausgedehnten Park mit mehreren Behandlungszentren und Überresten der römischen Thermen. Aus 18 Quellen sprudelt warmes, schwefelhaltiges Wasser, das sich vor allem bei rheumatischen Erkrankungen und Atembeschwerden bewährt hat. Neben Hotels mit Thermalbecken gibt es auch öffentlich zugängliche Bäder.

2021 eröffnete ein neues Thermalbad mit Pools und Wellnessbereich.

↑ *Farbenprächtige Fassaden säumen die Straßen der Altstadt nahe der Holzbrücke*

⑦
Holzbrücke

Die Brücke führt unterhalb des Historischen Museums Baden über die Limmat. Die heutige Holzbrücke, die 1810 auf Pfeilern aus dem 17. Jahrhundert erbaut wurde, hatte mindestens fünf Vorgängerbauten, die zerstört oder abgebrannt worden waren. Besonderes Kennzeichen der Brücke ist das einzigartige Satteldach aus Schindeln.

Schon gewusst?

Römer entdeckten die warmen Quellen in der Biegung der Limmat im Jahr 14. n. Chr.

Holzbrücke über die Limmat mit Blick Richtung Altstadt ↑

Highlight

(8)

Museum Langmatt

Römerstrasse 30
+41 56 200 8670
Ende Feb – Anfang Dez: Di – Fr 14 – 17, Sa, So 11 – 17
langmatt.ch

In der Römerstrasse westlich des Bäderquartiers steht eine zauberhafte Villa, die früher dem Schweizer Maschinenkonstrukteur und Kunstkenner Sidney Brown (1865 – 1941) gehörte. Sie wurde von Karl Moser um 1900 erbaut. Einige Jahre später bekam das Gebäude einen Anbau, in dem seit einiger Zeit eine kleine, aber exquisite Kunstsammlung zu sehen ist.

Der Schwerpunkt des Museums Langmatt liegt auf französischen Impressionisten, u. a. Corot, Monet, Pissarro, Renoir, Sisley, Degas und Cézanne. Die Sammlung präsentiert darüber hinaus einige Bilder venezianischer Landschaften (18. Jh.) und Werke von Fragonard, Watteau, van Gogh und Gauguin sowie französische Möbel (17./18. Jh.).

Bei Veranstaltungen werden Kunst, Literatur und Musik zu ausgewählten Themen auf interessante Weise zusammengebracht.

Zudem gibt es Sonderveranstaltungen, bei denen Kindern die Kunstrichtung des Impressionismus nähergebracht wird.

↑ *Spielzeug für Groß und Klein im Schweizer Kindermuseum*

(9)

Schweizer Kindermuseum

Ländliweg 7 +41 56 222 1444 Di – Sa 14 – 17, So 10 – 17
kindermuseum.ch

Das Museum ist in einer Villa untergebracht und illustriert anhand einer umfangreichen Sammlung von Spielzeug und Alltagsgegenständen die verschiedenen Phasen der Kindheit sowie der geistigen Entwicklung. Junge Museumsbesucher dürfen mit vielen Exponaten spielen, doch auch Erwachsene haben hier ihren Spaß.

Badenfahrt

Das alle zehn Jahre (letztmals 2017) im August stattfindende Volksfest ist mit über einer Million Besuchern eines der größten Feste des Landes. Das Festgelände erstreckt sich über die gesamte Altstadt. Neben originellen Bierzelten und vielen Ständen mit Streetfood stehen Konzerte und Theaterdarbietungen im Fokus. Zu den Höhepunkten gehören Umzüge und ein Feuerwerk.

3

Winterthur

E2 24 km nordöstl. von Zürich 120 000
Im Hauptbahnhof; +41 52 208 0101 Albanifest (Altstadtfest; Juni); Musikfestwochen (Aug); Internationale Kurzfilmtage (Nov) winterthur-tourismus.ch

Die für Textilindustrie und Maschinenbau bekannte Stadt ist nach Zürich die zweitgrößte Stadt des Kantons Zürich. Winterthur präsentiert sich mit baumbestandenen Straßen und vielen Grünflächen. Zudem gilt es als Stadt der Museen. Die berühmtesten zeigen die Gemäldesammlungen von Oskar Reinhart (1885–1965). Der in Winterthur geborene Industrielle war einer der größten Kunstsammler Europas.

①

Kunsthalle Winterthur

Marktgasse 25
+41 52 267 5132 Mi–Fr 12–18, Sa, So 12–16
kunsthallewinterthur.ch

Das ehemalige Waaghaus wurde zu einem Museumssaal umgebaut, in dem Wechselausstellungen zeitgenössischer Kunst, darunter internationale Positionen ebenso wie solche von Winterthurer Kunstschaffenden, zu sehen sind.

Die Marktgasse, Fußgängerzone und wichtigste Shopping-Meile der Altstadt, wird von historischen Gebäuden gesäumt. Das Haus »Zur Geduld« aus dem Jahr 1717 zählt zu den ältesten und schönsten der Stadt.

②

Rathaus

Marktgasse 20 +41 52 267 5151 siehe Website
stadt.winterthur.ch

Das Rathaus mit der frühklassizistischen Fassade und dem prächtigen, stuckverzierten Festsaal entstand 1782–84.

Der von Arkaden gesäumte Rathausdurchgang im Stil der Neorenaissance verbindet die Marktgasse mit der Stadthausstrasse. Die elegante Passage mit ihrem zentralen Lichthof wird von Läden und Cafés gesäumt.

Zwei Minuten entfernt, in der Stadthausstrasse 4, steht das nach Plänen von Gottfried Semper erbaute Stadthaus (1865–70) mit dem großen Konzertsaal. Semper war Professor für Architektur an der Technischen Hochschule Zürich und Architekt der Dresdener Oper.

③

Fotomuseum

Grüzenstrasse 44 +41 52 234 1060 Di–So 11–18 (Mi bis 20) fotomuseum.ch

Das außergewöhnliche Museum gilt unter Fachleuten als das schönste seiner Art in Europa. Präsentiert wird eine umfangreiche Sammlung an Fotografien, von den Anfängen des Mediums bis zur Gegenwart mit Werken einer Reihe international berühmter Fotografen. Das Museum bietet auch Wechselausstellungen.

↑ *Installation über dem Foyer des spannenden Technorama*

④

Technorama

Technoramastrasse 1
+41 52244 0844 tägl. 10–17 technorama.ch

Das einzige Science Center der Schweiz fasziniert Jung und Alt. An über 500 interaktiven Stationen, die zum Experimentieren anregen, werden komplexe wissenschaftliche Phänomene wie der Treibhauseffekt anschaulich erläutert.

⑤

Kunst Museum Winterthur

Beim Stadthaus: Museumstrasse 52; Reinhart am Stadtgarten: Stadthausstrasse 6 +41 52 267 5162 Di–So 10–17 (Beim Stadthaus Di bis 20; Reinhart am Stadtgarten Do bis 20) kmw.ch

Im Jahr 2017 wurden das Kunst Museum und das Museum Oskar Reinhart zum Kunst Museum Winterthur mit zwei Hauptstandorten zusammengelegt.

Das Kunst Museum Beim Stadthaus zeigt eine hervorragende Sammlung mit Werken des 19. und 20. Jahrhunderts, darunter Arbeiten von Monet, van Gogh, Picasso, Rodin, Miró und Mondrian. Das Gebäude beherbergt auch das Naturmuseum und das Kindermuseum.

Das Kunst Museum Reinhart am Stadtgarten zeigt eine Gemäldesammlung des aus Winterthur stammenden Kunstmäzens Oskar Reinhart. Sie gehört zu den größten privaten Kunstsammlungen des 20. Jahrhunderts. Er vermachte einen Teil davon der Stadt Winterthur, den Rest der Schweiz. Die Sammlung umfasst deutsche, österreichische und schweizerische romantische und realistische Werke vom Ende des 18. bis zum Anfang des 20. Jahrhunderts.

Highlight

⑥

Sammlung Oskar Reinhart »Am Römerholz«

Haldenstrasse 95
Di–So 10–17 (Mi bis 20)
roemerholz.ch

Die Villa, in der Oskar Reinhart von 1926 bis zu seinem Tod 1965 lebte, enthält 200 Kunstwerke seiner Sammlung, u. a. Werke von Künstlern wie Holbein, Grünewald, Cranach, Poussin, El Greco und Goya sowie von französischen Impressionisten.

Schon gewusst?

Der Stadtname setzt sich vermutlich aus den keltischen Wörtern *uito* (Weide) und *durōn* (Tor) zusammen.

←
Kunstausstellung in der Fondation Beyeler in Riehen

SEHENSWÜRDIGKEITEN

4 Riehen

C2 21 000
Wettsteinstrasse 1; +41 61 646 8111 riehen.ch

In dem hübschen Ort gibt es viele schöne Villen und alte Landhäuser.

Im Wettsteinhaus, das einst Sitz des Bürgermeisters war, befindet sich heute das **MUKS - Museum Kultur & Spiel Riehen** mit Ausstellungsstücken von historischen Puppen bis zu Blechautos. Im Dorfmuseum nebenan wird der Alltag in Riehen um 1900 dokumentiert. Das Rebbaumuseum widmet sich der örtlichen Weinbautradition.

Riehens herausragendes Museum ist jedoch die **Fondation Beyeler**. Die Sammlung wurde von Hilda und Ernst Beyeler ins Leben gerufen und umfasst heute etwa 300 Werke. Sie wurden 1997 in einem Gebäude des italienischen Architekten Renzo Piano zum ersten Mal öffentlich ausgestellt. Die meisten Gemälde stammen aus dem 19. und 20. Jahrhundert, u. a. Werke von Monet, Cézanne, van Gogh, Picasso, Matisse, Miró, Mondrian, Bacon, Rothko und Warhol. Artefakte aus aller Welt, etwa aus Afrika und Ozeanien, ergänzen die Sammlung. Das Künstlerpaar Christo und Jeanne-Claude hat 1998 fast 200 Bäume vor dem Gebäude »verpackt«.

Expertentipp
Abstecher

Lust auf einen Abstecher nach Frankreich? Man nimmt die Tramlinie 10 vom Bahnhof Dornach nach Rodersdorf. Dabei überquert man die Grenze, denn der vorletzte Halt ist Leymen – in Frankreich!

MUKS - Museum Kultur & Spiel Riehen
Baselstrasse 34
Mi – Mo 11 – 17
muks.ch

Fondation Beyeler
Baselstrasse 101 tägl. 10 – 18 (Mi bis 20, Fr bis 21) fondation beyeler.ch

5 Augusta Raurica

C2
augustaraurica.ch

Die 27 v. Chr. gegründete römische Siedlung elf Kilometer südöstlich von Basel am Zusammenfluss von Ergolz und Rhein hatte während ihrer Blütezeit um 200 n. Chr. rund 20 000 Einwohner. Um 350 n. Chr. wurde sie von den Alemannen weitgehend zerstört.

Nach langen Ausgrabungen ist Augusta Raurica heute ein Freilichtmuseum mit restaurierten Tempeln, Bädern, Theatern, Häusern und einem Forum.

Einige Funde sind im **Römermuseum** neben der Ausgrabungsstelle ausgestellt, u. a. Silberstücke, die man am Fuß der Befestigungsanlagen entdeckte. Die Nachbildung eines mit Funden ausgestatteten Hauses veranschaulicht das Alltagsleben der Römer.

Römermuseum
Giebenacherstrasse 17, Augst +41 61 552 2222 tägl. 10 – 17

6 Zofingen

D3 12 000 Kirchplatz 26; +41 62 745 7172
zofingen.ch

Zofingen im Kanton Aargau ist ein zauberhaftes Städtchen, dessen Historie bis ins 12. Jahrhundert zurückreicht. Die gut erhaltene Altstadt ist von Grünflächen umgeben, die sich entlang den ehemaligen Befestigungen von Zofingen erstrecken. Fast alle Sehenswürdigkeiten finden sich in der Nähe des Alten Postplatzes, des Kirchplatzes und des Niklaus-Thut-Platzes.

Am Alten Postplatz steht die Alte Kanzlei, ein bemerkenswertes Barockgebäude. Auf dem Platz befindet sich die historische Markthalle, die auch heute noch für den Wochenmarkt genutzt wird.

Der Kirchplatz verdankt seinen Namen der romanischen Stadtkirche, die im 15. Jahrhundert um gotische Elemente erweitert wurde. Mitte des 17. Jahrhunderts kam der Westturm im Renaissance-Stil hinzu.

Den Mittelpunkt des Niklaus-Thut-Platzes bildet ein Brunnen mit einer Statue des Helden der Schlacht von Sempach (1386), bei der die Eidgenossen die Österreicher in die Flucht schlugen. Nicht versäumen sollte man das Metzgern-Zunfthaus aus dem Jahr 1602 sowie das barocke Rathaus, dessen Ratskammer im klassizistischen Stil eingerichtet ist.

7

Dornach

C2 7000
Hauptstrasse 33; +41 61 706 2500
dornach.ch

Dornach am südlichen Rand von Basel ist Sitz des Weltzentrums für Anthroposophie. Es wurde 1912 von dem aus Österreich stammenden Esoteriker und Philosophen Rudolf Steiner (1861–1925) gegründet, der die von kreativer Aktivität unterstützte geistige Entwicklung des Menschen zum Hauptprinzip einer humanistischen Erziehungslehre (Waldorfschulen) erhob. Steiner sah sich stark von Goethe beeinflusst.

Das **Goetheanum** ist Hauptsitz der Anthroposophischen Gesellschaft. Der Originalbau wurde 1922 durch einen Brand zerstört, das heutige Gebäude, ein Musterbeispiel expressionistischer Architektur, wurde 1928 fertiggestellt. Gemäß den Prinzipien der Anthroposophie besitzt der Bau keine rechten Winkel.

Goetheanum
Rüttiweg 45 +41 61 706 4242 tägl. 9–20
goetheanum.ch

8

Aarau

D3 20 000
Metzgergasse 2; +41 62 834 1034 aarauinfo.ch

Der Hauptort des Kantons Aargau liegt an der Aare. Die Altstadt ist auf den Geländestufen angelegt, die sich steil vom Flussufer aus erheben. Im 13. Jahrhundert erhielt Aarau die Stadtrechte. Lange war es Teil des habsburgischen Gebiets, 1415 ging es in Berner Oberhoheit über. Kurzzeitig war Aarau Hauptstadt der Helvetischen Republik, 1803 wurde es Hauptstadt des Kantons Aargau. Ihren Wohlstand verdankt die Stadt der Textilindustrie.

Am höchsten Punkt steht das Schlössli (11. Jh.), das ein Geschichtsmuseum beherbergt. Sehenswert sind auch das Rathaus (16. Jh.) mit romanischem Turm und die gotische Stadtkirche (15. Jh.). Einige Häuser in den engen Gassen der Altstadt zieren steile Giebel und florale Motive.

Das **Aargauer Kunsthaus** besitzt eine Sammlung moderner Gemälde und ein Museum für Naturgeschichte.

Aargauer Kunsthaus
Aargauerplatz Di–So 10–17 (Do bis 20) aargauerkunsthaus.ch

Schon gewusst?

Die mit dem Großen Schillerpreis prämierte Dichterin Erika Burkart (1922–2010) stammt aus Aarau.

Goetheanum in Dornach, Hauptsitz der Anthroposophischen Gesellschaft ↑

9

Muri

D3 8000
Marktstrasse 4; +41 56 664 7011 muri.ch

Das schön restaurierte Benediktinerkloster ist die Hauptattraktion des Orts. **Kloster Muri** wurde 1027 von Ita von Lothringen und Radbot von Habsburg gegründet und war bis 1841 von Mönchen bewohnt. Danach verfiel es, bis es 1889 von einem Brand verwüstet wurde. Nach dem Wiederaufbau kehrte eine Gruppe Benediktinermönche 1960 ins Kloster zurück und gründete dort ein Hospiz.

Zu den ältesten erhaltenen Teilen der Klosterkirche gehören das romanische Presbyterium, die Krypta und das Querhaus. Einige gotische Elemente haben gleichfalls überlebt. Das barocke Hauptschiff (17. Jh.) erhebt sich über einem achteckigen Grundriss und wird von einer Kuppel gekrönt. Der Großteil der Innendekoration stammt aus dem 17. und 18. Jahrhundert.

Im Kreuzgang neben der Kirche sind die Herzen des letzten österreichischen Kaiserpaars, Karl I. und Zita, begraben. Zudem sind hier Gemälde des Schweizer Künstlers Caspar Wolf und ein Teil des Kirchenschatzes zu sehen.

Kloster Muri
Marktstrasse 4
Kirche: tägl. 8–19:30 (Nov–März: bis 18)
muri.ch

10

Kloster Königsfelden

D2 +41 848 871 200 wegen Restaurierung bis 2025; einzelne Veranstaltungen finden statt
museumaargau.ch/kloster-koenigsfelden

Die Franziskanerabtei Königsfelden liegt zwischen den Dörfern Windisch und Brugg. Sie wurde 1308 von Elisabeth von Habsburg an der Stelle gegründet, an der ihr Gatte Albrecht I. von Herzog Johann von Schwaben ermordet worden war. Das Kloster ging später in den Besitz einiger Franziskanermönche und Klarissen über. Nach Elisabeths Tod ließ ihre Tochter Agnes von Ungarn die Arbeiten an der Kirche fortführen.

1804 wurde das Kloster in eine psychiatrische Anstalt umgewandelt. Diese zog später im 19. Jahrhundert in ein anderes Gebäude um. Ein Großteil des Klosters wurde abgerissen.

Die 1310–30 erbaute Kirche ist erhalten. Die monumentale gotische Basilika ziert eine schöne Holzdecke. In den Seitenschiffen hängen Holztafeln, auf denen Ritter und Wappen dargestellt sind. Die elf Buntglasfenster im Presbyterium sind Höhepunkte spätmittelalterlicher Glasmalerei. Sie entstanden 1325–30 und wurden in den 1980er Jahren restauriert. Die Darstellungen zeigen Szenen aus dem Leben Jesu, der Jungfrau Maria, der Apostel und einiger Heiliger. Sehenswert ist auch der ehemalige Klosterpark.

↓ *Klosterkirche Muri mit seinem barocken Innenraum* (Detail)

←
Das mittelalterliche Dorf Regensberg liegt inmitten von Weinbergen

11
Wettingen

D2 · 21 000
Alberich Zwyssig-Strasse 76; +41 56 437 7111
wettingen.ch

Der Ort liegt von Hügeln umgeben im malerischen Limmattal. Er besitzt ein großartiges, ehemaliges **Zisterzienserkloster**. Es wurde 1841 aufgelöst. Der Komplex dient heute als Schule. Öffentlich zugänglich sind die Kirche und der Kreuzgang.

Die Klosterkirche wurde 1227 gegründet. Aus der Renaissance ist nur noch das Gestühl erhalten. Der Rest des Kircheninneren zeichnet sich durch extravagante barocke Verzierungen aus. Im gotischen Kreuzgang mit moderner Verglasung sind einige der alten Bleiglasfenster (13.–17. Jh.) ausgestellt.

Zisterzienserkloster
Klosterstrasse 11
+41 848 871 200 · Kirche: Apr–Okt: Mo–Sa 10–17 (So ab 12); Kreuzgang: Apr–Okt: Di–So 10–17

12
Regensberg

D2 · 500 · von Dielsdorf

Das hübsche Winzerdorf liegt umgeben von idyllischen Weinbergen an einer Nebenstraße, die von der Autobahn Zürich–Dielsdorf–Waldshut abgeht. Regensberg ist einer der am besten erhaltenen mittelalterlichen Orte in der Schweiz. Hauptplatz und Straßen werden von Fachwerkhäusern gesäumt. Die Geschichte des Orts reicht bis ins Jahr 1244 zurück. Ältestes Gebäude ist der runde, mit Zinnen bewehrte Bergfried der Burg. Die Burg selbst stammt aus dem 16./17. Jahrhundert. Sehenswert ist auch die Kirche (16. Jh.), die auf den Resten eines mittelalterlichen Gebäudes errichtet wurde.

13
Kaiserstuhl

D2 · 400 · +41 56 269 0060 · badzurzach.info

Der überaus schöne, denkmalgeschützte mittelalterliche Ort liegt inmitten sanfter Hügel am Rheinufer. Das historische Zentrum in Form eines unregelmäßigen Dreiecks steht unter Denkmalschutz. Die obere Ecke des Dreiecks markiert der Obere Turm (13. Jh.), eine mittelalterliche Bastion, die früher zu den Befestigungsanlagen gehörte. In unmittelbarer Nähe befindet sich das barocke »Haus zur Linde«.

Von Kaiserstuhl aus führt eine Brücke über den Rhein an das Nordufer ins deutsche Hohentengen (www.hohentengen.de) mit der Burg Rotwasserstelz.

14
Eglisau

E2 · 5000 · Obergass 17; +41 43 422 3502
eglisau.ch

Die Kleinstadt am linken Rheinufer ist von sanften Hügeln voller Weinreben umgeben. Ihre Ursprünge reichen ins Mittelalter zurück, als an einer Furt über den Fluss, bei einer alten, südlich nach Zürich führenden Straße, eine Siedlung entstand.

Einige der alten Häuser zieren Wandmalereien. Vom Aussichtspunkt hinter der Kirche hat man einen schönen Blick auf den Fluss.

Lokale

La Passion im Gasthof Hirschen
Bistro-Flair, Gourmetgerichte und Rheinblick.
E2 · Untergass 28, Eglisau
hirschen-eglisau.ch
SF SF SF

Panini Caffè & Catering
Köstliche *piadine* (ital. Fladenbrot) und Kaffeespezialitäten.
D3 · Laurenzentorgasse 14, Aarau
paniniaarau.ch
SF

Sporrer
Freundliches Lokal mit erstklassiger Küche.
E2 · Im Sporrer 1, Winterthur
sporrer.ch
SF SF

Abendstimmung am Lago di Lugano (siehe S. 218f)

Zentralschweiz und Tessin

Der Vierwaldstättersee und die Kantone an seinem Ost- und Südufer bilden nicht nur das geografische Zentrum der Schweiz, sondern als Wiege der Eidgenossenschaft auch das historische Herz des Landes.

1291 schworen die Kantone Uri, Schwyz und Unterwalden (heute die Kantone Obwalden und Nidwalden) einander ewige Gefolgschaft. Dies war die Geburt der Schweizer Eidgenossenschaft (»Urschweiz«) – und in der ganzen Zentralschweiz sind die historischen Reminiszenzen präsent. Auf der Rütliwiese am Südufer des Vierwaldstättersees soll der Schwur abgelegt worden sein. Die Städte Bürglen und Altdorf im Kanton Uri sind eng mit Wilhelm Tell verknüpft.

In Dokumenten ab Mitte des 15. Jahrhunderts wurde auch Luzern zu den »Urkantonen« (»Waldstätte«) gerechnet. Ein weiterer Kanton der Zentralschweiz ist Zug. Die Bevölkerung der Zentralschweiz ist überwiegend deutschsprachig.

Das Tessin (Ticino) wird im Norden von den Alpen durchzogen, im Süden und Westen grenzt es an Italien – es bildet eine geografisch, kulturell und sprachlich eigenständige Einheit. Lange wurde es von den Mailänder Herzögen regiert und zu Beginn des 16. Jahrhunderts der Eidgenossenschaft eingegliedert. Als freier Kanton trat das Tessin der Schweiz jedoch erst 1803 bei. Im Tessin lebt eine überwiegend italienischsprachige, katholische Bevölkerung. Baustile, Lebensart, Küche und Klima wirken in diesem südlichen Zipfel der Schweiz eher italienisch.

Zentralschweiz und Tessin

Highlights

1. Luzern
2. Pilatus
3. Kloster Einsiedeln
4. Lago di Lugano
5. Locarno
6. Bellinzona

Sehenswürdigkeiten

7. Zug
8. Küssnacht am Rigi
9. Rigi und Vitznau
10. Stans
11. Engelberg
12. Schwyz
13. Urnersee
14. Bürglen
15. Altdorf
16. Centovalli
17. Ascona
18. Valle Verzasca
19. Valle Maggia
20. Val Bavona
21. Valle di Blenio
22. Airolo
23. St.-Gotthard-Pass
24. Museo Sasso San Gottardo

Nordschweiz
Seiten 174–199
Wattwil
Rüti
Uznach
Pfäffikon
Lachen
Baar
7 Zug
ZUG
Zugersee
Ägerisee
Sihlsee
3 Kloster Einsiedeln
Arth
Goldau
SCHWYZ
Wägitalersee
Näfels
9 Rigi
12 Schwyz
9 Vitznau
Glarus
Brunnen
Muotathal
13 Urnersee
Flüelen
Linthal
Altdorf 15
14 Bürglen
Klausen-Pass
URI
Gross Schärhorn 3295 m
Erstfeld
Gross Spannort 3198 m
Gotthard-Basistunnel
Wassen
Göschenen
Andermatt
Sedrun
Disentis
Breil
Ilanz
Flims
Rhein
Chur
Lenzerheide
Thusis
Zillis
Savognin
Ostschweiz und Graubünden
Seiten 238–267
Gotthard-tunnel
Realp
24 Museo Sasso San Gottardo
23 St.-Gotthard-Pass
Olivone
22
Quinto
Airolo
Valle Leventina
Chiggiogna
21 Valle di Blenio
Splügen
San Bernardino
Madesimo
Fusio
Val Bavona
20
TICINO
Malvaglia
Mesocco
Giornico
Biasca
Soazza
Bignasco
Maggia
Sonogno
Cevio
Brione
18 Valle Verzasca
Valle Maggia 19
Maggia
Chiavenna
Stampa
San Vittore
Vogorno
6 Bellinzona
Novate Mezzola
ITALIEN
Centovalli 16
5 Locarno
Ticino
Ascona 17
Palagnedra
Brissago
Vira
Domaso
Piantedo
Morbegno
Mezzovico
Bioggio
Lugano
Lago di Como
Fraccia
Lago Maggiore
Luino
Verbania
4 Lago di Lugano
Monte Generoso 1704 m
Stresa
Mendrisio
Chiasso
Varese
Como
Lecco
San Pellegrino Terme
Zentralschweiz und Tessin

1

Luzern

D3 · 40 km südwestl. von Zürich · 82 000
Zentralstrasse 5; +41 41 227 1717 · Fasnacht; Luzerner Fest (Juni); Lucerne Festival (Aug, Sep) · luzern.com

Die größte Stadt der Zentralschweiz liegt am Westufer des Vierwaldstättersees. Nach 1220 entwickelte sich das Fischerdorf zum wichtigen Umschlagplatz. Das mittelalterliche Zentrum liegt am Nordufer der Reuss und kann vom Bahnhof am Südufer über die Kapellbrücke mit dem Wasserturm erreicht werden. Den schönsten Blick hat man von den Türmen des mittelalterlichen Befestigungsrings im Norden der Altstadt. Die Einkaufsviertel befinden sich am Südufer, südwestlich des Bahnhofs und in der Altstadt am Nordufer der Reuss.

①

Kapellbrücke

Die im 14. Jahrhundert errichtete überdachte Brücke führt über die Reuss und gehörte einst zu den Befestigungsanlagen der Stadt gegen Angriffe vom See her. Etwa in der Mitte des Flusses trifft die Brücke auf den achteckigen Wasserturm, der bereits als Leuchtturm, Gefängnis und Schatzkammer genutzt wurde. Die bemerkenswerte Dachbemalung der Brücke mit Szenen aus der Geschichte Luzerns und aus dem Leben der Stadtpatrone Leodegar und Mauritius stammt aus dem 17. Jahrhundert.

Die Kapellbrücke ist die älteste erhaltene Holzbrücke Europas und wurde zum Wahrzeichen Luzerns. Teile fielen 1993 einem Brand zum Opfer, wurden jedoch originalgetreu wiederaufgebaut, die meisten historischen Gemälde konnten restauriert werden.

②

KKL

Europaplatz 1
kkl-luzern.ch

Das KKL (Kultur- und Kongresszentrum Luzern) mit seinem vorspringenden Dach ist ein moderner Glas-Stahl-Bau am Ufer des Vierwaldstättersees. Er wurde von dem französischen Architekten Jean Nouvel entworfen und 1998 eröffnet. Das Gebäude beherbergt Theater-, Konzert- und Konferenzräume sowie das Kunstmuseum, in dem zeitgenössische Kunst gezeigt wird. Loungebereiche, einige Restaurants und Bars sowie eine saisonale Eisbahn tragen ebenfalls zur Attraktivität bei.

Schon gewusst?

Das Lucerne Festival zählt zu den renommiertesten internationalen Festivals für klassische Musik.

Highlight

↑ *Die Kapellbrücke über die Reuss ist das Wahrzeichen von Luzern*

③

Kunstmuseum

KKL +41 41 226 7800
Di – So 11–18 (Mi bis 19)
kunstmuseumluzern.ch

Die Sammlungen des Kunstmuseums sind auf 20 Räume des obersten Stockwerks des KKL-Gebäudes verteilt. Zur Dauerausstellung gehören Schweizer Gemälde aus dem 18. und frühen 20. Jahrhundert. Zudem finden spannende Wechselausstellungen mit Werken internationaler zeitgenössischer Künstler statt.

Auf demselben Stockwerk befindet sich die öffentlich zugängliche Bibliothek des Kunstmuseums mit einer interessanten Sammlung von Kunstbüchern und -magazinen sowie einem Archiv von Katalogen früherer Ausstellungen.

④

Spreuerbrücke

Die Holzbrücke führt am westlichen Rand der Altstadt über die Reuss. Der Südflügel stammt von 1408. Die Brücke besitzt eine Kapelle. Das Dach ist mit bemalten Tafeln ausgestattet. 1626 – 35 schuf Kaspar Meglinger den 67-teiligen Gemäldezyklus, einen Totentanz, der als größter Europas gilt. Von der Brücke aus kann man das Nadelwehr sehen. Die Anlage dient der Kontrolle des Pegelstands von Reuss und Vierwaldstättersee.

Schon gewusst?

Von den ursprünglich 67 Gemälden des Totentanzes an der Spreuerbrücke sind noch 45 erhalten.

⑤

Franziskanerkirche

Franziskanerplatz

Das älteste Gebäude Luzerns wurde 1270 vollendet. Das Gotteshaus wurde ursprünglich im gotischen Stil erbaut. Zu den beachtenswertesten Elementen im Innenraum gehören vor allem die barocken Deckengemälde.

⑥

Jesuitenkirche

Bahnhofstrasse 11

Die Jesuitenkirche St. Franz Xaver ist das Wahrzeichen am Südufer der Reuss. Sie entstand zwischen 1666 und 1677, die Zwillingstürme mit ihren markanten Zwiebelkuppeln wurden allerdings erst im 19. Jahrhundert vollendet. Das Innere ist im Barockstil gehalten und reich mit Stuck der Wessobrunner Schule verziert.

⑦

Historisches Museum

Pfistergasse 24 +41 41 228 5424 Di – So 10 – 17 historischesmuseum.lu.ch

Das Historische Museum ist im alten Zeughaus, einem Renaissance-Gebäude von 1597, untergebracht. Es ist mit dem Pförtnerhaus, das zur Spreuerbrücke führt, verbunden.

Das Museum dokumentiert die Geschichte der Stadt und des Kantons überaus anschaulich. Anstelle von Informationstafeln und Audioführern werden Besucher mit Scannern auf Entdeckungsreise geschickt. Schauspieler nehmen Interessenten mit auf eine 45-minütige Theatertour.

Sehenswert ist auch die Sammlung von Plakaten und Verpackungen für Produkte aus dem 19. und frühen 20. Jahrhundert, etwa für Schokolade.

Bei Spaziergängen am Ufer der Reuss hat man eine wunderbare Aussicht ↑

↑ *Das mächtige Löwendenkmal in einem steilen Sandsteinfelsen*

Highlight

⑧
Löwendenkmal
Denkmalstrasse

Die massive Figur eines von einem Speer durchbohrten sterbenden Löwen ist der Schweizergarde des französischen Königs Louis XVI gewidmet. Am 10. August 1792 verteidigten die Soldaten die Tuilerien in Paris, als der Palast von Revolutionären gestürmt wurde. Einige Soldaten wurden gefangen und in der Nacht vom 2. auf den 3. September enthauptet.

Das zehn Meter lange und sechs Meter hohe Löwendenkmal meißelte der dänische Bildhauer Bertel Thorwaldsen aus dem Sandstein einer Klippe. Es wurde 1821 feierlich enthüllt. Das überaus pathetische Denkmal spiegelt sich im Wasser eines Teichs.

⑨
Natur-Museum
Kasernenplatz 6 · +41 41 228 5411 · Di – So 10 – 17 · naturmuseum.ch

Das naturhistorische Museum liegt nur wenige Gehminuten von der Altstadt entfernt – direkt auf der anderen Seite der Spreuerbrücke. Unter den Besuchern sind viele Familien, denn die hier gezeigten interaktiven Ausstellungen sind für Kinder wie Erwachsene gleichermaßen spannend.

In den Gängen sind ausgestopfte Tiere zu sehen. Faszinierend ist auch die kartografische Darstellung der Alpen in früheren Zeiten. Das Natur-Museum vermittelt zudem einen guten Überblick über die Tier- und Pflanzenwelt sowie die Umwelt der Zentralschweiz, besonders farbenfroh ist die Sammlung von Schmetterlingen.

⑩
Rathaus
Kornmarkt 3 · +41 41 417 0310 · nach Vereinbarung · stadtluzern.ch

Das heutige Rathaus im Stil der italienischen Renaissance wurde 1606 vollendet. Von dem Vorgängerbau (14. Jh.) steht nur noch der Turm. Die Ratskammer im Inneren ist mit wunderschön geschnitzten Holztafeln verziert.

⑪
Kapellplatz
Kapellplatz 1a, St. Peterskapelle · +41 41 229 9050 · tägl. 8:30 – 18:30

Auf dem malerischen Platz herrscht reges Treiben, vor allem an Markttagen. In der Platzmitte steht der Fritschibrunnen. Ihn zieren allegorische Figuren, die Bruder Fritschi zeigen, eine legendäre Figur der Luzerner Fasnacht.

Seinen Namen verdankt der Platz der St. Peterskapelle, die im 18. Jahrhundert einen Sakralbau aus dem 12. Jahrhundert ersetzte. In der Kapelle gibt es ein gotisches Kruzifix (14. Jh.).

Expertentipp
Luzerner Märkte

Luzern ist bekannt für seine farbenfrohen Märkte. Bauernmärkte finden in der Regel dienstags statt, am Wochenende werden vor allem einzigartiges Kunsthandwerk und regional produzierte Lebensmittel angeboten. Zu den Hotspots des Luzerner Markttreibens zählen der Weinmarkt und der Kapellplatz.

Lokale

Luz
Diese winzige Kaffeestube bietet köstliche Snacks und einen herrlichen Blick auf den Vierwaldstättersee.
Landungsbrücke 1
luzseebistro.ch
SF SF SF

Taube
Treffpunkt für köstliche Luzerner Gerichte, die nach Großmutters Rezepten zubereitet werden.
Burgerstrasse 3
taube-luzern.ch
SF SF SF

↑ *Austellungsraum mit Werken Pablo Picassos in der Sammlung Rosengart*

(12)

Bourbaki Panorama

Löwenplatz 11 +41 41 412 3030 Apr – Okt: tägl. 10 – 18; Nov – März: tägl. 10 – 17 bourbakipanorama.ch

Das Riesenrundgemälde zeigt die französische Armee, die während des Französisch-Preußischen Kriegs (1870/71) in der neutralen Schweiz Zuflucht suchte. Dort wurde sie interniert und von den Schweizern verpflegt und versorgt.

Das von Édouard Castres geschaffene Panorama ist 112 Meter lang und zehn Meter hoch. Toneffekte und eine Erzählung der Ereignisse sowie eine Smartphone-App beleben das Bild und bieten ein eindrucksvolles Erlebnis mit Multimedia-Elementen.

Das Gebäude ist Standort vieler kultureller Veranstaltungen und beherbergt ein Museum, ein Kino, eine kleine Kunstgalerie sowie Bars und ein Restaurant.

(13)

Sammlung Rosengart

Pilatusstrasse 10 +41 41 220 1660 Apr – Okt: tägl. 10 – 18; Nov – März: tägl. 11 – 17 rosengart.ch

Die Privatsammlung umfasst über 200 moderne Gemälde. Sie stammt von dem Kunsthändler Siegfried Rosengart, einem Freund Picassos, und seiner Tochter Angela.

Neben 125 Werken von Paul Klee sind auch impressionistische Gemälde, u. a. von Cézanne und Monet, sowie Arbeiten von Chagall, Matisse und Kandinsky zu sehen.

Die im früheren Luzerner Picasso-Museum ausgestellten Werke von Pablo Picasso (Aquarelle und Skulpturen) werden seit 2008 mit anderen Picassos in der Sammlung Rosengart präsentiert.

(14)

Gletschergarten

Denkmalstrasse 4
+41 41 410 4340
Apr – Okt: tägl. 10 – 18; Nov – März: tägl. 10 – 17
gletschergarten.ch

Bei Bauarbeiten 1872 machte man eine ungewöhnliche Entdeckung: Nachdem die oberste Erdschicht entfernt war, kam ein Felsen mit 32 großen Hohlräumen zum Vorschein. Sie waren in der letzten Eiszeit durch die Bewegung von Wasser und Steinen entstanden, die durch die Ritzen des darüberliegenden Gletschers gedrungen waren. Der Gletschergarten bewahrt diese geologische Besonderheit. Der Felsen wird durch ein Zelt geschützt. Die Ausstel-

lung im nahen Pavillon erläutert den geologischen Prozess. Es gibt auch ein Spiegellabyrinth im Stil der Alhambra von Granada.

15

Weinmarkt

Der von historischen Gebäuden gesäumte Platz ist einer der schönsten in Luzern. Der gotische Weinmarktbrunnen ist eine Kopie des Originals, das sich im Innenhof des Ritterschen Palasts in der Bahnhofstrasse befindet.

Die Häuser am Luzerner Weinmarkt und am benachbarten Hirschenplatz sind mit bemalten Fassaden, verzierten Eingängen und Erkerfenstern geschmückt. Viele waren früher Zunfthäuser.

Im Mittelalter war der Weinmarkt Bühne für Passionsspiele, in denen die letzten Tage Christi nachgestellt wurden.

Fotomotiv
Wandbilder

Die meisten Gebäude am Weinmarkt sind kunstvoll bemalt. Achten Sie auf die Details dieser Wandbilder, die oft eine Geschichte erzählen, und machen Sie unbedingt ein paar Fotos dieser Szenen.

16

Richard Wagner Museum

Richard-Wagner-Weg 27
+41 41 360 2370 Apr – Nov: Di – So 11–17
richard-wagner-museum.ch

Der Komponist Richard Wagner kam regelmäßig nach Luzern. Hier schuf er den dritten Akt von *Tristan und Isolde*. Zwei weitere Opern – *Die Meistersinger von Nürnberg* und *Siegfried* – stammen ebenfalls aus Wagners Zeit in der Stadt. Hier begann er auch die Arbeit an der *Götterdämmerung*.

Das Museum in der Villa Tribschen, in der Wagner mit Frau und Sohn von 1866 bis 1872 lebte, ist diesem Lebensabschnitt gewidmet. In den Räumen befinden sich die originalen Möbel sowie Erinnerungsstücke aus dem Leben des Komponisten, u. a. Gemälde, Briefe und Musikinstrumente.

In den Sommermonaten hat das kleine Terrassencafé mit Seeblick geöffnet.

← *Viele Wandbilder schmücken die farbenfrohen Fassaden am Weinmarkt*

⑰

Verkehrshaus der Schweiz

Lidostrasse 5 · +41 41 375 7575 · Sommer: tägl. 10–18; Winter: tägl. 10–17 · verkehrshaus.ch

Das Verkehrshaus der Schweiz widmet sich einer alten Sehnsucht der Menschheit: dem Drang, über unseren Planeten und noch darüber hinaus zu reisen. Flugzeuge und Raumschiffe hängen in den hohen Galerien von der Decke, auf den Böden stehen eher landgebundene Transportmittel.

Fast jedes mechanische Fortbewegungsmittel, vom frühesten Fahrrad bis zur jüngsten Raumsonde, wird in diesem meistbesuchten Luzerner Museum ausgestellt und erläutert. Oldtimer und Dampfloks gehören jeweils zu den Abteilungen Straßen- und Schienenverkehr. Die dem Fremdenverkehr gewidmete Sektion demonstriert den Einfallsreichtum der Zahnrad- und Seilbahnerbauer. Schifffahrt, Flugverkehr und Raumfahrt kommen auch nicht zu kurz. Zu den interaktiven Einrichtungen gehören drei Flugsimulatoren. Das Museum beherbergt darüber hinaus das größte Planetarium des Landes und die Themenwelt Swiss Chocolate Adventure, die sich dem köstlichsten Schweizer Exportprodukt widmet.

Schon gewusst?

Die erste Schweizer Eisenbahngesellschaft (1847) hieß im Volksmund »Spanisch-Brötli-Bahn«.

↑ *An interaktiven Stationen wie diesem Modell des Flughafens Genf ist Mitmachen angesagt*

Kurzführer

Die Räume links vom Haupteingang widmen sich dem Schienenverkehr. Gegenüber vom Haupteingang steht die Halle zum Straßenverkehr. Die anderen Räume zeigen Ausstellungsstücke zu weiteren Themen des Verkehrswesens. Das Kino hat die größte Leinwand der Schweiz. Planetarium und Swiss Chocolate Adventure sind weitere Highlights.

↑ *Verkehrsschilder an der Außenwand des Verkehrshauses der Schweiz*

Highlight

Viele Exponate wie dieser bunte Gleitschirm regen die Fantasie der Besucher an ↑

Spaziergang durch die Altstadt

Länge 1 km **Dauer** 20 Min.
Bus Hirschengraben

Die Altstadt von Luzern liegt an einer flachen Flussbiegung der Reuss – an der Stelle, an der der Fluss den Vierwaldstättersee verlässt. Seit dem Mittelalter verteidigte man die Stadt von den Wehrmauern im Norden und von der Kapellbrücke im Osten aus. Die ursprüngliche Anlage der Altstadt ist erhalten geblieben. Die schönen Fassaden der alten Häuser um den Hirschenplatz und in der Weinmarktgasse sind mit Fresken oder Sgraffito-Malerei verziert. Die Altstadt Luzerns ist auch ein lebhaftes Geschäftszentrum mit zahlreichen Läden, Restaurants und Cafés.

Schon gewusst?

Die Kapellbrücke ist die älteste gedeckte Holzbrücke in Europa.

Die meisten **Wandmalereien** an den Häuserfassaden der Altstadt stecken voller Anspielungen und Symbole.

Auf dem **Weinmarkt** *(siehe S. 209)* wurde einst mit Wein gehandelt. Viele der schönen Gebäude gehörten früher den Zünften.

Die schmalen **Gassen am Weinmarkt** werden von hohen Häusern mit farbenprächtigen Fensterläden gesäumt. In vielen sind heute Hotels, Boutiquen und Restaurants untergebracht.

Das **Rathaus** *(siehe S. 207)* aus der Spätrenaissance hat eine Schmuckfassade.

↑ *Kunstvoll gestaltete Fassaden der mittelalterlichen Gebäude am Weinmarkt*

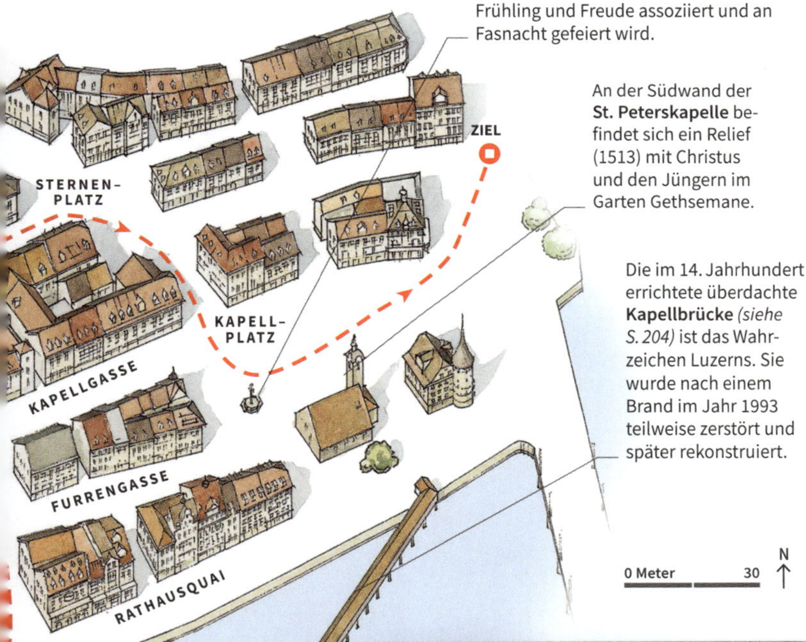

Der Brunnen auf dem **Kapellplatz** *(siehe S. 207)* wird von einer Fritschi-Skulptur gekrönt – eine Sagengestalt, die mit Frühling und Freude assoziiert und an Fasnacht gefeiert wird.

An der Südwand der **St. Peterskapelle** befindet sich ein Relief (1513) mit Christus und den Jüngern im Garten Gethsemane.

Die im 14. Jahrhundert errichtete überdachte **Kapellbrücke** *(siehe S. 204)* ist das Wahrzeichen Luzerns. Sie wurde nach einem Brand im Jahr 1993 teilweise zerstört und später rekonstruiert.

→ *Beliebtes Fotomotiv: Kapellbrücke über die Reuss*

2

Pilatus

D4 45 km südwestl. von Zürich von Alpnachstad Pilatusbahnen, Schlossweg 1, Kriens/Luzern; +41 41 329 1111 pilatus.ch

Die zackigen Umrisse des Bergmassivs Pilatus, dessen höchster Gipfel stolze 2128 Meter misst, erheben sich auf der Südwestseite des Vierwaldstättersees. Von Aussichtsplattformen hat man einen tollen Ausblick.

Der Pilatus hat Besuchern viel zu bieten, u. a. Wanderwege zu den verschiedenen Gipfeln, einen Seilpark, eine Sommerrodelbahn sowie mehrere Restaurants und zwei Hotels.

Den Gipfel des Pilatus kann man recht bequem erreichen. Nach einer Boots- oder Zugfahrt von Luzern nach Alpnachstad am Fuß des Bergmassivs führen eine Zahnradbahn und eine Gondelbahn zur oberen Station Pilatus Kulm. Oben verläuft ein Wanderweg zu Aussichtsplattformen. Bei schönem Wetter kann man den Säntis, die Glarner und die Berner Alpen sehen.

← *Auf markierten Wanderwegen erreicht man einige Gipfel des Massivs*

Zahnradbahn

Die Strecke der 1889 fertiggestellten Zahnradbahn von Alpnachstad zur Bergstation Pilatus Kulm ist mit einer Steigung von bis zu 48 Prozent eine der steilsten der Welt. Die fünf Kilometer lange Bahnstrecke wurde vom Ingenieur Eduard Locher entworfen, eine Fahrt dauert 30 Minuten. Im Jahr 1937 wurde vom früheren Dampfbetrieb auf elektrischen Betrieb umgestellt. Seit Kurzem werden neue Triebwagen eingesetzt.

1 Gondeln bringen Besucher von Kriens zum Pilatus und bieten atemberaubende Ausblicke über die Bergwelt.

2 Schöne Sonnenterrasse

3 Im Hotel Pilatus-Kulm (1890) gibt es luxuriöse Unterkünfte und ein Restaurant.

1

Expertentipp
Blumenweg

Ein Spaziergang entlang dem einfach zu begehenden und sehr gut markierten Blumenweg auf dem Gipfel des Pilatus bietet Einblick in die artenreiche Bergflora dieser Region.

2

3

↑ *Von vielen Aussichtspunkten und an Bord der Bahnen bietet sich ein grandioser Blick*

3

Kloster Einsiedeln

E3 Hauptstrasse 85 Einsiedeln +41 55 418 6111 Kirche: Mo – Sa 6 – 21, So 7 – 21 (1. Nov – Ostern: bis 20:30); für weitere Details siehe Website Weihungsfest (14. Sep) kloster-einsiedeln.ch

Die 1735 vollendete Benediktinerabtei in Einsiedeln gehört zu den weltweit schönsten Beispielen barocker Architektur. Die Abtei ist seit 948 ein Wallfahrtsort, als der Legende nach während der Weihe der Kirche ein Wunder geschah. Heute kommen jedes Jahr mehr als eine Million Pilger hierher.

Schon gewusst?

Die Bibliothek birgt das Gedicht *Versus de scachis*, das erste schriftliche abendländische Zeugnis des Schachs.

Die Wurzeln des Klosters gehen auf das Jahr 835 zurück, als der Mönch Meinrad hier in einer Einsiedelei lebte. Im Jahr 934 wurde an dieser Stelle ein Kloster gegründet, das bald als Ort der Bildung und der Musik florierte. Die Bibliothek wurde bekannt für ihre große Sammlung von Manuskripten. Von der Reformation war die Abtei erstaunlicherweise kaum betroffen, obwohl der protestantische Theologe Ulrich Zwingli in dieser Zeit hier predigte. Kirche und Kloster wurden zwischen 1704 und 1735 nach den ausladenden Entwürfen Kaspar Moosbruggers im barocken Stil umgebaut. Die meisten Gemälde, die Vergoldung und die Stuckarbeiten stammen von den Brüdern Cosmas Damian und Egid Quirin Asam. Heute leben im Kloster 60 Mönche nach benediktinischen Traditionen.

Die **Bibliothek** ist ein schönes Beispiel der Barockkunst.

Die **Beichtkapelle** liegt im Nordflügel.

Bei ihrer Ankunft trinken die Pilger traditionellerweise aus dem **Brunnen Unserer Lieben Frau**.

Marienstatue im Brunnen Unserer Lieben Frau

Highlight

1 *Das Benediktinerkloster Einsiedeln vor winterlicher Bergkulisse*

2 *Der aus dem 15. Jahrhundert stammenden Holzfigur der Jungfrau Maria mit Kind werden wundertätige Kräfte zugeschrieben.*

3 *Vor der Abtei steht eine kunstvoll geschnitzte Statue.*

1

2

3

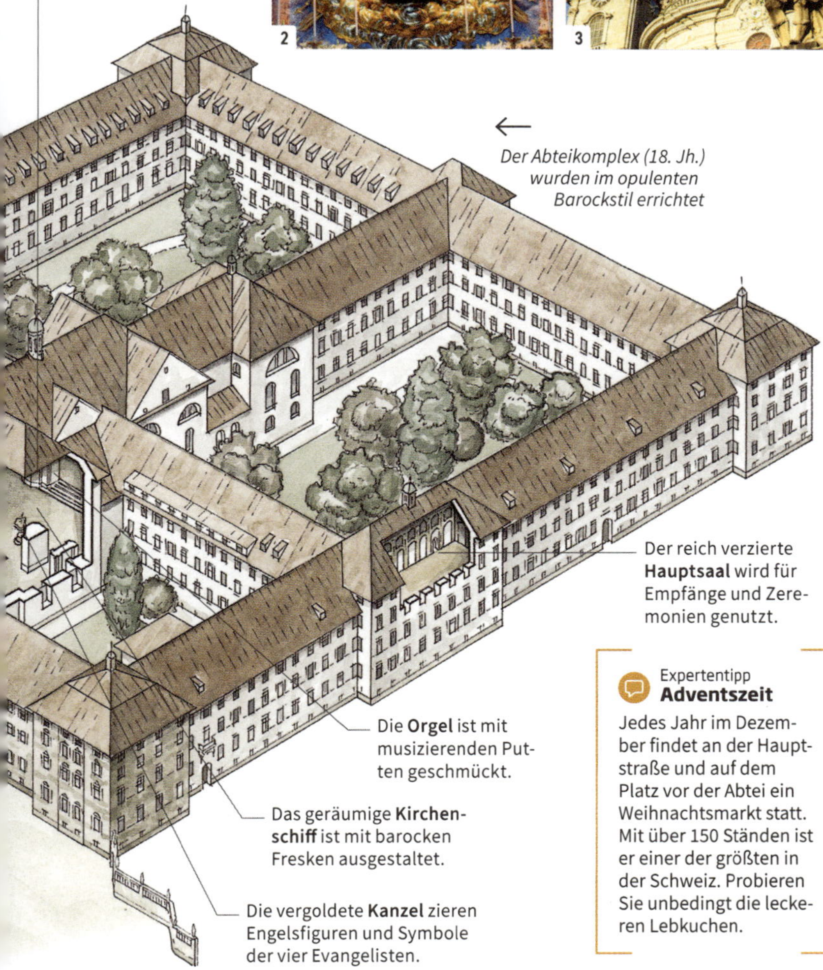

Wände, Decke und Kuppel der Kirche sind mit **Fresken** und vergoldetem Stuck bedeckt.

Der Abteikomplex (18. Jh.) wurden im opulenten Barockstil errichtet

Der reich verzierte **Hauptsaal** wird für Empfänge und Zeremonien genutzt.

Die **Orgel** ist mit musizierenden Putten geschmückt.

Das geräumige **Kirchenschiff** ist mit barocken Fresken ausgestaltet.

Die vergoldete **Kanzel** zieren Engelsfiguren und Symbole der vier Evangelisten.

Expertentipp
Adventszeit

Jedes Jahr im Dezember findet an der Hauptstraße und auf dem Platz vor der Abtei ein Weihnachtsmarkt statt. Mit über 150 Ständen ist er einer der größten in der Schweiz. Probieren Sie unbedingt die leckeren Lebkuchen.

4

Lago di Lugano

E6 160 km südl. von Zürich Lugano Piazza della Riforma 1, Palazzo Civico, Lugano; +41 58 220 6506 luganoregion.com

Der zwischen markanten, steilen Alpenabhängen geschützt liegende See stellt zweifelsohne eine der beeindruckendsten Naturschönheiten des Kantons Tessin dar. Der größte Teil des Lago di Lugano liegt auf Schweizer Staatsgebiet, rund ein Drittel gehört zu Italien.

Der nach der Stadt Lugano benannte See (auch Lago di Ceresio genannt) hat eine Fläche von knapp 50 Quadratkilometern und eine maximale Tiefe von 288 Metern.

Die Straßenbrücke über den See bei Melide führt zum Gotthardtunnel. Am besten erkundet man den malerischen See im Rahmen einer Bootsfahrt, die von Lugano oder anderen Orten am Seeufer angeboten werden. Die Form des Sees mit mehreren lang gestreckten schmalen Armen ist ungewöhnlich. Einen sehr schönen Blick hat man bei einer Fahrt mit der Standseilbahn von Lugano auf den Monte Brè, den Hausberg von Lugano, sowie mit der Zahnradbahn von Capolago auf den Monte Generoso. Wundervolle Rundblicke genießt man von den Aussichtspunkten auf den Bergen.

Schon gewusst?

Rund um den See wurden Fossilien aus der mittleren Trias (vor ca. 245 – 230 Millionen Jahren) gefunden.

1

2

1 *Das von Mario Botta entworfene Restaurant auf dem Monte Generoso bietet einen fantastischen Blick auf die südlichen Ufer des Sees.*

2 *Swissminiatur, ein Themenpark in Melide, zeigt berühmte Schweizer Gebäude und Landschaften im Maßstab 1 : 25.*

3 *Blick vom Monte Brè am Nordufer über den Lago di Lugano und die Bergwelt der Umgebung*

3

Highlight

Fotomotiv
»Perle des Ceresio«

Setzen Sie die Segel in Richtung Morcote, der »Perle des Ceresio«. Das pittoreske Ortsbild mit schmucken Gebäuden, und einer Burgruine sowie die terrassierten Weinberge sind ein beliebter Schnappschuss.

Die Kirche Santa Maria del Sasso überragt den von Weinbergen umrahmten Ort Morcote ↑

Spaziergang durch die Altstadt von Lugano

Länge 1 km **Dauer** 20 Min.
Seilbahn Lugano Città

Die größte Stadt des Tessins liegt in einer flachen Bucht am Nordufer des Lago di Lugano. Sie ist nicht nur ein beliebtes Urlaubsziel, sondern auch ein Finanz- und Bankenzentrum. Mit ihren Piazzas, den vielen Treppen und den engen Gassen hat die Altstadt (Centro Storico) einen deutlich italienischen Charakter. Mittelpunkt ist die Piazza della Riforma, die mit hohen Gebäuden und Straßencafés aufwartet. Die Promenaden sind von Palmen gesäumt. Im Osten und Süden erheben sich die unverwechselbaren Gipfel des Monte Brè und des Monte San Salvatore.

Schon gewusst?

Lugano ist die größte italienischsprachige Gemeinde außerhalb Italiens.

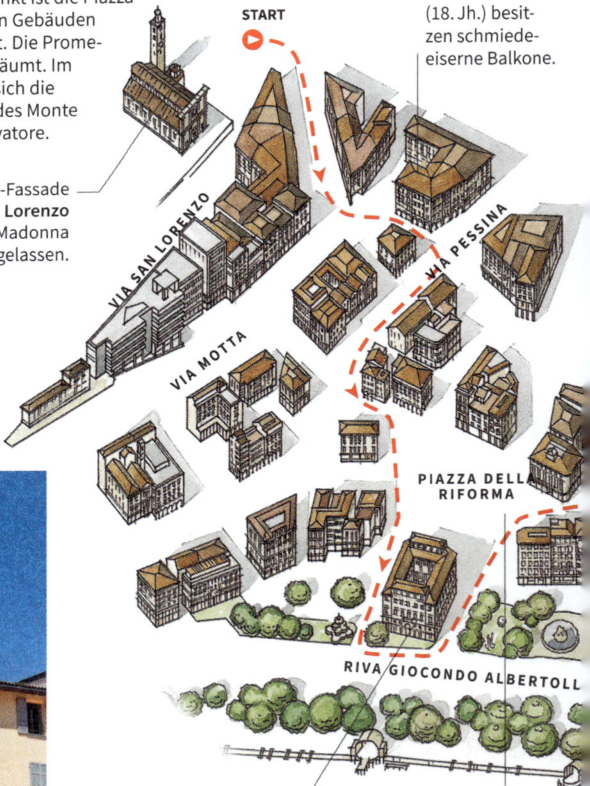

Die Fenster des **Palazzo Riva** (18. Jh.) besitzen schmiedeeiserne Balkone.

In die Renaissance-Fassade der **Cattedrale San Lorenzo** ist eine Rosette mit Madonna und Kind eingelassen.

Den **Palazzo Civico**, das klassizistische Rathaus (1844/45), ziert eine Skulptur des italienischen Architekten Domenico Fontana.

Die weite **Piazza della Riforma** mit den vielen Straßencafés ist Mittelpunkt der Altstadt und beliebter Treffpunkt.

← *Pastellfarbene Gebäude säumen die Piazza della Riforma*

↑ *Prachtvoll ausgestalteter Innenraum der Kathedrale San Lorenzo*

Die Kirche **San Rocco** mit dem barocken Hochaltar ersetzt einen älteren gotischen Bau und wurde nach der Pestepidemie von 1528 erbaut.

Der 1975 erbaute **Palazzo dei Congressi**, das Konferenzzentrum, liegt in einem Park mit Brunnen und modernen Skulpturen.

Die **Villa Ciani** (17. Jh.) wurde im 19. Jahrhundert umgebaut und wird für viele Veranstaltungen genutzt.

↑ *Die kopfsteingepflasterte Piazza Grande bildet den Mittelpunkt von Locarno*

5

Locarno

E5 · 140 km südl. von Zürich · 16 000
Piazza Stazione; +41 848 091 091 · Musikfestival Moon & Stars (Juli); Locarno Film Festival (Anfang Aug) · ascona-locarno.com

Vor der Kulisse der Lepontinischen Alpen liegt Locarno am Nordende des Lago Maggiore in einer breiten Bucht. Von allen Schweizer Städten kann Locarno die meisten Sonnenstunden vorweisen. Im mediterranen Klima gedeihen u. a. Datteln, Feigen, Granatäpfel und Bougainvilleen. Im Mittelalter stand Locarno im Zentrum eines Konflikts zwischen den Bischöfen von Como und den Herzögen von Mailand. Letztere erlangten im 14. Jahrhundert die Macht über die Stadt, mussten sie jedoch 1512 an die Eidgenossenschaft abtreten. Zwischen 1803 und 1878 war sie Tessiner Hauptstadt, heute ist sie ein beliebtes Urlaubsziel.

①

Piazza Grande

Der kopfsteingepflasterte Platz ist der Mittelpunkt Locarnos. Auf der Nordseite befinden sich Gebäude aus dem 19. Jahrhundert mit Läden und Lokalen.

Donnerstags findet auf der Piazza Grande ein Wochenmarkt statt. Während des Internationalen Filmfestivals Anfang August wird der Platz zur Open-Air-Bühne für die Filmvorführungen.

②

Chiesa San Francesco

Via Cittadella 20

Die Kirche wurde im Jahr 1572 an der Stelle eines Franziskanerklosters aus dem 13. Jahrhundert erbaut. Darstellungen von Tieren (Adler, Ochse und Lamm) an der schönen Renaissance-Fassade repräsentieren die Aristokraten Locarnos, die Bürger und die Landbevölkerung. Die Innenausstattung der Chiesa San Francesco stammt überwiegend aus dem 18. Jahrhundert.

③

Castello Visconteo

Piazza Castello 2 · +41 91 756 3170 · Apr–Okt: Di–Fr 10–12, 14–17, Sa, So 10–17 · castellolocarno.ch

Die Burg wurde im 12. Jahrhundert für die Familie Orelli erbaut. 1342 ging sie in den Besitz der Mailänder Familie Visconti über, die sie Ende des 15. Jahrhunderts erweiterte. Zinnen und Türme stammen aus dieser Epoche. Als die Eidgenossenschaft die Kontrolle über Locarno erlangte, wurde die Burg teilweise zerstört. Im erhaltenen Flügel der Burg ist heute ein Geschichts- und Archäologiemuseum untergebracht.

Schon gewusst?

In Locarno scheint die Sonne durchschnittlich 2155 Stunden im Jahr.

④ Promenade Lungolago Giuseppe Motta

Die Uferpromenade wird von Palmen und anderen mediterranen Pflanzen gesäumt und ähnelt den Boulevards an der französischen Riviera. In nördlicher Richtung führt die Promenade zur Ghisla Art Collection, einer kleinen Galerie mit Werken abstrakter Kunst. Bei einem Spaziergang nach Süden erreicht man den Lido Locarno, eine schön gestaltete Anlage mit mehreren Hallen- und Freibädern, Thermalbad und Wasserrutschen.

⑤ Chiesa di San Vittore

Via Collegiata, Muralto

Die romanische Basilika (12. Jh.) steht in Muralto, östlich des Bahnhofs, auf den Fundamenten einer älteren Kirche. Der mit einem Relief des Kirchenpatrons verzierte Glockenturm wurde im 16. Jahrhundert begonnen, jedoch erst 1932 vollendet. Das Innere weist Spuren mittelalterlicher Fresken auf, die Säulenkrypta schöne Kapitelle.

⑥ Chiesa Nuova

Via Cittadella

Die Kirche ist auch unter dem Namen Chiesa Santa Maria Assunta bekannt. Sie wurde 1636 mit finanzieller Hilfe des Architekten Cristoforo Orelli vollendet. Das großartige barocke Interieur weist üppiges Stuckwerk und Gemälde mit Szenen aus dem Leben Marias auf. Eine große Christophorus-Statue ziert die Westfassade. Der Palazzo Cristoforo Orelli neben der Kirche ist Sitz der Kantonalbehörde.

⑦ Museo Casa Rusca

Piazza Sant'Antonio 1
+41 91 756 3185 · Di–Fr 10–12, 14–17, Sa, So 10–17
museocasarusca.ch

In der eleganten Residenz (18. Jh.) mit arkadengesäumtem Innenhof ist das Kunstmuseum Locarnos untergebracht. Bei den temporären Ausstellungen kommen Freunde der zeitgenössischen Kunst auf ihre Kosten. Viele Künstler und Kunstsammler, u. a. Jean und Marguerite Arp, haben dem Museum einige Werke gestiftet.

⑧ Santuario della Madonna del Sasso

Via Santuario 2, Orselina
Führung nach vorheriger Vereinbarung · madonnadelsasso.org

Die Pilgerkirche der Madonna vom Fels liegt auf einem Hügel. Sie stammt von 1596 und wurde auf einer Kapelle von 1487 errichtet – an der Stelle, an der die Madonna dem Franziskanermönch Bartolomeo da Ivrea erschie-

↑ *Detail der freskenverzierten Decke des Santuario della Madonna del Sasso*

nen war. Die Wallfahrtskirche zieren Fresken und Ölgemälde. Die Funicolare FLMS, eine Standseilbahn, verkehrt von Locarno hierher.

⑨ Palazzo della Conferenza

Via della Pace

Am 16. Oktober 1925 wurde in diesem Palazzo der Vertrag von Locarno zwischen Deutschland und den anderen europäischen Ländern, die am Ersten Weltkrieg teilgenommen hatten, ratifiziert. Aufgrund des Vertrags wurde Deutschland 1926 Mitglied im Völkerbund.

Ponte Tibetano Carasc: 270 Meter lange Hängebrücke bei Bellinzona

6

Bellinzona

E5 · 140 km südl. von Zürich · 18 000
Piazza Collegiata 12; +41 91 825 2131 · Rabadan (Karneval; Feb/März) · bellinzonaevalli.ch

Bellinzona war bereits seit römischer Zeit eine Festungsstadt. Im Lauf des Mittelalters ließen die Herzöge von Mailand hier drei mächtige Burgen errichten, die im Jahr 2000 zum UNESCO-Welterbe erklärt wurden. Die Schweizer Eidgenossen eroberten die Stadt im 16. Jahrhundert. 1803 wurde Bellinzona Hauptstadt des Tessins.

1

Castelgrande

Salita al Castelgrande
Apr – Nov: tägl. 10 – 18; Nov – Apr: tägl. 10:30 – 16
bellinzonaevalli.ch

Die Burg liegt auf einem Hochplateau im westlichen Teil der Altstadt. Sie ist die älteste und imposanteste der drei Burgen Bellinzonas. Im 12. Jahrhundert ließen die Bischöfe von Como die ursprünglich römische Festung umbauen und erweitern. Bis zum 15. Jahrhundert wurde die Burg immer wieder umgebaut.

Heute präsentiert sich Castelgrande mit zwei quadratischen Türmen: Torre Bianca (Weißer Turm) und Torre Nera (Schwarzer Turm), die mit den zinnenbewehrten Außenmauern verbunden sind. Das Museum im Südflügel des Castelgrande widmet sich der Stadtgeschichte. Es zeigt einige bemalte Tafeln (15. Jh.), die von Wänden und Decke einer Villa in Bellinzona stammen.

2

Altstadt

Mit ihren weiten Plätzen, Renaissance-Gebäuden und rot gepflasterten Straßen erinnert die Altstadt an viele Innenstädte der Lombardei.

Sehenswert ist der Palazzo Civico, das elegante Rathaus mit Arkaden-Innenhof im Stil der Renaissance. Auch die Chiesa Santa Maria delle Grazie, eine Kirche mit Fresken (15. Jh.), ist sehenswert.

An Samstagvormittagen füllt sich die Altstadt mit Marktständen voller frischer Waren wie Käse, Brot und Wein sowie Kunsthandwerk.

Schon gewusst?

Der Rabadan genannte Karneval in Bellinzona wird seit über 150 Jahren gefeiert.

3

Chiesa Collegiata dei SS Pietro e Stefano

Piazza Collegiata

Die Renaissance-Klosterkirche, deren beeindruckende Fassade mit einer Rosette geschmückt ist, befindet sich am Fuß der Wehrmauern des Castelgrande. Im Inneren sind noch die gotischen Bogen erhalten, ansonsten dominieren Stuck und Fresken im üppigen Barockstil.

Highlight

Expertentipp
Ponte Tibetano Carasc

Von den Vororten von Bellinzona gelangt man per Standseilbahn durch Kastanienwälder auf den Monte Carasso. Eine schöne Rundwanderung führt zur spektakulären Holzbrücke Ponte Tibetano Carasc (www.ticino.ch), die das Tal von Sementina überspannt und einen weiten Blick bis in die Stadt bietet.

④

Castello di Montebello

Via Artore 4 +41 91 825 1342 Apr – Nov: tägl. 10 – 18 (Winter: nur Außen- und Innenhöfe) bellinzonaevalli.ch

Die größte der drei Burgen Bellinzonas besteht aus einem Bergfried (13. Jh.) und einem befestigten Palast (15. Jh.). Die zinnenbewehrten Mauern verbinden das im Osten gelegene Castello di Montebello mit dem Castelgrande im Westen. Sie bildeten ein Verteidigungssystem über das Tal hinweg. Das Museum im Bergfried enthält eine Sammlung archäologischer Artefakte.

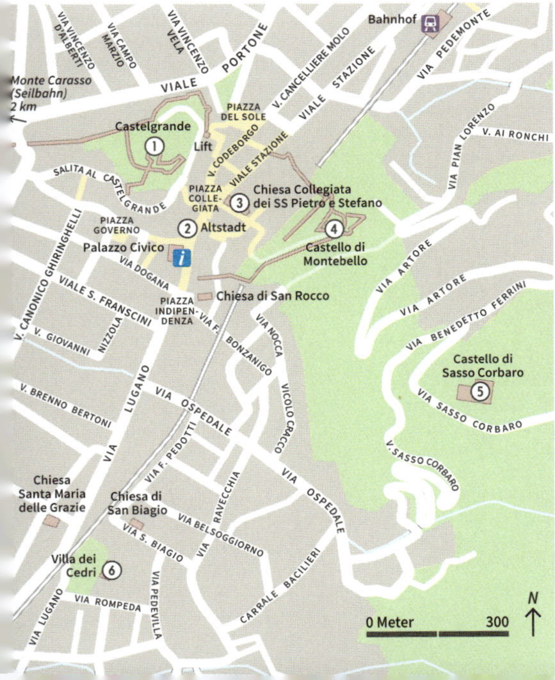

⑤

Castello di Sasso Corbaro

Via Sasso Corbaro 44 +41 91 825 5906 Apr – Nov: tägl. 10 – 18 (Winter: nur Außen- und Innenhöfe) bellinzonaevalli.ch

Das Castello di Sasso Corbaro ist die jüngste der drei Festungen der Stadt. Sie wurde 1479 erbaut, nachdem die Schweizer die Mailänder in der Schlacht von Giornico geschlagen hatten und damit das Tessin bedrohten. Die Burg besteht aus einem hohen Wohnturm und quadratischen Befestigungswällen mit Eckturm.

⑥

Villa dei Cedri

Piazza San Biagio 9 +41 58 203 1731 Mi, Do 14 – 18, Fr – So 10 – 18 villacedri.ch

Die Villa (spätes 19. Jh.) liegt auf einem Anwesen mit Weinberg und beherbergt die Kunstgalerie der Stadt. Die Sammlung birgt Gemälde aus dem 19. und 20. Jahrhundert, darunter Werke von Giovanni Segantini.

Kolinbrunnen mit Ritterfigur auf dem Kolinplatz in der Altstadt von Zug ↑

SEHENSWÜRDIGKEITEN

7 Zug

E3 31 000
Bahnhofplatz; +41 41 511 7500 zug-tourismus.ch

Die Hauptstadt des kleinsten und wohlhabendsten Schweizer Kantons liegt am Nordostufer des Zugersees auf den bewaldeten Hügeln des Zugerbergs. Zug ist als Steueroase bekannt (die Steuersätze betragen die Hälfte des Schweizer Durchschnitts). Aus diesem Grund haben sich viele internationale Firmen in Zug niedergelassen.

Ein großer Teil der mit Türmen bewehrten Stadtmauern schließt sich als Ring um die Altstadt, deren Mittelpunkt der Kolinplatz ist. Darauf steht ein Brunnen mit einer Statue des Ritters Wolfgang Kolin. Das nahe Rathaus wurde im Jahr 1509 erbaut. Das gotische Gebäude hat eine Ratskammer, die mit einer geschnitzten Holztäfelung ausgekleidet ist.

In der früheren Vogtburg ist das **Museum Burg Zug** zur Geschichte des Kantons untergebracht. Im einstigen Kornspeicher (16. Jh.) präsentiert das **Kunsthaus** moderne Kunst. Das **Museum für Urgeschichte(n)** widmet sich der Antike. Im Hafen werden Bootsausflüge auf dem Zugersee angeboten.

Museum Burg Zug
Kirchenstrasse 11
Di–Fr 14–17, Sa, So 10–17 burgzug.ch

Kunsthaus
Dorfstrasse 27
Di–Fr 12–18, Sa, So 10–17 kunsthauszug.ch

Museum für Urgeschichte(n)
Hofstrasse 15
Di–So 14–17
urgeschichte-zug.ch

8 Küssnacht am Rigi

D3 12 000
Unterdorf 15; +41 41 850 3330 hohlgassland.ch

Die kleine Stadt liegt am Fuß der Rigi. Das Massiv erhebt sich im Osten des Küssnachtersees, des nördlichen Ausläufers des Vierwaldstättersees.

Die Stadt ist eine gute Ausgangsbasis für Bergwanderungen und Touren um den Vierwaldstättersee.

In der Altstadt sind das barocke Rathaus und die Kirche St. Peter und St. Paul sehenswert. Bemerkenswert ist auch das Engel Hotel (1552), ein Fachwerkhaus, das über 400 Jahre lang ein Gasthof war. Bekannt sind die Fasnachtsbräuche und das Klausenjagen (5. Dez).

9 Rigi und Vitznau

D3 1500
Dorfplatz 6, Vitznau ; +41 41 399 0220 rigi.ch
vitznau.ch

Von den Gipfeln des Bergmassivs zwischen Vierwaldstättersee und Zugersee hat man eine spektakuläre Aussicht. Nicht umsonst zählt es zu den populärsten Ausflugszielen in der Schweiz. Die

> Expertentipp
> **Trotti Bike**
> Nicht treten, nur lenken und bremsen: Ein besonderes Erlebnis ist die 3,5 Kilometer lange Fahrt durch den Wald mit einem der »Stand-up-Motorroller« von Trotti Bike (ab zehn Jahre; www.titlis.ch).

→ *Nervenkitzel auf dem TITLIS Cliff Walk, Europas höchstgelegener Hängebrücke*

Hochlagen erreicht man über mehrere Wanderwege, die durch Wälder und Weideland führen. Höchster Berg ist Rigi Kulm mit 1798 Metern.

Ein beliebter Ausgangspunkt für Wanderungen ist Vitznau am Nordufer des Vierwaldstättersees. Hier befindet sich die Talstation der seit 1871 betriebenen und damit ältesten Zahnradbahn Europas. Sie führt bis knapp unter den Gipfel Rigi Kulm und bietet atemberaubende Ausblicke.

10 Stans

D4 8000
Bahnhofplatz 2
tourismusstans.ch

Der Hauptort des Kantons Nidwalden liegt am Ufer der Engelberger Aa. Über der Stadt erhebt sich das Stanserhorn (1898 m), dessen Gipfel man von Stans aus mit einer Standseilbahn und einer oben offenen Seilbahn erreichen kann. Beim Gipfelrundgang hat man Aussicht auf die Alpenkette.

Am Dorfplatz steht die barocke Pfarrkirche St. Peter und Paul (1641–47) mit romanischem Turm. Auf dem Platz befindet sich auch ein Denkmal für Arnold Winkelried. Der in Stans geborene Ritter soll sein Leben in der Schlacht von Sempach (1386) im Kampf gegen die Österreicher für die eidgenössischen Kameraden geopfert haben.

Sehenswert sind auch die Festung Fürigen mit einem Museum für Wehrgeschichte und das Winkelriedhaus mit einem Museum für regionales Handwerk und Volkskunst.

Hotels

Rigi Kaltbad Spa Hotel

Das Designhotel auf der Rigi punktet mit einer grandiosen Aussicht.

D3 Zentrum 4a, Rigi Kaltbad
hotelrigikaltbad.ch

SF SF SF

Hotel & Spa Internazionale

Das Hotel mit rosafarbener Fassade bietet seinen Gästen jede Menge Komfort.

E5 Viale Stazione 35, Bellinzona
hotel-internazionale.ch

SF SF SF

11 Engelberg

D4 3000 Hinterdorfstrasse 1; +41 41 639 7777 engelberg.ch

Engelberg ist von Luzern und von Zürich aus leicht zu erreichen. Der beliebte Ferienort liegt auf einer Höhe von 1000 Metern am Fuß des Titlis, dessen felsiger Gipfel stolze 3238 Meter erreicht. Der Ort erstreckt sich um das Benediktinerkloster, das im 12. Jahrhundert gegründet und im 18. Jahrhundert umgebaut wurde. Seine Rokoko-Kirche stammt von 1735–40.

Engelberg verfügt über rund 80 Kilometer Skipisten und Loipen. Der Ort besitzt zudem eine Eislaufbahn. Markierte Wanderwege führen zu den Gipfeln von Titlis, Urirotstock, Schlossberg und Hutstock. Darüber hinaus gibt es viele Radwege.

Die Gondeln der Rotair-Seilbahn drehen sich, damit die Passagiere einen Rundblick genießen können. Die Seilbahn führt von Stand (oberhalb von Engelberg) aus über den Titlisgletscher.

Nervenkitzel und einzigartige Ausblicke verspricht der TITLIS Cliff Walk, Europas höchstgelegene Hängebrücke (3020 m) über einem 500 Meter tiefen Abgrund.

12

Schwyz

E3 · 15 000
Zeughausstrasse 10; +41 41 855 5950
schwyz-tourismus.ch

Die Hauptstadt des gleichnamigen Kantons liegt am Fuß der Zwillingsgipfel des Bergmassivs der Mythen. Sie besitzt enorme Bedeutung für die Geschichte und Kultur der Schweiz.

Dem Kanton Schwyz verdankt das Land sowohl seinen Namen als auch seine Flagge. Nach dem Rütlischwur 1291 vereinten sich die Streitkräfte der Kantone Schwyz, Uri und Unterwalden bei der Schlacht von Morgarten (1315) im Kampf gegen die Habsburger. Danach hießen die Einwohner des früheren Helvetia Schwyzer, das Land selbst Schwyzerland.

Im **Bundesbriefmuseum** sind Dokumente zur Schweizer Geschichte ausgestellt. Das wichtigste ist die Verfassung des ersten Bundes, der »Bundesbrief«, auf Pergament geschrieben und von den drei Waldstätten 1291 unterzeichnet.

Die Altstadt prägen Häuser aus dem 17./18. Jahrhundert. Am Hauptplatz stehen die barocke Kirche St. Martin und das Rathaus (17. Jh.), auf dessen Fassade die Schlacht von Morgarten dargestellt ist (1891).

Die **Ital Reding-Hofstatt**, eine Villa von 1609, ist im Stil des 17. und 18. Jahrhunderts eingerichtet. In der Nähe befindet sich das Haus Bethlehem, ein Holzhaus von 1287.

Schon gewusst?

Der bekannte Regisseur und Oscar-Preisträger Xavier Koller wurde in Schwyz geboren.

Blick über den Urnersee, einen Abschnitt des Vierwaldstättersees ↑

Das **Forum Schweizer Geschichte Schwyz** widmet sich dem Alltagsleben in der Schweiz vom Mittelalter bis Ende des 17. Jahrhunderts.

Bundesbriefmuseum
Bahnhofstrasse 20
Di – So 10 –17
bundesbrief.ch

Ital Reding-Hofstatt
Rickenbachstrasse 24
für Details siehe Website irh.ch

Forum Schweizer Geschichte Schwyz
Zeughausstrasse 5
Di – So 10 –17
forumschwyz.ch

13

Urnersee

E4 · Bahnhofstrasse 15, Brunnen; +41 41 825 0040 erlebnisregion-mythen.ch

Der See bildet den südöstlichen Ausläufer des Vierwaldstättersees. Er ist auf allen Seiten von hohen Bergen umgeben und ähnelt von der Form her einem norwegischen Fjord. Auf einem Felsvorsprung unterhalb von Seelisberg auf der Westseite des Sees liegt die Rütliwiese, auf der sich Vertreter der Kantone Uri, Schwyz und Unterwalden im Jahr 1291 gegenseitigen Beistand schworen.

In Seedorf im äußersten Süden des Urnersees liegt eine Burg (1556 – 60), in der heute ein geologisches Museum untergebracht ist. Das nahe gelegene Flüelen ist Endhafen der Boote, die von Luzern kommen.

→ *Rathausplatz von Altdorf mit Denkmal des Nationalhelden Wilhelm Tell*

Rund drei Kilometer nördlich von Flüelen, auf dem Weg nach Sisikon, liegt die Tellsplatte. Hier soll Wilhelm Tell auf der Fahrt über den See, als man ihn in das Gefängnis von Gesslers Burg in Küssnacht bringen wollte, geflohen sein. Ganz in der Nähe steht die Tellskapelle des 16. Jahrhunderts (im 19. Jh. umgebaut).

Wilhelm Tell

Der Schweizer Nationalheld, der das Land von der habsburgischen Herrschaft befreite, soll Ende des 13. Jahrhunderts gelebt haben. Tell, ein renitenter Armbrustschütze, wurde vom Landvogt Hermann Gessler gefangen genommen und musste zur Strafe mit einer Armbrust einen Apfel vom Kopf des eigenen Sohns schießen. Der Meisterschuss gelang. Da er jedoch damit drohte, Gessler zu töten, nahm man ihn abermals fest. Während der Überfahrt auf dem Urnersee floh Tell – und tötete später den Landvogt.

14 Bürglen

E4 6000 +41 41 874 1040 buerglen.ch

Der Ort soll die Geburtsstätte Wilhelm Tells sein. An der Stelle, an der angeblich sein Geburtshaus stand, befindet sich eine Kapelle von 1582. Fassade und Innenwände zieren Fresken. Eine Statue des Helden schmückt auch einen Brunnen (18. Jh.) der Stadt.

Der Sage widmet sich auch das **Tell-Museum** mit Chroniken und Dokumente sowie faszinierenden Gemälde und Skulpturen.

Weitere Sehenswürdigkeiten in Bürglen sind ein Gasthof aus dem 17. Jahrhundert (der Adler) und eine frühbarocke Kirche mit Stuckdekor und einem romanischen Turm.

Tell-Museum

Postplatz

Mai, Juni, Sep, Okt: tägl. 10–11:30, 13:30–17; Juli, Aug: tägl. 10–17

tellmuseum.ch

15 Altdorf

E4 9500

Schützengasse 11; +41 41 874 8000 uri.swiss

Der Hauptort des Kantons Uri ist nach Friedrich Schillers Drama Schauplatz des berühmten Apfelschusses. Den Rathausplatz ziert das Telldenkmal, eine Statue Tells und seines Sohns (19. Jh.).

16 Centovalli

E5 Intragna; +41 91 780 7500

Das beeindruckende Centovalli (Tal der 100 Täler) verdankt seinen Namen den zahlreichen Seitentälern. Die **Centovallibahn** von Locarno zum italienischen Domodossola liegt auf einer reizvollen Route im Tal. Auf der 40 Kilometer langen Strecke überqueren die Züge 79 Brücken bzw. Viadukte, fahren durch 24 Tunnel und halten an 14 Stationen. Der erste Teil der Reise führt am von Weinbergen gesäumten Val Pedemonte entlang. Von hier aus geht es weiter in felsigeres Gebiet mit Kastanienwäldern.

In Verscio, vier Kilometer von Locarno entfernt, gibt es eine Zirkusschule.

Schon gewusst?

Dimitri aus Ascona wurde 1995 in die International Clown Hall of Fame aufgenommen.

Drei Kilometer weiter liegt Intragna mit einer sehenswerten Barockkirche. In Palagnedra steht eine kleine gotische Kirche mit Fresken (15. Jh.).

Centovallibahn
Via Franzoni 1, Locarno
+41 91 751 8731
vigezzinacentovalli.com

17 Ascona

E6 6000 Via B. Papio 5; +41 848 091 091
ascona-locarno.com

Das Fischerdorf entwickelte sich im 19. Jahrhundert zum Kurort, von dem sich viele Schriftsteller, Maler und Komponisten angezogen fühlten. In der Nähe gründeten sie Anfang des 20. Jahrhunderts die Künstlerkolonie Monte Verità. Nach 1933 flüchteten zahlreiche deutsche Künstler nach Ascona. Heute befindet sich hier ein Museumskomplex, der den einst hier lebenden Künstlern gewidmet ist.

Die Altstadt (Centro Storico) ist ein Labyrinth aus engen kopfsteingepflasterten Straßen voller Kunsthandwerksläden und Kunstgalerien. Schöne Gebäude stehen z. B. an der Contrada Maggiore, die ältesten sind aus dem 14. Jahrhundert. Die Piazza San Pietro wird von der Chiesa dei SS Pietro e Paolo (16. Jh.) dominiert, in der ein Altarbild von Giovanni Serodine, einem Schüler Caravaggios, zu sehen ist.

Sehenswert sind außerdem das Collegio Papio, ein Renaissance-Gebäude mit Innenhof, und die Kirche Santa Maria della Misericordia (15. Jh.) mit Fresken. Das Museo Comunale d'Arte Moderna stellt Werke von Künstlern aus, die mit Ascona verbunden waren, u. a. von Paul Klee und Jean Arp. Cafés und Restaurants säumen die Fußgängerzone Piazza Motta.

Immer im Juni findet das Festival JazzAscona statt.

18 Valle Verzasca

E5 Via Brere 3a, Tenero; +41 91 759 7744
ascona-locarno.com

Das durch die smaragdgrünen Wasser der Verzasca gebildete Tal ist das kleinste nördlich von Locarno. Ein Staudamm am Taleingang staut den Lago di Vogorno.

Im Verzascatal gibt es die typischen Rustici aus Naturstein und Steindächern. In Vogorno steht eine Kirche

Expertentipp
Bungee-Jumping

Vom Verzasca-Staudamm sprang schon Geheimagent James Bond in *GoldenEye* (1995) in die Tiefe. Erleben Sie bei diesem Bungee-Sprung den ultimativen Kick (www.ticino.ch).

←
Enge kopfsteingepflasterte Gasse mit gepflegten Häusern in der Altstadt von Ascona

Ponte dei Salti – mittelalterliche Steinbrücke bei Lavertezzo, Valle Verzasca ↑

mit byzantinischen Fresken. In der Nähe von Lavertezzo führt der Ponte dei Salti über den Fluss, eine mittelalterliche Brücke mit zwei Bogen. Auf einem vier Kilometer langen Weg zwischen Lavertezzo und Brione kann man 34 moderne Werke italienischer, Schweizer und deutscher Bildhauer bewundern.

Die Kirche von Brione-Verzasca stammt aus dem 13. Jahrhundert. Die Fassade ziert ein Bild des hl. Christophorus. In Sonogno am Ende des Tals stehen typische Tessiner Steinhäuser. Die Casa Genardini birgt ein Museum zur Geschichte des Tals.

19

Valle Maggia

E5 Centro Punto Valle, Via Vallemaggia 10, Avegno vallemaggia.ch

Das tiefe Tal verläuft etwa 50 Kilometer nordwestlich von Ascona nach Cevio. Zu Beginn ist es breit, doch je höher es Richtung Alpen geht, desto zerklüfteter wird es. Dann dominieren Nadelwälder. Überall entdeckt man traditionelle Chalets und Dörfer mit alten Bauten.

In Maggia, dem größten Dorf des Tals, steht die Chiesa Santa Maria delle Grazie (15. Jh.) mit wunderschönen Fresken (16./17. Jh.).

Bei Giumaglio kann man Wasserfälle, die Cascata di Giumaglio, besichtigen. Hinter dem Ort führt die Straße weiter das Tal hinauf nach Cevio mit dem Palazzo Pretorio (17. Jh.). An der Fassade befinden sich die Wappen der Landvogte der Gegend. Der Palazzo Franzoni (1630) beherbergt ein Museum zur Geschichte der Region.

Die Chiesa di San Giovanni Battista in Mogno wurde vom Tessiner Mario Botta entworfen und 1996 vollendet. Das Kircheninnere ist in weißem Marmor und grauem Granit gehalten, die ein Schachbrett- und Streifenmuster bilden. Die Muster werden durch Lichtspiele, die durch die transluzente Decke entstehen, verändert.

Restaurants

Die für das Tessin typischen Grotti sind abgelegene Restaurants mit regionaler Küche.

Grotto San Michele
Ideal nach dem Burgbesuch. Schöne Terrasse.

E5 Salita al Castello, Bellinzona castelgrande.ch

SF SF SF

Grotto Canvett
Authentisches Lokal mit traditionellen Gerichte.

E5 Cà d'Varanzén 6, Semione grottocanvett.ch

SF SF SF

Grotto del Cavicc
Ein Lieblingsort von Hermann Hesse. Guter Wein, deftige Speisen.

E6 Via ai Canvetti 19a, Montagnola grottocavicc.ch

SF SF SF

↑ *Foroglio im Val Bavona ist ein guter Ausgangspunkt für Wanderungen*

20 Val Bavona

Ⓐ D5 🚌 ℹ Centro Punto Valle, Via Vallemaggia 10, Avegno Ⓦ ascona-locarno.com

Das wunderschöne Val Bavona gilt als steilstes und felsigstes Tal der Alpen – fast eine Welt abseits üppiger Wiesen und Hügel, für die die Schweiz berühmt ist. Das im Winter menschenleere Tal ist immer noch nicht an das Schweizer Stromnetz angeschlossen, obwohl es hier ein riesiges Wasserkraftwerk gibt. Alle Häuser bestehen aus grauem Stein, zum Schutz von Menschen und Tieren wurden viele Gebäude unterhalb von Felsvorsprüngen (manchmal auch in den Fels hinein) errichtet. Diese Bauweise wird lokal als *sprügh* bezeichnet.

In derart steilem Gelände gibt es zahlreiche Wasserfälle. Der eindrucksvollste im ganzen Tessin ist die 111 Meter hohe Cascata di Foroglio. Der Wasserfall ist bequem zu Fuß vom Weiler Foroglio aus zu erreichen.

21 Valle di Blenio

Ⓐ E5 🚌 ℹ Casa Comunale, Via Chiesa S. Martino 1, Olivone Ⓦ comuneblenio.ch

Durch das Tal des Brenno kommt man zum Lucomagno-Pass (1916 m) hinauf. Die Straße führt dann weiter nach Graubünden. Das Valle di Blenio liegt im Herzen des ländlichen Tessins mit seiner großartigen Landschaft und den malerischen Dörfern.

In Biasca im Tal kann man eine romanische Kirche mit gotischen Fresken besichtigen. Nördlich von Biasca liegt der Ort Malvaglia. Seine Kirche (16./17. Jh.) besitzt einen romanischen Turm. Die Fassade ziert eine Figur der hl. Christophorus.

Negrentino ist wegen seiner frühromanischen Kirche San Carlo di Negrentino einen Abstecher wert. Ihr großer quadratischer Glockenturm ist schon von Weitem sichtbar. Das Innere zieren Fresken aus dem 11. bis 16. Jahrhundert. Lottinga bietet ein Geschichtsmuseum (Museo Storico della Valle di Blenio). Höher gelegene Dörfer wie Olivone sind Ausgangsorte für Bergwanderungen.

22 Airolo

Ⓐ E5 🚆 🚌 ⛺ 1500 ℹ Via Fontana 1, Airolo; +41 91 873 8040 Ⓦ airolo.ch

Airolo liegt unterhalb des St.-Gotthard-Passes an der Stelle, an der Autobahn und Eisenbahnlinie wieder aus dem Gotthardtunnel kommen. Airolo ist ein beschaulicher Ort mit mehreren Hotels – ideal für Wanderungen im nahen Valle Leventina.

Ein bronzenes Flachrelief erinnert an die 177 Menschen, die in den 1880er Jahren

Die Kirche in Negrentino ist mit farbenprächtigen Fresken ausgestaltet ↑

Schon gewusst?

Airolo war der erste Wintersportort im Tessin.

beim Bau des Gotthard-tunnels ums Leben kamen.

Umgebung: Durch das Valle Leventina unterhalb von Airolo führen die Autobahn und die Bahnlinie Zürich – Bellinzona – Lugano. Im Tal liegen kleine Städte und Dörfer mit sehenswerten Kirchen.

In Chiggiogna steht eine Kirche mit Fresken aus dem 15. Jahrhundert, in Chironico eine Kirche (10. Jh.) mit Fresken aus dem 14. Jahrhundert. Die Kirche in Giornico stammt aus dem 12. Jahrhundert und zählt zu den schönsten im Tessin. Der Innenraum ist mit Fresken von 1478 geschmückt.

23

St.-Gotthard-Pass

E5 +41 91 869 1235
passosangottardo.ch

Zwischen dem Reusstal im Kanton Uri im Norden und dem Ticinotal im Süden liegt der St.-Gotthard-Pass mit einer Passhöhe von 2107 Meter. Er war lange Zeit die Hauptroute von Nordeuropa über die Alpen nach Italien.

Der Pass wird seit dem 13. Jahrhundert genutzt. Damals wurde eine Brücke über eine Schlucht bei Andermatt gebaut. Im 19. Jahrhundert kamen eine 15 Kilometer lange Straße und der Gotthard-Eisenbahntunnel hinzu. Erst 1980 wurde der Straßentunnel eröffnet. 2016 wurde mit dem Gotthard-Basistunnel der weltweit längste Eisenbahntunnel (57 Kilometer) eingeweiht.

Die Tremolastrasse führt in vielen Serpentinen zum St.-Gotthard-Pass ↑

In einem Hospiz (19. Jh.) auf dem Pass widmet sich das **Museo Nazionale del San Gottardo** der Geschichte des Passes sowie der Flora und Fauna dieser hochalpinen Region.

Auf sehr gut markierten Wanderwegen gelangt man zu den umliegenden Berggipfeln, darunter auch zum Pizzo Lucendro und zu einer Reihe von Bergterrassen, von denen aus man eine fantastische Aussicht hat.

Museo Nazionale del San Gottardo
+41 91 869 18 11
Juni – Ende Sep: tägl. 9 –18

24

Museo Sasso San Gottardo

E4 Passo del San Gottardo, Airolo +41 844 116 600 Juni – Mitte Okt: 10 –15 (siehe auch Website)
sasso-sangottardo.ch

Das Museo Sasso San Gottardo ist auf dem gleichnamigen Gebirgspass in einem ehemaligen Militärbunker untergebracht. Bei dieser Kulturstätte handelt es sich genau genommen um zwei Museen in einem – Naturkundemuseum und Militärmuseum.

Mit der »Metro del Sasso«, einer unterirdischen Seilbahn, gelangt man zur Festung. Im Inneren hat man den Eindruck, als wären die 420 Soldaten, die einst hier stationiert waren, gerade erst gegangen: Speisesaal, Kanonen, Krankenhaus, Kommunikations- und Kartenzimmer sind alle im ursprünglichen Zustand erhalten. Der Bunker war von 1943 bis 1998 voll funktionsfähig.

Im Naturkundemuseum ist eine Ausstellung zu Klima, Ökologie sowie Gesteinen und Mineralien der Alpen untergebracht. Zu den Ausstellungsstücken gehören riesige Kristalle, die in der Nähe des St.-Gotthard-Passes gefunden wurden. Einige von ihnen haben ein Gewicht von mehr als 1,5 Tonnen.

Expertentipp
Warm anziehen

Für einen Besuch des Museo Sasso San Gottardo sollte man sich unbedingt ausreichend warm anziehen. Auch im Sommer sind die unterirdischen Tunnel und Höhlen kalt und feucht.

Tour entlang dem Lago Maggiore

Länge 40 km **Rasten** Ascona und Locarno bieten eine große Auswahl an Restaurants

Zur Orientierung
Siehe Karte S. 202f

Nur die Nordspitze des schmalen Sees liegt in der Schweiz, der größere südliche Teil gehört zu Italien. Der Lago Maggiore ist 66 Kilometer lang und nur bis zu zehn Kilometer breit. Im Norden und Süden ist er von Bergen umgeben, durch ihren Schutz herrscht ein mediterranes Klima. Die Route führt durch Badeorte, terrassierte Dörfer und Weinbaugebiete. An den Ufern wachsen Kork-, Feigen- und Olivenbäume. Schiffe fahren in Ascona, Locarno und Brissago ab und bringen Besucher zu den Ferienorten auf der italienischen Seite des Lago Maggiore.

Schon gewusst?

Der Lago Maggiore ist nach dem Gardasee der zweitgrößte See in Italien.

Der Urlaubsort **Ascona** *(siehe S. 230)* liegt traumhaft und genießt ein mildes Klima.

Das **Santuario della Madonna del Sasso** *(siehe S. 223)* oberhalb von Locarno erreicht man zu Fuß oder per Standseilbahn.

Ronco liegt an einem Steilhang mit fantastischem Blick auf den See.

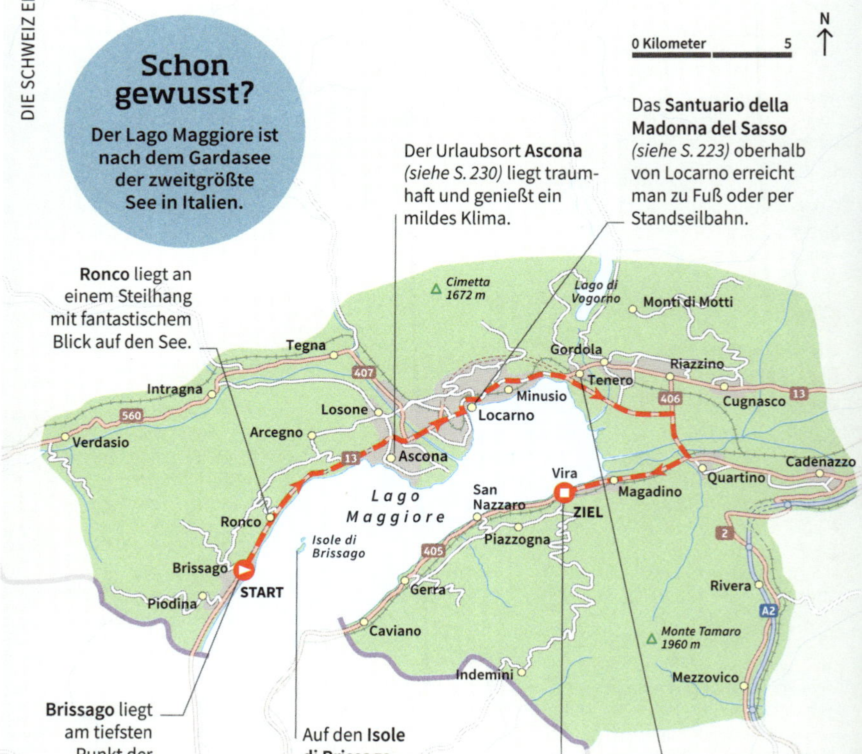

Brissago liegt am tiefsten Punkt der Schweiz (197 m). In dem Ort liegt der Komponist Ruggero Leoncavallo (1858–1919) begraben.

Auf den **Isole di Brissago** gibt es viele subtropische Gärten.

Der Hafen des malerischen Dorfs **Vira** ist Ausgangspunkt für schöne Bootsausflüge.

Tenero an der Nordspitze des Sees verfügt über einen Strand mit karibischem Flair.

↑ *Die Wallfahrtskirche Santuario della Madonna del Sasso überragt das Zentrum von Locarno*

Das Städtchen Hospental vor der Kulisse schneebedeckter Berggipfel ↑

Drei-Pässe-Tour

Länge 120 km **Rasten** Andermatt und Göschenen haben mehrere Restaurants und kleine Hotels

Die Rundtour über die Alpen im Kanton Uri führt durch einige spektakuläre hochalpine Landschaften der Schweiz. Zur Strecke gehören auch drei Pässe: Susten-Pass, Grimsel-Pass und Furka-Pass, jeder an der Grenze zweier Kantone gelegen. Die Straße ist typisch für die Ingenieurskunst des 19. Jahrhunderts: Sie schlängelt sich steil nach oben oder unten, verläuft auf Brücken über tiefe Täler und führt durch in den Fels getriebene Tunnel. Und überall lockt der Blick auf schneebedeckte Gipfel, majestätische Gletscher und schöne Bergseen.

Zur Orientierung
Siehe Karte S. 202f

Der **Susten-Pass** liegt zwischen den Kantonen Bern und Uri in 2264 Metern Höhe.

Am **Meienreuss-Pass** führt eine Brücke über eine tiefe Schlucht im Meiental.

Andermatt im St.-Gotthard-Massiv ist im Winter ein Ski-, im Sommer ein Wanderparadies.

Innertkirchen liegt an einer bedeutenden Straßenkreuzung.

Hospental liegt am Knotenpunkt der Straßen aus Norden, Süden und Westen.

Der **Grimsel-Pass** liegt 2165 Meter hoch und markiert die Grenze zwischen den Kantonen Bern und Wallis.

Der **Furka-Pass** zwischen Wallis und Uri liegt 2436 Meter hoch.

Die **Furkastrasse** mit grandioser Aussicht wurde in den 1860er Jahren erbaut.

0 Kilometer 6

N

Schon gewusst?

Von der Burg (13. Jh.) in Hospental wurde ein weites Gebiet kontrolliert.

Typische Hügellandschaft in Appenzell (siehe S. 258f)

Ostschweiz und Graubünden

Die Ostschweiz ist ein relativ tief liegendes Gebiet, das vom Rhein durchquert wird. Dieser fließt anschließend durch den Bodensee. Die Region umfasst die Kantone Thurgau, Glarus, Schaffhausen, St. Gallen sowie Appenzell-Ausserrhoden und Appenzell-Innerrhoden. Die Ostschweiz grenzt im Norden an Deutschland, im Osten an Liechtenstein und Österreich. Die Mehrheit der Bevölkerung ist deutschsprachig.

Das recht dünn besiedelte Gebiet ist stark agrarisch ausgerichtet. Weiden und Felder prägen weite Landstriche. Zu den wichtigsten Wirtschaftszweigen zählt neben der Milchwirtschaft (u. a. Produktion des berühmten Schweizer Käses) und dem Obstanbau allerdings auch der Dienstleistungssektor.

Der Kanton Graubünden im Südosten der Schweiz grenzt an Liechtenstein, Österreich und Italien. Im Norden wird überwiegend Deutsch gesprochen, doch das Rätoromanische ist bei den ländlichen Bevölkerungsgruppen der Bergregionen noch erhalten geblieben. Graubünden ist vor allem bei Wintersportlern beliebt. Etwa die Hälfte der Einwohner arbeitet in der Tourismusbranche. Südlich der Rätischen Alpen liegen die sonnigen Täler des italienischsprachigen Teils des Kantons.

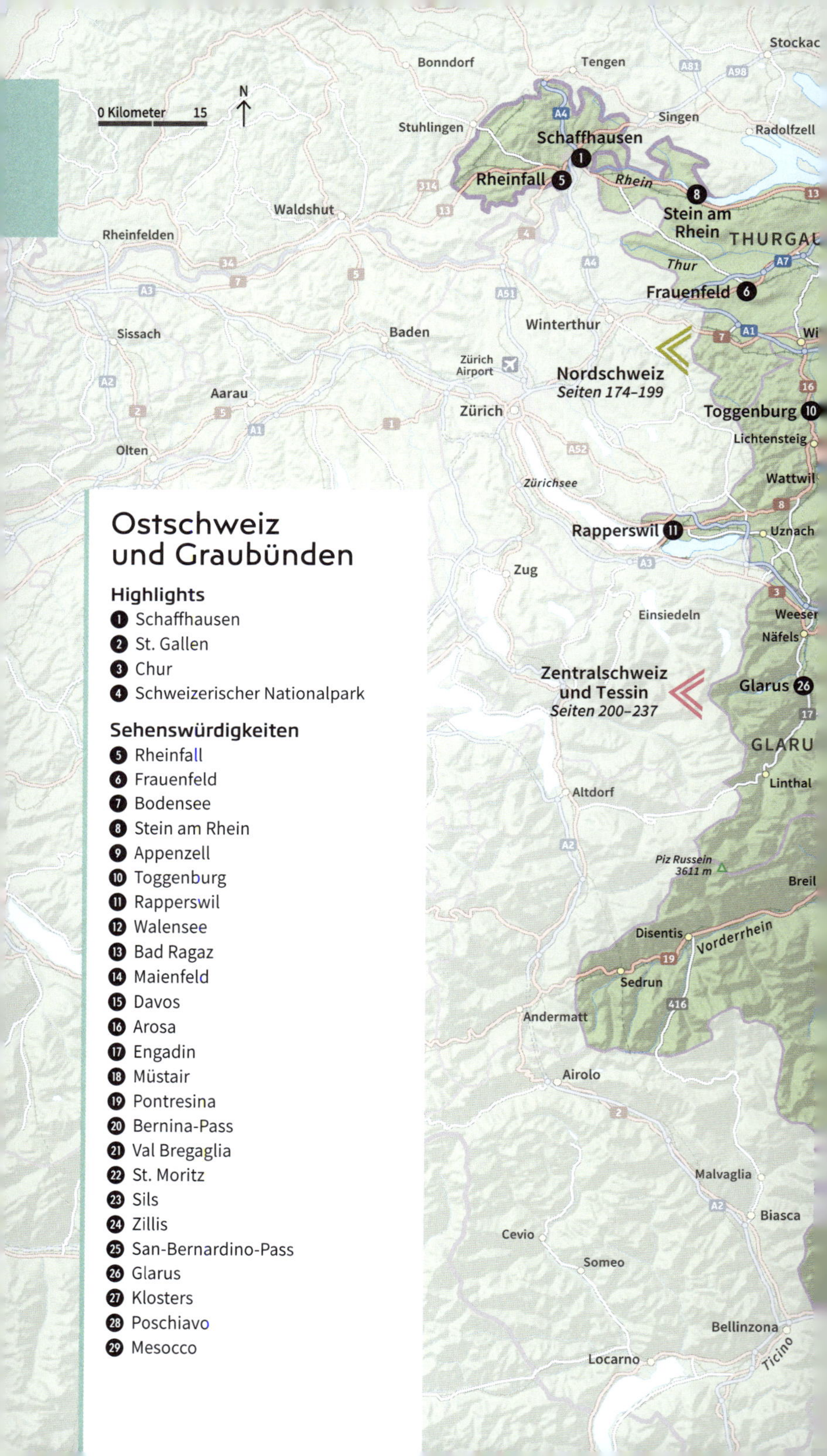

Ostschweiz und Graubünden

Highlights

1 Schaffhausen
2 St. Gallen
3 Chur
4 Schweizerischer Nationalpark

Sehenswürdigkeiten

5 Rheinfall
6 Frauenfeld
7 Bodensee
8 Stein am Rhein
9 Appenzell
10 Toggenburg
11 Rapperswil
12 Walensee
13 Bad Ragaz
14 Maienfeld
15 Davos
16 Arosa
17 Engadin
18 Müstair
19 Pontresina
20 Bernina-Pass
21 Val Bregaglia
22 St. Moritz
23 Sils
24 Zillis
25 San-Bernardino-Pass
26 Glarus
27 Klosters
28 Poschiavo
29 Mesocco

Ravensburg
Überlingen
Markdorf
DEUTSCH-LAND
Wangen im Allgäu
Konstanz
Kreuzlingen
Friedrichshafen
Bodensee
7
Weinfelden
Romanshorn
Lindau
Arbon
Bregenz
Rorschach
Airport St. Gallen-Altenrhein
2 St. Gallen
Gossau
Herisau
Dornbirn
Gais
Altstätten
9 Appenzell
Urnäsch
Rhein
Au
Riezlern
Damüls
Rankweil
Säntis 2504 m
Warth
Nesslau
Wildhaus
Feldkirch
SANKT GALLEN
Buchs
Bludenz
VADUZ
Landeck
12
Walenstadt
LIECHTEN-STEIN
Walensee
ÖSTERREICH
Sargans
14 Maienfeld
Garfrescha
Bad Ragaz 13
Piz Sardona 3057 m
Tamina
Jenaz
Martina
27 Klosters
Rhein
3 Chur
Weissfluhgipfel 2845 m
Silvrettagruppe
Scuol
Flims
15 Davos
Weisshorn 2650 m
Ilanz
16 Arosa
Ardez
17
Susch
Engadin
Lenzerheide
Thusis
Zernez
GRAUBÜNDEN
4
Müstair
24 Zillis
Schweizerischer Nationalpark
18
Vals-Platz
Savognin
Zuoz
Bergün
Valchava
Inn
Hinterrhein
Samedan
Livigno
Splügen
25 San-Bernardino-Pass
St. Moritz 22
19 Pontresina
Bormio
San Bernardino
Silvaplana
23 Sils
20 Bernina-Pass
29 Mesocco
Maloja-Pass
Val Bregaglia
Piz Bernina 4049 m
Frontale
Vicosoprano
Soazza
21
Stampa
28 Poschiavo
Chiavenna
Ponte di Legno
Brusio
ITALIEN
San Vittore
Tirano
Sondrio
Edolo
Morbegno
Ostschweiz und Graubünden

1

Schaffhausen

E2 45 km nördl. von Zürich 36 000 Vordergasse 73; +41 52 632 4020 schaffhauserland.ch

Die von einem malerischen historischen Zentrum geprägte Hauptstadt des gleichnamigen Kantons liegt am Nordufer des Rheins, etwa vier Kilometer oberhalb des spektakulären Rheinfalls.

Hier entluden die Rheinschiffer früher ihre Fracht, weshalb Schaffhausen bereits im frühen Mittelalter ein wichtiges Handelszentrum war. Die kopfsteingepflasterten Straßen der Altstadt werden von Gebäuden aus Gotik, Renaissance, Barock und Rokoko gesäumt. Zu den auffälligsten gehört das Haus zum Ritter, dessen Fassade kunstvolle Malereien zieren. Der mittelalterliche Fronwagplatz besitzt zwei Brunnen (16. Jh.) – den Landsknechtbrunnen mit der Statue eines Söldners und den Mohrenbrunnen mit der eines Mohrenkönigs. Südöstlich erhebt sich das Münster (11./12 Jh.), das früher Teil eines Benediktinerklosters war. In den Räumen des Klosters ist ein Museum mit prähistorischen und mittelalterlichen Artefakten untergebracht. Die Münsterglocke wurde 1486 geschmiedet. Ihr Motto inspirierte Schiller zu seinem Gedicht von 1799 *Das Lied von der Glocke.* Der Munot, eine ringförmige Festung auf einem Hügel östlich der Stadt, entstand im späten 16. Jahrhundert.

↑ *Über der Stadt aufragende Festung Munot – ein Wahrzeichen von Schaffhausen*

↑ *Haus zum Ritter mit Malereien (1568 – 70), die ritterliche Tugenden darstellen*

← *Statue eines Soldaten im Zentrum von Schaffhausen*

Blick von der Festung Munot über die Dächer der Stadt und die Kirche St. Johann (11.–16. Jh.) ↑

↑ *Eine Sehenswürdigkeit für sich ist der prächtige Hauptsaal der Stiftsbibliothek*

2

St. Gallen

F3 65 km östl. von Zürich 79 000 Bankgasse 9; +41 71 227 3737 Open Air St. Gallen (Ende Juni) stgallen-bodensee.ch

St. Gallen ist Hauptstadt des gleichnamigen Kantons und die größte Stadt der Ostschweiz. Ihre Wurzeln gehen bis 612 zurück, als sich der irische Mönch Gallus hier niederließ. Im Jahr 747 wurde ein Benediktinerkloster gegründet, im 8. Jahrhundert kam die Bibliothek hinzu. Heute sind Stiftskirche (18. Jh.) und Stiftsbibliothek Welterbe der UNESCO. Im Mittelalter war St. Gallen wichtiger Leinenproduzent, der den Stoff nach ganz Europa exportierte. Noch heute ist St. Gallen für seine Stickereien bekannt, von denen die Stadt im 19. Jahrhundert überwiegend lebte.

1

Textilmuseum

Vadianstrasse 2 +41 71 228 0010 tägl. 10–17 textilmuseum.ch

Das Museum spiegelt die Bedeutung der Stadt als wichtiges Zentrum der Textilindustrie wider und dokumentiert die Handwerkskunst von Weberei, Stickerei und Seidenspinnerei.

Zu den Höhepunkten der Sammlung gehören antike Stoffe aus koptischen Gräbern in Ägypten. Zu sehen sind außerdem die in St. Gallen entwickelten Muster und Textilproben sowie die verschiedenen Gerätschaften, die zu ihrer Herstellung notwendig waren.

2

Stiftsbibliothek

Klosterhof 6d +41 71 227 3416 tägl. 10–17 stibi.ch

Im Gegensatz zum Großteil des Klosters entging die einzigartige Stiftsbibliothek der Zerstörungswut der Reformation. Der 1758–1767 von Peter Thumb gestaltete Hauptsaal ist ein großartiges Beispiel barocker Baukunst mit Rokoko-Details. Der Holzboden weist Intarsien auf, die Decke Stuckwerk der Gebrüder Gigl und Trompe-l'Œil-Malereien von Josef Wannenmacher. In der Bibliothek lagern 170 000 Bücher und Manuskripte, u. a. eine Sammlung irischer Schriften (8.–11. Jh.) sowie das älteste deutsche Buch, der Abrogans (911). Im Westflügel der Klosteranlage ist das Lapidarium (Steinsamm-

Entdeckertipp

Bierflaschenmuseum

Das erste Bierflaschenmuseum des Landes (www.schuetzengarten.ch) versammelt akkurat aufgereiht mehr als 3000 (freilich leere) Flaschen von rund 260 Schweizer Brauereien aus 140 Orten. Das älteste Exponat, eine damals übliche Tonflasche, ist mehr als 160 Jahre alt.

Highlight

lung) der Stiftskirche mit archäologischen Funden. Nach 1900 erschienene Bücher kann man ausleihen, in älteren Werken vor Ort blättern.

③ Marktplatz

Der einstige Hauptplatz der Stadt liegt in der nördlichen Altstadt. Er ist von schönen Häusern (17.–18. Jh.) mit kunstvoll bemalte Fassaden umgeben. Viele Häuser haben verzierte Erker – typisch für die Architektur von St. Gallen.

In der Marktgasse am Südende des Platzes befindet sich der Uhrmacherladen Labhart mit einer Sammlung an Spieldosen – großartige Beispiele für den Erfindergeist der Schweizer.

Schon gewusst?

Die Universität St. Gallen wurde von einigen der kreativsten Künstler des 20. Jahrhunderts dekoriert.

④ St. Laurenzen

Marktgasse ☎ +41 71 222 6792 Mo 9:30–11:30, 14–16, Di–Sa 9:30–16 Uhr (Sommer: Di–Fr bis 18 Uhr) ref-sgc.ch

Die Kirche (15. Jh.) wurde mit der Reformation Hauptkirche der reformierten Bürgerschaft. Ihre neugotische Gestalt erhielt sie 1850–54. Vom Turm bietet sich ein schöner Blick über die Stadt.

⑤ Historisches und Völkerkundemuseum

Museumstrasse 50 ☎ +41 71 242 0642 Di–So 10–17 hvmsg.ch

Objekte aus der Frühgeschichte bis zum 20. Jahrhundert sowie Objekte ferner Kulturen stehen im Mittelpunkt des kinder- und familienfreundlichen Museums. Schwerpunkt ist die Historie der Stadt und des Kantons. Interessant sind die rekonstruierten Räume verschiedener Epochen. Zu den Highlights zählen ein Modell des Klosters (Stiftsbezirks) und ein Modell der Stadt, wie sie im 17. Jahrhundert aussah.

⑥ Kunst Halle Sankt Gallen

Davidstrasse 40 ☎ +41 71 222 1014 Di–Fr 12–18, Sa, So 11–17 Uhr 1. Jan, Karfreitag, 1. Aug, 24., 25., 31. Dez kunsthallesanktgallen.ch

Das Forum für Gegenwartskunst sieht sich als Bühne für experimentierfreudige Künstler. Die Ausstellungen wechseln häufig und spiegeln die aktuellen Entwicklungen in der modernen Kunst wider.

7

St. Gallen: Stiftskirche

Schon gewusst?
Der Hauptsaal der Bibliothek gilt als schönster nicht kirchlicher Barockraum der Schweiz.

Klosterhof 6a Kirche: Mo – Mi 6 –18:30 (Sommer bis 19), Do – Sa 7–18:30 (Sommer bis 19), So 7:30–18:30; Bibliothek: tägl. 10 –17; siehe Website wegen Umbau stiftsbezirk.ch

Die im Zentrum der historischen Stadt gelegene Abtei ist ein spektakuläres Beispiel der Barockarchitektur. Die Anlage umfasst auch das faszinierende Lapidarium mit archäologischen Exponaten sowie die prachtvoll ausgestaltete Stiftsbibliothek, die älteste Bibliothek der Schweiz.

Das Benediktinerkloster von St. Gallen wurde 719 gegründet und erlebte vom 9. bis zum 11. Jahrhundert seine Blütezeit. Die romanische Kirche und das Kloster, die damals entstanden, sind – abgesehen von der Krypta mit den Gräbern der Äbte – nicht erhalten. Die heutige barocke Stiftskirche (Kathedrale) wurde 1755 – 67 unter Leitung von Johann Michael Beer von Bildstein erbaut. Den Innenraum gestalteten bekannte Künstler. Der Stiftsbezirk mit seinen Kunstwerken und der Stiftsbibliothek gehört seit 1983 zum UNESCO-Welterbe.

→ *Barockes Meisterwerk: Stiftskirche von St. Gallen*

← *Fresken von Josef Wannenmacher schmücken die Decke des Innenraums*

Highlight

Die Zwillingstürme der Stiftskirche prägen das Stadtbild ↑

Expertentipp
Blick nach oben

Kunstvolle Stuckarbeiten finden sich überall in der Kirche, aber blicken Sie auch nach oben: Die Decke zieren meisterhafte farbenfrohe Fresken von Josef Wannenmacher (1722–1780).

3

Chur

F4 · 95 km südöstl. von Zürich · 40 000
Bahnhofplatz 3; +41 81 252 1818 · churtourismus.ch

Die Stadt Chur liegt am oberen Ende des Rheintals an einer Stelle, an der sich die alten Handelsstraßen zwischen den Alpen und dem Bodensee kreuzten. In diesem bereits seit mehr als 5000 Jahren besiedelten Gebiet gründeten die Römer im 1. Jahrhundert v. Chr. eine Siedlung. Um 450 n. Chr. wurde Chur zum Bistum ernannt. Unter der Herrschaft der Fürstbischöfe vom 12. bis zum 16. Jahrhundert blühte die Stadt regelrecht auf. Während der Reformation übertrug man die weltliche Macht den Kaufleuten, und Chur wuchs als Handelszentrum weiterhin stark an. Im Jahr 1803 wurde Chur Hauptstadt des Kantons Graubünden.

①

Rätisches Museum

Haus Buol, Hofstrasse 1
+41 81 257 4840
Di–So 10–17
raetischesmuseum.gr.ch

Dieses barocke Anwesen in einem ruhigen Innenhof hinter der Kirche St. Martin wurde 1675 von Baron Paul von Buol-Strassberg und Rietberg erbaut. Heute ist in dem Gebäude ein interessantes Museum zur Geschichte der Region untergebracht.

Die vielfältigen Exponate illustrieren die Geschichte Churs von prähistorischer Zeit bis ins 19. Jahrhundert. Zu sehen sind archäologische Funde der Räter, die die Region zuerst besiedelten, Funde aus der römischen Zeit Graubündens und mittelalterliche Reliquiare aus der Schatzkammer der Kathedrale.

Eine Auswahl an Einrichtungsgegenständen aus dem 17. Jahrhundert sowie charakteristische Zeugnisse der reichen Kultur und Volkskunst Graubündens vom 19. Jahrhundert bis in die Gegenwart runden die sehenswerte Sammlung ab.

②

Bischöflicher Hof

Hofplatz

Der umfangreiche Komplex mit Bischofsschloss liegt auf einer Terrasse im Osten der Altstadt von Chur. Das mächtig wirkende Anwesen wurde im 6. Jahrhundert über einer römischen Festung erbaut und ist im Lauf der Zeit mehrmals erweitert worden. Die dicken Mauern zeugen von der einstigen Wehrhaftigkeit der Anlage.

Ihre heutige Gestalt ist in erster Linie das Ergebnis mehrerer Umbauten im 18. und 19. Jahrhundert. Die gesamte Anlage ist immer noch Bischofssitz und deshalb für Besucher nicht zugänglich.

↑ *Abendsonne über Chur und die bis an den Stadtrand reichenden Weinberge*

Highlight

Unterirdisches Chur

Beim Bau einer Schule wurden im Jahr 1850 unterirdische Reste der Kirche St. Stephan aus dem 5. Jahrhundert entdeckt. Die frühere Friedhofskirche für die Bischöfe von Chur liegt direkt neben der Kirche St. Luzius. Beide können bei Führungen besichtigt werden.

③

St. Martin

St. Martinsplatz 10
+41 81 252 2292 Mo – Fr 8:30 – 11:30, 14 – 17

Schon im 8. Jahrhundert befand sich hier eine dem heiligen Martin geweihte Kirche. Das spätgotische Gotteshaus, das heute hier steht, wurde 1491 vollendet und ersetzte eine frühere Kirche, die 1464 durch einen Brand zerstört worden war. Der Kirchturm von 1534 wurde im Jahr 1917 durch den heutigen Turm ersetzt. Mitte der 1520er Jahre predigte hier der Reformator Martin Luther.

Besonders sehenswert im Innenraum von St. Martin sind die Schnitzereien des Gestühls und die drei bemerkenswerten Bleiglasfenster. Sie wurden von Augusto Giacometti zwischen 1917 und 1919 geschaffen und stellen die Weihnachtsgeschichte dar.

An Nord- und Südfassade sind noch Mauerreste des Baus aus dem 8. Jahrhundert zu erkennen.

④

St. Luzius

Alte Schanfiggerstrasse 9

Die Kirche ist dem hl. Luzius geweiht, dem Missionar, der das Christentum in diese Gegend brachte. Sie liegt auf einem Weinberg im Osten der Altstadt.

Erbaut wurde das Gotteshaus im 12. Jahrhundert an der Stelle eines karolingischen Baus (8. Jh.), dessen noch erhaltene Krypta besichtigt werden kann. Kunsthistorisch von Bedeutung ist auch der geschnitzte spätgotische Altar. Zur Kirche gehört auch ein Priesterseminar gleich nebenan.

Entdeckertipp
Filmreife Bar

Die Comercialstrasse wartet mit einem Highlight auf: Der aus Chur stammende Schweizer Künstler und Oscar-Preisträger HR Giger eröffnete hier 1992 die Giger Bar (www.hrgiger.com). Deren Flair prägen surrealistische Kreaturen und Alptraumlandschaften des Hollywood-Blockbusters *Alien*, bei dem Giger als Kostüm- und Szenenbildner mitwirkte.

⑤

Bündner Kunstmuseum

Bahnhofstrasse 35
+41 81 257 2870 Di–So 10–17 (Do bis 20)
kunstmuseum.gr.ch

Die Sammlungen von Churs Museum der schönen Künste verteilen sich auf zwei Gebäude. Bei einem handelt es sich um eine 1874/75 im Stil des Neoklassizismus errichtete Villa, die für den Unternehmer Jacques Ambrosius von Planta erbaut wurde, der u.a. als Kaufmann in Ägypten tätig war. Dies spiegelt sich im nahöstlichen Charakter der Innenausstattung des Gebäudes wider. Auch die Fassade dokumentiert die Affinität des Unternehmers zur Kultur des Nahen Ostens: Zwei Sphingen, die die Besucher zu beiden Seiten der Treppe willkommen heißen, und eine von einem Halbmond gekrönte goldene Kuppel im byzantinischen Stil geben dem Gebäude ein besonderes Ambiente.

Neben der Villa befindet sich das neuere preisgekrönte Nebengebäude, das nach Plänen des Architekten Barozzi Veiga gestaltet wurde. In den oberen Etagen befinden sich öffentliche Räume, während die Ausstellungen in den unteren Geschossen angeordnet sind. Eine Fußgängerzone verbindet die beiden Gebäude.

Die meisten Gemälde und Skulpturen der Sammlung stammen von Künstlern des 18. bis 20. Jahrhunderts, die in Graubünden geboren wurden oder dort arbeiteten, darunter Angelika Kauffmann, Giovanni Segantini, Ferdinand Hodler, Giovanni und Alberto Giacometti sowie Ernst Ludwig Kirchner. Darüber hinaus präsentiert das Bündner Kunstmuseum Werke von Mitgliedern der Gruppe Rot-Blau, einer Basler Künstlervereinigung der 1920er Jahre.

Schon gewusst?

Die Malerin Angelika Kauffmann aus Chur galt mit sechs Jahren als zeichnerisches Wunderkind.

⑥

Rathaus

Poststrasse nach telefonischer Anmeldung
chur.ch

Das gotische Rathaus wurde ab 1465 auf dem Grundriss eines älteren, niedergebrannten Gebäudes errichtet. Im Erdgeschoss befindet sich ein Arkadengang, der einst als Marktfläche diente. In den Obergeschossen gibt es zwei schön geschmückte Ratskammern, die eine mit einer Holzdecke, die andere mit einer Täfelung aus der Renaissance. In beiden Räumen sind Kachelöfen (17. Jh.) zu sehen.

⑦

Regierungsplatz

Der Platz im Norden der Altstadt wird von mehreren historischen Gebäuden gesäumt, die heute als Sitz der Kantonalbehörden dienen. Eines der schönsten ist das

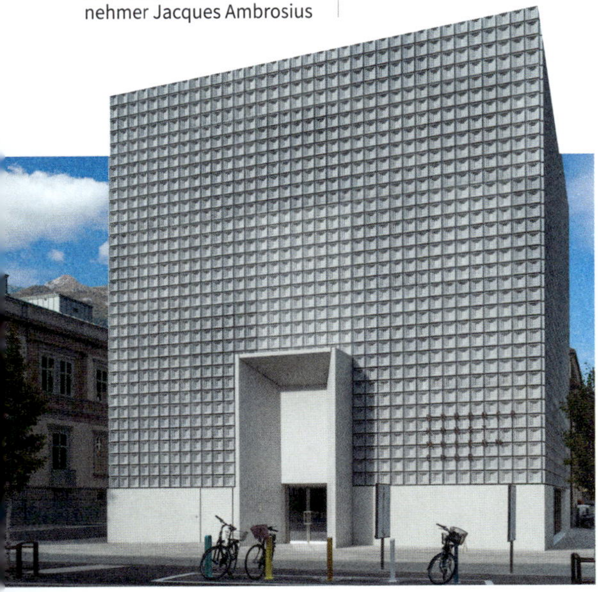

←
Moderner würfelförmiger Anbau des Bündner Kunstmuseums

↑ *Kunstvoll gestaltete Fassade eines Gebäudes in der Oberen Gasse*

Highlight

Restaurants

Veltliner Weinstube zum Stern
Die Zutaten für viele Gerichte stammen aus dem hauseigenen Gemüsegarten.
Reichsgasse 11
stern-chur.ch

Calanda
Lokal mit beliebtem Mittagsmenü und saisonalen Spezialitäten.
Postplatz
calanda-chur.ch

Gansplatz
Gutbürgerliche Gerichte in urigem Ambiente.
Goldgasse 22
gansplatz-chur.ch

»Graue Haus«, eine dreigeschossige Residenz aus dem Jahr 1752.

Das Vazerol-Denkmal, ein Obelisk in der Mitte des Platzes, erinnert an den freien Zusammenschluss einiger Graubündner Gemeinden im 14. Jahrhundert, als sich die Bevölkerung gegen die Fremdherrschaft auflehnte.

8

Bündner Naturmuseum

Masanserstrasse 31
+41 81 257 2841
Di–So 10–17
naturmuseum.gr.ch

Das Museum widmet sich der traumhaft schönen Natur des Kantons Graubünden. Es präsentiert eine interessante Sammlung von Gesteinen und Mineralien aus den Bergregionen der Umgebung. Einzelne Proben können durch Mikroskope betrachtet werden. Darüber hinaus sind Pflanzen und Tierpräparate zu besichtigen.

9

Obere Gasse

Churs schönste Shopping-Meile verläuft vom St. Martinsplatz zum Obertor, dem gotischen Stadttor am Ufer des Flusses Plessur. Sie wird von historischen Häusern gesäumt, in denen heute schicke Boutiquen, Restaurants, Cafés und Bars untergebracht sind.

An den Samstagvormittagen im Sommer wird in der Oberen und Unteren Gasse ein Markt abgehalten.

→ *Skulptur eines Steinbocks, dem Wappentier von Chur*

⑩

Chur: Kathedrale

Hof +41 81 252 2076 Mo–Sa 6–19 (Di ab 8), So 7–19 bistum-chur.ch/kathedrale

Der offiziell als Kathedrale St. Mariä Himmelfahrt bekannte Kirchenbau ist eine historische Kultstätte. Während der Reformation beschränkte sich die katholische Gemeinde der Stadt auf den Dom und den umliegenden Bischofshof.

Die um 1150 begonnene und um die Mitte des 13. Jahrhunderts vollendete Kathedrale St. Mariä Himmelfahrt zeigt eine gelungene Stilmischung aus Romanik und Gotik. Der östliche Abschnitt ist der älteste Teil der Basilika. Das Mittelschiff mit romanischen Säulen und gotischem Gewölbe sowie der von einer Laterne gekrönte Turm wurden erst später hinzugefügt. Die Fassade wurde nach einem Brand im 19. Jahrhundert umgestaltet. Die Kathedrale hat einen unregelmäßigen Grundriss, Chor und Mittelschiff bilden keine Flucht. Schön ist das Altar-Triptychon (15. Jh.).

← *Kapitell in der Krypta in Form eines Mannes, der auf einem Löwen reitet*

Highlight

1 *Die Kathedrale ist leicht an ihrem Glockenturm zu erkennen.*

2 *Der kunstvolle Hochaltar (1492) ist ein Werk von Jacob Russ.*

3 *Das Bleiglasfenster der Westfassade zeigt Szenen aus dem Leben der Jungfrau Maria.*

1

2

3

Die Kapitelle im **Mittelschiff** sind herausragende Beispiele der romanischen Steinmetzkunst in der Schweiz.

Reliefs mit biblischen Szenen zieren die **Kanzel**.

Bleiglasfenster an der Westfassade

Schon gewusst?

Die im Oktober 1993 gestohlenen Altarbilder konnten vier Jahre später sichergestellt werden.

Die Kathedrale ist immer noch **Bischofskirche.**

Haupteingang

↑ *Darstellung von Churs Kathedrale St. Mariä Himmelfahrt*

4

Schweizerischer Nationalpark

G4 150 km südöstl. von Zürich Zernez Besucherzentrum in Zernez; +41 81 851 4141 Zeiten der Website entnehmen nationalpark.ch

Der erste Nationalpark in den Alpen wurde 1914 gegründet. Das vielfältige und ökologisch überaus wertvolle Naturreservat bedeckt eine Fläche von 170 Quadratkilometern mit Tälern, Kiefern- und Lärchenwäldern, blumenübersäten Wiesen und schneebedeckten Berggipfeln.

Am besten erkundet man das Schutzgebiet auf einem der gut markierten Wege des insgesamt rund 80 Kilometer langen Netzes an Wanderwegen, an die man sich aus Naturschutzgründen auch halten sollte. Viele beginnen am Parkplatz an der Ofenpassstrasse, der einzigen Straße durch den Park. Fauna und Flora präsentieren sich artenreich. Eine kostenlose App bietet detaillierte Karten und Informationen (u. a. mit Übernachtungsmöglichkeiten). Der Ova Spin an der Westgrenze des Parks eröffnet einen sehr schönen Blick über die Umgebung, beliebte Aussichtsberge im Osten sind Piz Nair und Munt la Schera.

TOP 5 Tiere in den Alpen

Steinbock
Die berühmten Bergbewohner erkennt man an ihren langen Hörnern.

Gämse
Die scheuen Tiere bewegen sich auch an Steilhängen geschickt.

Steinadler
Hoch über der Gebirgsszenerie ziehen Adler ihre Kreise.

Viper
Die einzigen Schlangen des Parks liegen häufig regungslos im Gras.

Murmeltiere
Diese Nagetiere sieht man nur selten über die Bergwiesen huschen.

→ *Nach einer anspruchsvollen Bergwanderung kann man in einer urigen Hütte* (Detail) *übernachten*

1 *Die Aussichtsplattform am Piz Nair bietet einen Blick auf die Bergkulisse und den Silvaplanersee.*

2 *Im Park gibt es viele Wanderwege, die von Mai bis Oktober begehbar sind.*

3 *Statue eines Steinbocks, eines der bekanntesten Tiere des Parks, auf dem Munt la Schera.*

SEHENSWÜRDIGKEITEN

5
Rheinfall

E2 Neuhausen, Rheinfallquai 3; +41 52 670 0237 rheinfall.ch

Bei Neuhausen, etwa vier Kilometer flussabwärts von Schaffhausen, stürzt der Rhein über Felsen in die Tiefe. Der Rheinfall ist der größte Wasserfall Mitteleuropas – zwar nur 23 Meter hoch, dafür aber 150 Meter breit. Dieses Naturschauspiel zieht viele Besucher an, die im Sommer mit dem Zug von Schaffhausen kommen.

Einen schönen Blick auf den Rheinfall hat man von Schloss Laufen aus, einem Renaissance-Schloss mit Ecktürmen südlich vom Fluss. Vom Schloss führen Treppen zu Aussichtsplattformen am Wasserfall. Es werden auch Bootsausflüge angeboten. Der Rheinfall wird abends (allerdings nicht ganzjährig) illuminiert. Am Nationalfeiertag (1. August) gibt es ein großes Feuerwerk.

Fotomotiv
Mitten im Wasserfall

Erleben Sie die atemberaubende Pracht des Rheinfalls bei einer Bootsfahrt. Ausgehend vom nahe gelegenen Schaffhausen *(siehe S. 242f)* halten die Touren an einem mächtigen Felsen inmitten des Rheinfalls.

6
Frauenfeld

E2 26 000 Bahnhofplatz 75; +41 52 721 3128 frauenfeld.ch

Der Hauptort des Kantons Thurgau liegt westlich des Bodensees an der Murg. Im Zentrum sind viele alte Bürgerhäuser zu sehen, u. a. das Baliere am Kreuzplatz, ein Riegelhaus, in dem heute die Städtische Galerie untergebracht ist, und das barocke Luzemhaus, das das Naturmuseum und das Museum für Archäologie beherbergt. Die Wurzeln des Frauenfelder Schlosses mit dem Historischen Museum reichen bis ins 13. Jahrhundert zurück.

Umgebung: In Ittingen, rund vier Kilometer nördlich von Frauenfeld, ist die Kartause Ittingen aus dem 15. Jahrhundert sehenswert. Die Klosteranlage wurde restauriert und ist heute ein Schulungs- und Tagungszentrum. Neben einem Restaurant und einem Gutsbetrieb mit Laden beherbergt sie auch zwei Museen: Kunstmuseum und Ittinger Museum.

7
Bodensee

F2 Seestrasse 45, Kreuzlingen; +41 71 531 0131 thurgau-bodensee.ch

Der Bodensee grenzt an Deutschland und Österreich und markiert die Nordostgrenze der Schweiz. Rund um den See gibt es viele Möglichkeiten für Bootsausflüge. Auch Outdoor-Sportlern wie Segler, Surfer, Kajakfahrer, Radfahrer und Wanderer bietet sich ein großes Angebot an Aktivitäten. Das gesamte Netz an Radwegen hat eine Länge von rund 340 Kilometern.

→ *Rheinfall: Mitteleuropas größter Wasserfall unterhalb von Schloss Laufen*

→

Der kopfsteingepflasterte Rathausplatz in Stein am Rhein

Der Bodensee ist 63 Kilometer lang, an der breitesten Stelle 14 Kilometer breit, 251 Meter tief und wird vom Rhein durchflossen. Das West- und Südufer des Sees ist Schweizer Staatsgebiet.

Kreuzlingen ist die größte Schweizer Stadt am See. Zu den Sehenswürdigkeiten gehören einige Kirchen wie die ehemalige Klosterkirche St. Ulrich und St. Afra. Weitere Attraktionen am Ufer sind Schloss Arenenberg (16. Jh.), die Burg Gottlieben und das Städtchen Steckborn.

8

Stein am Rhein

E2 3500
Oberstadt 3; +41 52 632 4032 steinamrhein.ch

Fachwerkhäuser und verzierte Fassaden (16. h.) prägen das Bild der Stadt, die von den Römern gegründet wurde. Im 11. Jahrhundert ließ Heinrich II. hier ein Benediktinerkloster errichten. Die beiden Stadttore Obertor und Untertor sind erhalten.

Der Rathausplatz wird von bemalten Häusern gesäumt. Die Malereien orientierten sich an den Namen der Häuser, z. B. Zur Sonne oder Roter Ochse, das älteste Gasthaus der Stadt. Das Rathaus stammt aus dem 16. Jahrhundert.

Im **Museum Lindwurm** kann man eine Zeitreise in die Lebenswelt und bürgerliche Wohnkultur des 19. Jahrhunderts machen.

Vom Benediktinerkloster St. Georgen und seiner Kirche (12. Jh.) hat man einen Blick auf den Rhein. Die im Stil des 16. Jahrhunderts eingerichteten Klosterräume beherbergen heute das **Klostermuseum St. Georgen**.

Museum Lindwurm
Understadt 18
März – Okt: Di – So 11 – 17
museum-lindwurm.ch

Klostermuseum St. Georgen
Fischmarkt 3
+41 52 741 2142
Apr, Mai, Sep, Okt: Di – So 11 – 17; Juni – Aug: Di – So 11 – 18
klostersanktgeorgen.ch

Rhätische Bahn

Bergbahnen sind in der Schweiz ein bewährtes Transportmittel. Zu den schönsten Strecken gehören die von der Rhätischen Bahn betriebene Albulalinie zwischen Thusis am Hinterrhein und St. Moritz im Engadin sowie die Berninalinie von St. Moritz über den Bernina-Pass ins italienische Tirano. Beide Strecken gehören zum UNESCO-Welterbe.

9

Appenzell

F3 Appenzell, Hauptgasse 4; +41 71 788 9641 appenzell.ch

Die Region Appenzell ist eine Enklave im Kanton St. Gallen. Sie besteht aus zwei Halbkantonen: Appenzell-Ausserrhoden im Norden und Westen und Appenzell-Innerrhoden im Süden. Vom 10. bis zum 15. Jahrhundert gehörte Appenzell zum Territorium der Stiftskirche St. Gallen *(siehe S. 246f)*. Nach Erlangung der Unabhängigkeit trat Appenzell 1513 der Schweizerischen Eidgenossenschaft bei.

Appenzell-Ausserrhoden, der größere der beiden Halbkantone, ist protestantisch und industriell geprägt, Appenzell-Innerrhoden ist katholisch, großteils bäuerlich und hat einen blühenden Tourismus. Innerrhoden ist für Viehzucht und Milchprodukte – vor allem für Käse – bekannt.

Wie viele Orte der Region, so hat auch Appenzell, der Kantonalhauptort von Innerrhoden, einen Landsgemeindeplatz, auf dem regelmäßig Volksabstimmungen stattfinden. Das historische Zentrum von Appenzell ist voller bunt bemalter Holzhäuser. Sehenswert sind das Rathaus (16. Jh.) und die barocke Kirche St. Mauritius aus dem 16. Jahrhundert.

Expertentipp
Appenzeller Whiskytrek
Bei der wohl höchstgelegenen Whiskytour der Welt führt ein Weg über den Alpstein zu 25 Berggasthäusern. Jedes davon bietet seinen eigenen Appenzeller Whisky an (www.saentismalt.com).

Die Geschichte und Kultur Appenzells werden im **Museum Appenzell** veranschaulicht. Hier gibt es Trachten und Kopfschmuck, Stickereien und Kuhglocken zu sehen.

Südlich von Appenzell befindet sich das Alpstein-Massiv, dessen höchster Gipfel, der Säntis, 2502 Meter hoch aufragt. Er ist bei Wanderern und Bergsteigern sehr beliebt und kann per Seilbahn von der Schwägalp aus erreicht werden.

Das Dorf Urnäsch in Ausserrhoden, nordwestlich des Säntis, bietet seinen Gästen ein Heimatmuseum, das **Appenzeller Brauchtumsmuseum**. Es zeigt rekonstruierte Innenräume eines Bauernhauses sowie Trachten und Kunsthandwerk.

Nördlich von Urnäsch liegt Herisau, der Kantonalhauptort von Appenzell-Ausserrhoden. Der Marktflecken besitzt attraktive Holzhäuser und eine Kirche mit Rokoko-Ausstattung von 1520. Im Rathaus ist ein Geschichtsmuseum mit Exponaten zur regionalen Geschichte untergebracht.

In Stein, einem ruhigen Dorf östlich von Herisau, gibt es ebenfalls ein sehenswertes Museum sowie eine interessante Schaukäserei. Die Ausstellungsstücke im **Appenzeller Volkskunde-Museum** illustrieren das Leben, die Kultur und das Handwerk der einheimischen Bevölkerung.

In der **Appenzeller Schaukäserei** kann man bei der Käseherstellung zusehen.

Die Marktgemeinde Gais im Zentrum der Region Appenzell ist für ihre geschweiften, verzierten Häusergiebel bekannt und ein guter Ausgangspunkt für Ausflüge.

Naturschauspiel: Thurwasserfälle in Unterwasser, Toggenburg ↑

← *Auch Stilmöbel präsentiert das kulturgeschichtliche Museum Appenzell*

Museum Appenzell
Appenzell, Hauptgasse 4 Apr – Okt: Mo – Fr 10 –12, 13:30 –17; Nov – März: Di – So 14 –17 museum.ai.ch

Appenzeller Brauchtumsmuseum
Urnäsch Apr – Okt: Mo – Sa 9 –11:30, 13:30 –17, So 13:30 –17; Nov – März: Mo – Fr 9 –11:30, Sa 9 –11:30, 13:30 –17, So 13:30 –17 museum-urnaesch.ch

Appenzeller Volkskunde-Museum
Stein Di – So 10 –17 appenzeller-museum.ch

Appenzeller Schaukäserei
Ⓜ Stein ◷ tägl. 9–17:30 (Käseproduktion tägl. bis 15) w schaukaeserei.ch

10 Toggenburg

E3 · i Wildhaus, Hauptstrasse 104; +41 71 999 9911 w toggenburg.swiss

Das Toggenburg ist ein Tal, das sich entlang den Flüssen Thur und Necker von Norden nach Süden zieht – zwischen Wil und Wattwil, dann östlich in Richtung Alt St. Johann, wo es Oberes Toggenburg heißt.

Mit dem Alpstein-Massiv im Norden und dem Churfirsten-Massiv im Süden geht das Obere Toggenburg schließlich ins Rheintal über. Im Toggenburg verlaufen mehr als 300 Kilometer Wander- und Radwege. Die sanften Hänge sind exzellente Skipisten. Attraktive Orte und Dörfer säumen das Tal, u. a. Wil und Lichtensteig.

Wildhaus, ein hübscher Ferienort im östlichen Teil des Oberen Toggenburg, ist der Geburtsort des Schweizer Reformators Ulrich Zwingli. Das Bauernhaus, in dem er 1484 zur Welt kam, ist zugänglich. Mit zehn Minuten Fußweg vom Dorf Unterwasser erreicht man die imposanten Thurwasserfälle, wo die Säntisthur 23 Meter in die Tiefe stürzt.

11 Rapperswil

E3 · 7500 · i Fischmarktplatz 1; +41 55 225 7700 w rapperswil-zuerichsee.ch

Das Städtchen, eigentlich Rapperswil-Jona, im Kanton St. Gallen liegt auf einem Felsvorsprung am Nordufer des Zürichsees. Der moderne Teil ist wenig interessant, in der Altstadt kann man jedoch schöne Spaziergänge unternehmen.

Jenseits der Uferpromenade befinden sich enge Gassen mit arkadenverzierten Häusern und kleine Plätze mit Cafés und Fischlokalen.

Rapperswil ist auch als »Stadt der Rosen« bekannt: Zwischen Mai und Oktober füllt sich die Luft mit dem Duft der zahlreichen Rosengärten der Stadt. Einer der Rosengärten liegt in einem alten Kapuzinerkloster, ein anderer wurde speziell für Blinde angelegt.

Neben dem Rathaus (15. Jh.) und der Kirche gehört eine gotische Burg (Schloss Rapperswil), deren drei Türme sich über die Stadt erheben, zu den Sehenswürdigkeiten. Von hier aus kann man bis nach Zürich im Norden und zu den Glarner Alpen im Südwesten blicken.

Schon gewusst?

Die 1755 in Rapperswil geborene Marianne Ehrmann war eine der ersten deutschsprachigen Verlegerinnen.

↑ *Hübscher Rosengarten im Hof von Schloss Rapperswil*

⑫
Walensee

EF3
Am Platz 1, Bad Ragaz; +41 81 300 4020
heidiland.com

Der schmale See markiert die Grenze zwischen den Kantonen St. Gallen und Glarus. Er ist etwa 15 Kilometer lang und nur zwei Kilometer breit und liegt in einem tiefen Tal zwischen dem Churfirsten-Massiv im Norden und den Glarner Alpen im Südosten.

Eine Eisenbahnlinie und die Autobahn von Zürich nach Chur führen am Südufer des Sees entlang. Die meisten Ortschaften am steilen Nordufer kann man nur per Boot oder zu Fuß erreichen, so z. B. Weesen.

Etwas weiter südlich liegt Näfels mit dem Freulerpalast (1647), einem Spätrenaissance-Bau mit dem Museum des Kantons Glarus.

Der Nachbarort Mollis zeichnet sich durch gut erhaltene Bürgerhäuser und Villen (18. Jh.) aus. Walenstadt am Ostufer des Sees bietet hervorragende Möglichkeiten, die Umgebung zu erkunden, u. a. den Walenstadtberg, rund acht Kilometer nordwestlich, und den Berschis, sechs Kilometer südöstlich.

⑬
Bad Ragaz

F4 6670 Am Platz 1; +41 81 300 4020
Maibär (1. So im Mai)
heidiland.com

Bad Ragaz am Fluss Tamina ist eines der bekanntesten Thermalbäder der Schweiz mit einem Grandhotel und Golfplätzen. Die Quellen werden bei rheumatischen und Atemwegserkrankungen eingesetzt. Das Thermalbad verfügt über mehrere Innen- und Außenbecken. Sehr bekannt ist die Tamina-Therme im Ortszentrum.

In Bad Ragaz ist die Gemeindekirche (18. Jh.) mit barocken Wandgemälden sehenswert. Im Rathaus sind Gemälde und Zeichnungen aus Bad Ragaz und Umgebung ausgestellt.

Schon gewusst?

1535 erkannte der Schweizer Arzt Paracelsus die Heilkräfte der heißen Quellen von Bad Pfäfers.

Neben den Skipisten am Pizol und den Golfplätzen besitzt der Ort Tennisplätze sowie weitere Sportstätten.

Umgebung: Rund fünf Kilometer südlich liegt Bad Pfäfers, ein weiteres Thermalbad mit Barockkirche und einem ehemaligen Benediktinerkloster, das heute ein Museum beherbergt.

Südwestlich von Bad Ragaz liegt die beeindruckende Taminaschlucht. Einen Abstecher wert ist auch Sargans mit seinen klassizistischen Gebäuden und Schloss Sargans, einer gotischen Burganlage.

Die Ski- und Snowboardpisten in Davos eignen sich für mittelgute bis sehr erfahrene Skifahrer. Für Anfänger gibt es einige Ski- und Snowboard-Schulen.

14 Maienfeld

F3 2500
Bahnhofstrasse 1; +41 81 720 08 20 heidiland.com

Maienfeld liegt in den Bergen oberhalb von Bad Ragaz im Zentrum des Heidilands. Johanna Spyri wählte diese Region der Schweizer Alpen als Schauplatz für ihren Roman *Heidi* (1881). Die Geschichte des kleinen Mädchens wurde zum Klassiker der Kinderliteratur und mehrere Male verfilmt.

Ein leichter Wanderweg führt hinauf nach Oberrofels. Hier können Besucher Heidis Haus besichtigen, ein Holzchalet, in dem der Alltag von Heidi und ihrem Großvater, dem Alm-Öhi (Alpöhi), lebendig wird.

15 Davos

F4 12 150
Talstrasse 41; +41 81 415 2121 Swiss Alpine Marathon (Juli) davos.ch

Davos ist einer der größten Schweizer Wintersportorte und »Hauptstadt« des Snowboardens. Das Dorf entwickelte sich in den 1860er Jahren zu einem Heilzentrum für Lungenkranke und wurde in den 1930er Jahren zum Skiort. Es ist Kongresszentrum, u. a. für das World Economic Forum (WEF).

Davos wird auch mit Thomas Mann (1875–1955) in Verbindung gebracht, der hier 1911 zu seinem berühmten Roman *Der Zauberberg* inspiriert wurde. Der expressionistische Maler Ernst Ludwig Kirchner ließ sich 1917 in Davos nieder. Im **Kirchner Museum** ist die weltweit größte Sammlung seiner Werke ausgestellt, u. a. alpine Landschaften.

Die Ski- und Snowboardpisten eignen sich für mittelgute bis sehr erfahrene Skifahrer. Für Anfänger gibt es einige Ski- und Snowboard-Schulen sowie etwas weniger anspruchsvolle Abhänge. Im Sommer kann man golfen, Tennis spielen, wandern, klettern und reiten.

Umgebung: 15 Kilometer östlich von Davos zeigt das Muzeum Susch eine Sammlung zeitgenössischer Kunst.

Kirchner Museum
Promenade 82
Di–So 11–18
kirchnermuseum.ch

← *Boote im kleinen Hafen von Weesen am idyllisch gelegenen Walensee*

↑ *Pistenspaß am Hörnli beim berühmten Wintersportort Arosa*

16 Arosa

F4 3000 Poststrasse 27; +41 81 378 7020 arosalenzerheide.swiss

Arosa ist einer der schönsten Ferienorte der Schweiz. Er liegt auf einer Höhe von 1800 Metern, erfreut sich jedoch eines milden Klimas.

Ausserarosa ist der Hauptort, Innerarosa das ursprüngliche Dorf. Das **Heimatmuseum Arosa-Schanfigg** widmet sich regionaler Volkskunst.

Im Winter bieten die Hänge des Weisshorns (für erfahrene Skifahrer) und des Hörnli und Prätschli (für mittelgute Skifahrer) Spaß für Aktivsportler. Die 70 Kilometer an Pisten gelten als schneesicher. Im Sommer ziehen mehr als 200 Kilometer lange Wege Wanderer und Mountainbiker an. Wassersportmöglichkeiten auf Ober- und Untersee sind weitere Attraktionen.

Heimatmuseum Arosa-Schanfigg
Poststrasse, Innerarosa Mitte Juni–Mitte Okt: Mo, Mi, Fr 14:30–16:30 (Juli, Aug: auch So); Mitte Dez–Mitte Apr: Di, Fr 14:30–16:30 arosamuseum.ch

← *Wanderer in Ardez, einem für seine aufwendig bemalten Fassaden bekannten Ort*

17 Engadin

G4 · Via Maistra 1, St. Moritz; +41 81 830 0001 · engadin.ch

Das Engadin erstreckt sich über 80 Kilometer vom Fuß der Rätischen Alpen bei St. Moritz nach Nordosten bis zur österreichischen Grenze. Es wurde nach dem hier entspringenden Inn benannt, der auf Rätoromanisch »En« heißt.

Das Hochtal liegt tief eingeschnitten zwischen schroffen Felsen – das Oberengadin im Südwesten, das Unterengadin im Nordosten. Das Oberengadin (Engiadina Ota auf Rätoromanisch) verläuft zwischen Maloja-Pass und Zernez. Der Talboden liegt auf einer Höhe von etwa 1800 Metern und wird auf beiden Seiten von Gletschern und schneebedeckten Gipfeln gesäumt.

Im Oberengadin befinden sich bekannte Wintersportorte wie Pontresina und St. Moritz *(siehe S. 264f)*.

Das Unterengadin (Engiadina Bassa) liegt zwischen Zernez und Martina. Die ausgesprochen malerische Region hat viele hübsche Dörfer zu beiden Seiten des Inn zu bieten. In vielen der Orte gibt es Häuser mit Sgraffito-Fassaden. Bei dieser Maltechnik werden Muster in die oberste Putzschicht eingearbeitet. Besonders schöne Sgraffito-Arbeiten findet man in Guarda, einem Dorf am Inn. Das Städtchen Ardez ist gleichfalls für seine bemalten Häuser bekannt. Eines dieser Häuser ziert eine hübsch gestaltete Erzählung der Genesis und der Vertreibung Adams und Evas aus dem Garten Eden.

Der Hauptort des Unterengadins mit Thermen und Regionalmuseum ist Scuol (Schuls). Am gegenüberliegenden Ufer des Inn befinden sich die Dörfer Vulpera, das malerische Häuser und eine Burg (11. Jh.) aufweist, und Tarasp mit einer Therme. Die Burg Chaste Tarasp liegt auf einem Felsvorsprung oberhalb des Dorfs.

Im nahe gelegenen S-charl kann man eine große Blei- und Silbermine besichtigen.

Das Unterengadin ist ein idealer Ausgangspunkt für die Erkundung der Silvretta-Gruppe im Norden und des Schweizerischen Nationalparks *(siehe S. 254f)* im Süden.

18 Müstair

G4 · 750 · Plaun Grond 24J, Tschierv; +41 81 861 8840 · val-muestair.ch

Versteckt im Val Müstair (Münstertal) und fast an der italienischen Grenze liegt die Gemeinde Müstair (Münster). Sie wurde nach dem um 780 n. Chr. von Karl dem Großen gegründeten Kloster benannt. Seit dem 12. Jahrhundert wird das Anwesen als Benediktinerinnenkloster genutzt. Es ist eines der ältesten Gebäude der Schweiz.

Skilanglauf im Engadin

Neben Skifahren auf den zahlreichen Pisten zählt auch Skilanglauf auf bestens präparierten Loipen zu den beliebtesten Sportarten im Engadin. Insgesamt stehen rund 230 Kilometer Loipen in der Region zur Verfügung. Der Engadin Skimarathon findet alljährlich im März statt. Etwa 14 000 Langlaufbegeisterte nehmen an diesem Rennen teil.

Die sehenswerte Kirche **Son Jon** (St. Johann) ist mit im 12. Jahrhundert übertünchten, nun wieder freigelegten Fresken aus karolingischer Zeit geschmückt. Sie sind der Grund, warum die Kirche seit 1983 zum Welterbe der UNESCO gehört. Auf den Fresken an den Seitenwänden der Kirche sind Szenen aus dem Leben Christi dargestellt, auf den Fresken im Presbyterium Szenen aus dem Leben Johannes' des Täufers. Die Westwand ziert eine Darstellung des Jüngsten Gerichts. Einige der Fresken (Szenen aus dem Leben Davids) sind heute im Landesmuseum Zürich *(siehe S. 164f)* zu sehen.

In der Kirche befinden sich eine lebensgroße Statue Karls des Großen (12. Jh.) und ein Relief der Taufe Christi (11. Jh.). In dem kleinen Museum in der Nähe sind karolingische Plastiken und Reliefs sowie Barockskulpturen ausgestellt.

Son Jon (St. Johann)
Kirche: tägl. (Heiligkreuzkapelle nur Führung); Museum: Mai – Okt: Mo – Sa 9 –17, So 13:30 –17; Nov – Apr: Mo – Sa 10 –12, 13:30 –16:30, So 13:30 – 16:30 muestair.ch

19

Pontresina

G5 2000 Via Maistra 133; +41 081 838 8300 pontresina.ch

Der überaus beliebte Ferienort Pontresina im Oberengadin liegt am Eingang des Val Bernina in einer Höhe von 1800 Metern.

Zu den interessantesten historischen Gebäuden zählen der romanische Spaniola-Turm und die Kapelle Santa Maria. Auf den romanischen Fresken der Kirche sind u. a. Szenen aus dem Leben Maria Magdalenas dargestellt. Das **Museum Alpin** in einem alten Engadiner Haus, in der Chesa Delnon, widmet sich der Geschichte Pontresinas.

Pontresina ist das ganze Jahr über stark frequentiert. Im Winter kann man an den Hängen von Diavolezza und Lagalb Ski fahren. Im Engadin gibt es ein dichtes Netz an Loipen, Ski- und Snowboardpisten. Im Sommer kann man wandern oder auf anspruchsvollen Routen Ausflüge zu den Gipfeln des Alp Ota und Munt della Bescha unternehmen.

Der Weg zum Val Roseg führt auch zum Gletscher am Fuß des Piz Roseg.

Schon gewusst?

Kletterer können den Piz Bernina (4049 m) bezwingen, den höchsten Gipfel der Rätischen Alpen.

Museum Alpin
Via Maistra 199
+41 81 838 8349 Mitte Juni – Mitte Okt, Ende Dez – Mitte Apr: Mo – Sa 15:30 –18

20

Bernina-Pass

G5

Der Bernina-Pass (Passo del Bernina) ist mit 2328 Metern der höchste Punkt auf der alten Straße von St. Moritz nach Tirano in Italien.

Die Passstraße führt ins Val Bernina auf der Nordseite hinauf und über das Val di Poschiavo im Süden hinunter. Den Pass überquert auch der Bernina Express *(siehe S. 274)*. Vom Pass hat man eine atemberaubende Aussicht auf die Rätischen Alpen im Norden und den Stausee Lago Bianco im Süden.

↑ *Der Bernina Express befährt eine der schönsten Bahnstrecken der Schweiz*

21

Val Bregaglia

F5 · Strada Principale 101, Stampa; +41 81 822 1555 · bregaglia.ch

Der westliche Ausläufer des Inntals führt zum Maloja-Pass (1815 m), der auch die Westgrenze des Engadins markiert. Auf der Westseite des Passes schlängelt sich eine Straße ins Val Bregaglia hinab, eines der italienischsprachigen Täler von Graubünden.

Das Tal besitzt viele reizvolle Wanderwege und außergewöhnliche Felsformationen, was es bei Bergsteigern besonders beliebt macht. Zudem wird es von Burgruinen und Kirchen gesäumt.

Hauptort ist Vicosoprano mit sehenswerten Villen. Weiter südlich liegt Stampa, der Geburtsort der Künstler Augusto Giacometti und seines Sohns Alberto. Werke der beiden Künstler zeigt das Museum in der Casa Grande (16. Jh.) in Stampa.

Im hübschen Dorf Soglio an einem Nordhang des Tals starten zahlreiche Rundwanderwege.

Essen in St. Moritz

St. Moritz ist für seine lebhafte kulinarische Szene auch bei Gourmets sehr beliebt. Kein Wunder, sind hier doch einige der renommiertesten Starköche aktiv. Das Gourmet Festival lockt alljährlich im Januar Scharen von Feinschmeckern an, die hier raffiniert und einfallsreich zubereitete Speisen genießen. Neben regionalen Köstlichkeiten kann man Gerichte aus der ganzen Welt probieren.

22

St. Moritz

F5 · 5200 · Via Maistra 12; +41 81 837 3333 · Gourmet Festival (Jan); British Classic Car Meeting (Juli) · stmoritz.ch

Der wohl mondänste Wintersportort der Welt liegt in 1800 Meter Höhe auf einer Terrasse am Nordufer des Moritzersees (»Lej da San Murezzan« auf Rätoromanisch). St. Moritz (San Murezzan) ist von Bergen umgeben, die im Winter zum Skifahren und Snowboarden, im Sommer zum Wandern und Bergsteigen einladen.

Das Dorf verfügt über seit dem Mittelalter bekannte Heilquellen und entwickelte sich im 19. Jahrhundert zu einem beliebten Urlaubsziel. Es teilt sich in St. Moritz-Bad, den Thermenbereich am Südwestufer des Sees, und in St. Moritz-Dorf am Nordufer des Sees. Dort befinden sich die Hotels, Restaurants und Boutiquen.

Es gibt zwei sehenswerte Museen. An der Via Somplaz westlich von St. Moritz-Dorf ist das **Segantini Museum** untergebracht. Der Maler Giovanni Segantini (1858–1899) verbrachte seine letzten Lebensjahre im Oberengadin und ist für seine Alpenlandschaften berühmt.

In der Via dal Bagn unterhalb der Via Somplaz befindet sich das **Museum Engiadinais** zur Geschichte des Engadins.

Schon gewusst?

Eine Gästefahrt auf der Bobbahn von St. Moritz dauert 75 Sekunden.

Segantini Museum
Via Somplaz 30
+41 81 833 4454
Dez – Okt: Di – So 11–17
segantini-museum.ch

Traumhaft schönes Motiv: Blick auf Sils am Nordufer des Silsersees

Museum Engiadinais
Via dal Bagn 39
Dez – Mitte Apr, Ende Mai – Okt: Do – So 11 – 17 museum-engiadinais.ch

23

Sils

F5 700 Via da Marias 38; +41 81 838 5050
sils.ch

Das reizende Dorf Sils (Segl) erfreut sich einer malerischen Lage am Nordufer des Silsersees (Lej da Segl).

Der Ort Sils besteht aus zwei Teilen: Sils Baselgia am Seeufer und Sils Maria im Süden. Viele Schriftsteller, Maler und Musiker fühlten sich von Sils angezogen. 1881–88 diente Sils Maria dem Philosophen Friedrich Nietzsche als Sommerresidenz. Das **Nietzsche-Haus**, in dem er damals wohnte und *Also sprach Zarathustra* verfasste, birgt ein Museum.

Nietzsche-Haus
Via da Marias 67
Mitte Dez – Mitte Apr, Mitte Juni – Mitte Okt: Di – So 15 – 18 nietzschehaus.ch

24

Zillis

F4 400 Gemeindekanzlei; +41 81 661 1383 zillis-reischen.ch

Zillis (Ziràn) besitzt einen einzigartigen romanischen Bilderzyklus in seiner Kirche. Die Decke der **Kirche St. Martin** ist mit 153 quadratischen bemalten Holztafeln verziert, die zwischen 1109 und 1114 entstanden. Auf den äußeren Tafeln ist ein Ozean voller Seeungeheuer dargestellt, die inneren zeigen Szenen aus dem Leben Christi und des hl. Martin.

Kirche St. Martin
Am Postplatz +41 81 661 2255 tägl. 10 – 17

Gemäldegalerie im Segantini Museum, St. Moritz

25

San-Bernardino-Pass

E5 Cantonàl 94; +41 91 832 1214;
visit-moesano.ch/de

Der San-Bernardino-Pass (2065 m) liegt an der transalpinen Route, die vom Bodensee in die Lombardei führt. Er ist damit einer der wichtigsten Alpenpässe Europas. Auf der Passhöhe verlaufen die Europäische Wasserscheide und die Sprachgrenze zwischen Deutsch und Italienisch.

Von November bis Mai ist der Pass meist durch Schnee blockiert. Der sieben Kilometer lange Tunnel durch den Berg ist jedoch das ganze Jahr über geöffnet.

Hotel

Suvretta House St. Moritz
Tadelloser Service und exklusiver alpiner Luxus hoch über dem Engadin. Kurzum: ein Ort für Genießer.

F5 Via Chasellas 1
suvrettahouse.ch

SF SF SF

Spektakulärer Wasserfall nahe dem Klausen-Pass im Kanton Glarus ↑

26

Glarus

E3 · 13 000
Raststätte Glarnerland, Niederacher 1, Niederurnen; +41 55 610 2125
glarnerland.ch

Der Hauptort des Kantons Glarus ist auch das urbane Zentrum des Glarnerlands, einer bergigen Region zwischen Walensee und Klausen-Pass. 1861 wurde Glarus durch einen Brand weitgehend zerstört, danach in einem für das 19. Jahrhundert typischen Muster wiederaufgebaut. Zu den sehenswerten Gebäuden gehören das Rathaus, eine Kunstgalerie mit einer Sammlung Schweizer Gemälde aus dem 19. und 20. Jahrhundert sowie die neoromanische Gemeindekirche, deren Kirchenschatz eine Sammlung liturgischer Gefäße umfasst.

Die Seen, Täler und Berge rund um Glarus – vor allem das Glärnisch-Massiv – sind bei Wanderern und Skifahrern gleichermaßen beliebt.

Die Seen, Täler und Berge rund um Glarus – vor allem das Glärnisch-Massiv – sind bei Wanderern und Skifahrern gleichermaßen beliebt.

Umgebung: Südlich von Glarus führt die Hauptstraße nach Linthal. Dort startet die Standseilbahn nach Braunwald. Der autofreie Ort ist ideal zum Wandern. Hinter Linthal geht es hinauf zum Klausen-Pass (1948 m), dann hinunter ins Tal nach Altdorf *(siehe S. 229)* und weiter zum Vierwaldstättersee.

Schon gewusst?

Klosters erhielt als Treffpunkt der High Society den Beinamen »Hollywood on the Rocks«.

27

Klosters

G4 · 4500
Alte Bahnhofstrasse 6; +41 81 410 2020
klosters.ch

Der südliche Nachbar von Davos ist familiärer und kleiner, aber dennoch schick. Vom mittelalterlichen Kloster, von dem der Ort seinen Namen hat, steht nur noch die Kirche St. Jacob mit Bleiglasfenstern von Augusto Giacometti. Die Geschichte des Dorfs und seine Entwicklung zum Ferienort werden in der **Nutli-Hüschi** gezeigt, einem Museum in einem Holzhaus (16. Jh.).

Zusammen mit Davos verfügt Klosters über 320 Kilometer an Skipisten und rund 50 Kilometer an Loipen. Mit unterschiedlichen Schwierigkeitsgraden eignen sie sich sowohl für Anfänger als auch für Fortgeschrittene.

Nutli-Hüschi
Monbielerstrasse 11
Mi, Fr 15–17
museum-klosters.ch

→ *Die Piazza Comunale in Poschiavo erinnert an italienische Plätze*

28

Poschiavo

G5 · Vial da la Stazion; +41 81 839 0060 · valposchiavo.ch

Das Val di Poschiavo auf der Südseite des Bernina-Passes enthüllt eine andere Facette der Schweiz: Klima, Vegetation und Kultur sind mediterran geprägt. Den Gebäuden sieht man den italienischen Einfluss an. In den geschützten Gärten wachsen Zypressen und Palmen.

Poschiavo (Puschlav) ist der Hauptort des Tals. Im Zentrum erstreckt sich die Piazza Comunale, ein großer Platz mit italienisierten Palazzi und zwei Kirchen, einer katholischen aus dem späten 15. und einer protestantischen aus dem 17. Jahrhundert. Sehenswert sind auch die romanische Casa Torre sowie der Palazzo Albricci. Die Häuser im Spaniolenviertel (spanischen Viertel) sind in einem farbenfrohen maurischen Stil gehalten.

Umgebung: In der nahen Cavaglia-Ebene findet man die geologische Formation der »Kochtöpfe der Riesen«. Die natürlichen Vertiefungen mit ca. drei Meter Durchmesser entstanden durch die kreisförmigen Bewegungen von Steinen und Gletscherbächen.

29

Mesocco

F5 · 1300 · +41 91 822 9140 · mesocco.swiss

Viele der malerischen Steinhäuser von Mesocco stehen am Ufer der Moesa, die durch das Valle Mesolcina fließt. Das Tal erstreckt sich vom San-Bernardino-Pass südlich nach Bellinzona und ist trotz seiner Zugehörigkeit zum Kanton Graubünden kulturell mit dem Tessin verbunden.

Das Castello di Misox, eine Ruine auf einem Felsvorsprung oberhalb des Orts, bietet einen grandiosen Panoramablick über das Tal und das Dorf Soazza *(siehe unten)*. Die Festung, im 12. Jahrhundert für die Grafen Sax von Misox erbaut, wurde im 15. Jahrhundert erweitert und ging 1480 in den Besitz der Mailänder Familie Trivulzio über. Der schlanke Campanile ist der einzige Überrest des Burgkomplexes, der 1526 durch einen Brand fast vollständig zerstört wurde.

Am Fuß der Burg befindet sich die romanische Kirche Santa Maria del Castello (12. Jh.), die im 17. Jahrhundert teilweise umgestaltet wurde. Das Mittelschiff weist eine Kassettendecke auf, die Wände sind mit Malereien (15. Jh.) verziert, auf denen der hl. Georg mit dem Drachen, der hl. Bernhard von Siena, Schutzpatron des Valle Melsocina, und allegorische Darstellungen der zwölf Monate zu sehen sind.

Umgebung: Vier Kilometer südlich von Mesocco liegt Soazza mit einer schönen Kirche (17. Jh.). 15 Kilometer südlich von Soazza befindet sich San Vittore mit einer Kapelle (8. Jh.). Das Val Calanca ist ebenfalls einen Besuch wert.

Restaurants

Chesa Grischuna
Preisgekrönte französische Küche in einem prachtvollen Chalet.
FG4 · Bahnhofstrasse 12, Klosters · chesagrischuna.ch
SF SF SF

White Marmot
Gute Weine und wunderbare Speisen in gemütlicher Atmosphäre.
F5 · Corviglia, St. Moritz · +41 81 833 7676
SF SF SF

REISE-INFOS

Landwasserviadukt nahe Filisur

SCHWEIZ
REISEPLANUNG

Mit etwas Planung sind die Vorbereitungen für die Reise schnell zu erledigen. Die folgenden Seiten bieten Ihnen Tipps und Hinweise für Anreise und Aufenthalt in der Schweiz.

Auf einen Blick

Währung
Schweizer Franken
SF

Ausgaben pro Tag

Sparsam	Preisbewusst	Luxus
200 SF	350 SF	600+ SF

Mineralwasser	Kaffee	Bier	Menü (2 Pers.)
3 SF	4 SF	7 SF	100 SF

Klima
Sonnigster Monat im Jahresverlauf ist der Juli. Zwischen November und Februar ist es oft bewölkt und trüb.

Zwischen Juni und August ist es am wärmsten. Der Januar ist der kälteste Monat, dann fallen die Werte oft unter den Gefrierpunkt.

Die meisten Niederschläge fallen in den Sommermonaten. Im Winter schneit es in größeren Höhen ausgiebig.

Strom
In der Schweiz beträgt die Netzspannung wie überall in Europa 230 Volt bei einer Frequenz von 50 Hertz; flache zweipolige Stecker passen immer.

Einreise
Die Schweiz ist zwar kein Mitgliedsstaat der Europäischen Union (EU), unterzeichnete aber 2005 das Schengener Abkommen. Damit entfallen Personenkontrollen an den Grenzen. Für Ihren Aufenthalt in der Schweiz ist jedoch ein gültiger Personalausweis bzw. Reisepass erforderlich. Auch Kinder jeden Alters benötigen einen eigenen Ausweis.

Sicherheitshinweise
Aufgrund unvorhersehbarer Entwicklungen kann es zu Änderungen und Einschränkungen kommen. Aktuelle Hinweise zur Einreise sowie Sicherheitshinweise finden Sie beim deutschen Auswärtigen Amt (www.auswaertiges-amt.de), beim österreichischen Bundesministerium für europäische und internationale Angelegenheiten (www.bmeia.gv.at) oder beim Eidgenössischen Departement für auswärtige Angelegenheiten der Schweiz (www.eda.admin.ch).

Zoll
Bürger aus EU-Staaten dürfen alle Waren für den persönlichen Gebrauch oder zum Verschenken zollfrei ein- und ausführen.

Detaillierte Informationen zu den Zollbestimmungen bieten die Eidgenössische Zollverwaltung (www.ezv.admin.ch) und das Auswärtige Amt (www.auswaertiges-amt.de).

Versicherungen
Für gesetzlich versicherte EU-Bürger gilt die Europäische Krankenversicherungskarte (EHIC). Ein Rücktransport bei einer schweren Erkrankung oder einem Unfall ist hier aber nicht enthalten. Auch bei kleineren Unfällen werden in den Bergen zunehmend Helikopter eingesetzt, deren Einsatz hohe Kosten nach sich zieht. Daher sollte man bei einem Ski- oder Bergwanderurlaub den Abschluss einer Auslandskrankenversicherung erwägen.

Hotels
Die Schweiz bietet eine große Auswahl an Hotels für jeden Geschmack und jedes Budget – ob in Städten, in Wintersportorten, an

den Seen oder in der unberührten Natur. In jeder Kategorie und Preislage haben Schweizer Hotels einen hohen Standard und ein gutes Preis-Leistungs-Verhältnis – allerdings auf hohem Niveau. Preiswerter sind z. B. Gästehäuser sowie Berggasthöfe, in denen man die ursprüngliche Schweizer Gastfreundschaft kennenlernen kann. Für Outdoor-Fans gibt es gut ausgestattete Campingplätze.

Die beste Informationsquelle zu Hotels in der Schweiz ist das **Switzerland Travel Centre.** Die Organisation deckt vielfältige Übernachtungsmöglichkeiten ab – von Luxushotels bis zu abgelegenen BerggasthöfenS**witzerland Travel Centre**

W swisshotels.com

Bezahlen

Bargeldloses Bezahlen rückt immer stärker in den Vordergrund. Die allermeisten Hotels und Restaurants sowie viele Läden akzeptieren die gängigen Kredit- und Debitkarten. Trotzdem sollten Sie unterwegs immer etwas Bargeld für Kleinigkeiten dabeihaben.

Besonders in den Stadtzentren findet man überall einen Geldautomaten. Auch in kleinen Orten kann man unabhängig von den Banköffnungszeiten Geld abheben. Bei Verlust Ihrer Karte lassen Sie diese sofort sperren.

Allgemeine Notrufnummer

+49 116 116

Reisende mit besonderen Bedürfnissen

Die Schweiz bietet einen hohen Standard an Einrichtungen für Reisende mit besonderen Bedürfnissen. Die meisten Sehenswürdigkeiten und öffentlichen Gebäude sind für Rollstuhlfahrende zugänglich.

Wenn Sie an einem der 170 entsprechend ausgerüsteten Bahnhöfe des Schweizer Schienennetzes Hilfe benötigen, melden Sie dies beim **SBB Call Center Handicap** an. Dieses kostenlose Angebot gilt für Rollstuhlfahrer, Sehbehinderte und Menschen mit geistiger Behinderung.

Auch **Switzerland Tourism** sowie die Websites **EnableMe Schweiz** und **Swiss National Association of and for the Blind** bieten Infos für Reisende mit besonderen Bedürfnissen.

EnableMe Schweiz

W enableme.ch

SBB Call Center Handicap

0800 007 102 (in der Schweiz; gratis)

+41 51 225 7844 (aus dem Ausland; kostenpflichtig)

Swiss National Association of and for the Blind

W snab.ch

Switzerland Tourism

W myswitzerland.com

Sprache

Deutsch ist mit gut zwei Dritteln Anteil die am weitesten verbreitete Sprache in der Schweiz, gefolgt von Französisch (ca. 23 Prozent), Italienisch (ca. 8,5 Prozent) und Rätoromanisch (ein Prozent). Viele Einwohner der französischsprachigen Schweiz sprechen auch Englisch. In den Tourismusbüros der französisch- und italienischsprachigen Schweiz kommt man ebenfalls mit Englisch weiter, wenn nicht sowieso auch Deutsch gesprochen wird.

Eine Basis für Alltagssituationen im französisch- und im italienischsprachigen Teil des Landes vermittelt der Sprachführer *(siehe S. 285f)*. Schweizerdeutsch *(Schwyzerdütsch)* ist ein Sammelbegriff für die in der Deutschschweiz gesprochenen alemannischen Dialekte. Es unterscheidet sich vom Hochdeutschen teils erheblich und besitzt ein eigenes Vokabular.

Öffnungszeiten

Montag Einige Geschäfte sowie Museen sind vormittags oder ganztägig geschlossen.

Donnerstag In einigen Städten (u. a. Bern, Genf, Zürich) kann man bis 20 Uhr shoppen.

Samstag Die meisten Postämter und viele Geschäfte schließen mittags.

Sonntag Die meisten Läden und Geschäfte sind tagsüber geschlossen.

Feiertage

1. Jan	Neujahr
März/Apr	Ostern
Mai/Juni	Auffahrt
Mai/Juni	Pfingstmontag
1. Aug	Nationalfeiertag
25./26. Dez	Weihnachten

Weitere Feiertage sind von Kanton zu Kanton unterschiedlich.

IN DER SCHWEIZ UNTERWEGS

Ob für eine Städtereise, einen Skiurlaub oder Ferien in der Natur – hier erhalten Sie Informationen zur Anreise und zu den Transportmöglichkeiten in der Schweiz.

Auf einen Blick

Ticketpreise

Bern
2,80 SF
Einzelticket
(Tram, Bus)

Genf
3 SF
Einzelticket
(Tram, Bus, S-Bahn, Fähre)

Zürich
2,70 SF
Einzelticket
(Tram, Bus, S-Bahn)

Der Swiss Travel Pass bietet unbegrenztes Reisen mit fast allen Zügen, Schiffen und Fernbussen sowie in Städten.

Tempolimits

Autobahnen
120 km/h

Schnellstraßen
100 km/h

Außerhalb von Ortschaften
80 km/h

Innerhalb von Ortschaften
50 km/h

Anreise mit dem Flugzeug

Die Schweiz wird mehrmals täglich direkt von allen größeren Städten in Deutschland und Österreich angeflogen. Zielflughäfen der meisten internationalen Flüge sind Zürich, Basel, Bern, Genf und Lugano. Viele dieser Flüge werden von **Lufthansa**, **Austrian** und **Swiss** abgewickelt. Auch einige preiswerte Airlines wie **Eurowings** oder **EasyJet** bieten Flüge in die Schweiz an. Für Flüge innerhalb des Landes gibt es zudem einige Regionalflughäfen wie die in St. Gallen, Sion (Sitten) und St. Moritz.

Verkehrsmittel, Fahrzeiten und Preise für die Fahrt zwischen Flughafen und Innenstadt finden Sie im Kasten gegenüber.

Austrian
W austrian.com
EasyJet
W easyjet.com
Eurowings
W eurowings.com
Lufthansa
W lufthansa.com
Swiss
W swiss.com

Anreise mit dem Zug

Internationale Züge

An allen größeren Bahnhöfen Deutschlands und Österreichs werden Zugverbindungen (direkt oder mit einmaligem Umsteigen) in die Schweiz angeboten. Bei günstigen Angeboten können Zugreisen preislich durchaus mit Flügen konkurrieren, v. a. bei kurzer Anreise erreicht man sein Reiseziel per Zug oft schneller als auf dem Luftweg. Mit der Eröffnung des Gotthard-Basistunnels (57 km), des längsten Eisenbahntunnels der Welt, 2016 wurden die Zugfahrzeiten für Passagiere, die die Alpen durchqueren, erheblich verkürzt.

Frühzeitige Reservierung der Tickets ist anzuraten. In der Schweiz kann man auch mit Bahnpässen wie **Eurail** und **Interrail** reisen.

Eurail
W eurail.com
Interrail
W interrail.eu

Von den Flughäfen in die Stadt

Flughafen	Distanz (Zentrum)	Preis (Taxi)	Verkehrsmittel	Fahrzeit
EuroAirport Basel-Mulhouse-Freiburg (BSL)	6 km	50 SF	Bus	20 Min.
Bern Airport (BRN)	6 km	50 SF	Bus	35 Min.
Aéroport International de Genève (GVA)	4 km	40 SF	Zug	5 Min.
Airport Lugano-Agno (LUG)	6 km	45 SF	Bus	15 Min.
Engadin Airport St. Moritz-Samedan (SMV)	7 km	100 SF	Bus	17 Min.
Aéroport de Sion (SIR)	2,5 km	45 SF	Bus	5 Min.
Airport St. Gallen-Altenrhein (ACH)	20 km	80 SF	Bus	45 Min.
Zürich Airport (ZRH)	10 km	50 SF	Zug	10 Min.

Bahnreisen

Die Karte zeigt einige der wichtigsten Bahnstrecken in der Schweiz. In der Tabelle finden Sie die ungefähre Fahrzeit. Die angegebenen Zeiten beziehen sich auf die jeweils schnellste Verbindung.

Bern – Basel	1 Std.	Genf – Lausanne	1 Std.
Bern – Genf	2 Std.	Genf – Lugano	5:30 Std.
Bern – Zürich	1 Std.	Lugano – Basel	3:30 Std.
Bern – Luzern	1:30 Std.	Zürich – Basel	1 Std.
Bern – Lugano	3:30 Std.	Zürich – Luzern	1 Std.
Bern – St. Gallen	2 Std.	Zürich – Lugano	2:30 Std.
Genf – Basel	3 Std.	Zürich – St. Gallen	1 Std.
Genf – Zürich	3 Std.		

Regional- und Lokalzüge

Die Eisenbahngesellschaft der Schweiz ist **SBB/CFF/FFS** (»Schweizerische Bundesbahnen«, »Chemins de Fer Fédéraux Suisses«, »Ferrovie Federali Svizzere«). Das Streckennetz der SBB deckt nahezu das gesamte Land ab. Die Züge sind modern, sauber und komfortabel. Sie fahren häufig und pünktlich. Besonders praktisch ist, dass die Fahrpläne auf die anderen öffentlichen Verkehrsmittel abgestimmt sind.

Tickets müssen an Automaten entwertet werden, die an den Bahnsteigeingängen aufgestellt sind. **Swiss Travel System** bietet eine Reihe von vergünstigten Fahrkarten für alle Verkehrsmittel an. Eine beliebte Option ist der Swiss Travel Pass, mit dem Sie mit den meisten Zügen (sowie Schiffen, Fernbussen und im öffentlichen Nahverkehr) unbegrenzt reisen können. Außerdem erhalten Sie Ermäßigungen für einige Seilbahnen sowie Zugang zu über 500 Museen. Für Reisende zwischen sechs und 16 Jahren gibt es die Junior-Karte. Die meisten Reisepässe können im Voraus bei Reisebüros und Schweizer Tourismusbüros sowie online gekauft werden.

Mit »Panoramazügen« gelangt man in die schönsten Ecken der Schweiz. Einige der Züge haben Wagen mit Glasdach, die einen Panoramablick ermöglichen. Zu den beliebtesten gehören der **Bernina Express** (Chur oder Davos nach Tirano, Italien), die **GoldenPass Line** (Montreux nach Luzern), der **Gotthard Panorama Express** (Luzern nach Lugano) und der **Glacier Express** (St. Moritz nach Zermatt).

Bernina Express
W rhb.ch
Glacier Express
W glacierexpress.ch
GoldenPass Line
W mob.ch
Gotthard Panorama Express
W sbb.ch
SBB/CFF/FFS
W sbb.ch
Swiss Travel System
W swiss-pass.ch

Anreise mit dem Bus

Die Schweiz ist auch per Bus bequem zu erreichen. International agierende Reisebusunternehmen fahren das Land von vielen Städten in Deutschland und Österreich an. Die meisten Direktverbindungen bestehen mit Zürich. Zu den wichtigsten Anbietern gehört **FlixBus**, der eine große Zahl an Routen bedient. Eine Fahrt von Berlin nach Zürich dauert bei sehr günstiger Verkehrslage ca. 14 Stunden, von München aus etwa vier Stunden.

Abgelegene, von Fernbussen nicht angefahrene Regionen in der Schweiz erreicht man mit Regionalbussen bzw. mit **PostAutos**. Außer Post und Passagieren befördern diese Busse auch Gepäck, was vor allem für Wanderer interessant ist.

FlixBus
W flixbus.de
PostAuto
W postauto.ch

Boote und Fähren

In einigen Städten sind Boote wichtige Transportmittel. Die gelben *mouettes* (Bootstaxis) von **Mouettes Genevoises Navigation** fahren über den Genfer See, die Fähren des **Fähri-Vereins Basel** bringen Passagiere in Basel über den Rhein.

Eine Bootsfahrt auf einem der Schweizer Seen ist ein besonderer Genuss. Auf einigen sind altmodische Raddampfer und andere Schiffe unterwegs, darunter die der **SBS** (Bodensee), der **CGN** (Genfer See), der **SGV** (Vierwaldstättersee) und der **ZSG** (Zürichsee).

CGN
W cgn.ch
Fähri-Verein Basel
W faehri.ch
Mouettes Genevoises Navigation
W mouettesgenevoises.ch
SBS
W sbsag.ch
SGV
W lakelucerne.ch
ZSG
W zsg.ch

Öffentliche Verkehrsmittel

S-Bahn (RER), Métro, Standseilbahn

In einigen Großstädten – u. a. Zürich, Bern, Genf und Basel – sind S-Bahnen (»RER« auf Französisch) unterwegs. Mit ihnen kommt man von den Innenstädten in die Vororte und Nachbarstädte.

Lausanne ist die einzige Stadt der Schweiz, die eine U-Bahn (Métro) hat. Die Züge der beiden Linien mit insgesamt 30 Stationen sind von 5:30 bis Mitternacht im Einsatz, die Taktfrequenz beträgt fünf bis sieben Minuten.

Einige Städte, die an sehr steilen Hängen liegen (z. B. Lausanne und Fribourg), verfügen über Standseilbahnen.

Busse und Trams

Die schnellste Fortbewegungsart innerhalb der Schweizer Städte ist die Fahrt mit dem Bus oder der Straßenbahn. Sie fahren regelmäßig zwischen 5 und 24 Uhr, Nachtbusse allerdings nur an den Wochenenden.

Tickets sind an Automaten an jeder Bus- und Tramhaltestelle erhältlich und gelten in der Regel für alle Verkehrsmittel. Die meisten Städte sind in verschiedene Zonen aufgeteilt.

Je mehr Zonen man durchquert, desto teurer ist das Ticket. Die Fahrkarten sind nur für einen bestimmten Zeitraum gültig (von einer Stunde bis zu einem Tag oder länger) und müssen vor Fahrtantritt entwertet werden.

Die Verkehrsverbunde einiger Städte – u. a. Zürich, Basel und Genf – bieten spezielle Pässe an, die neben der Benutzung öffentlicher Verkehrsmittel auch verbilligten oder freien Eintritt zu einigen Sehenswürdigkeiten beinhalten *(siehe S. 277)*.

Taxis

Da der öffentliche Nahverkehr in der Schweiz gut funktioniert, lohnt sich ein Taxi meist nicht. Die Preise sind zwar von Stadt zu Stadt unterschiedlich, aber generell hoch. Neben einer Grundgebühr gibt es eine Zusatzgebühr für jeden gefahrenen Kilometer. Nachts und am Wochenende wird ein weiterer Zuschlag verlangt. Meiden Sie die nichtlizenzierten Taxis – deren Fahrer verlangen in der Regel einen viel höheren Preis. Auch der Fahrdienst UBER ist in einigen Städten aktiv, u. a. in Zürich, Basel, Genf und Lausanne.

Auto fahren

Die Schweiz verfügt über ein gut ausgebautes Straßennetz. Autobahnen ziehen sich kreuz und quer durch das Land, verbinden die großen Städte miteinander und garantieren eine schnelle Fortbewegung mit dem Auto. In Städten jedoch sollten Sie auf das Auto verzichten. Staus und mühsame Parkplatzsuche kosten viel Zeit, zudem sind in vielen Städten mehr oder weniger umfangreiche Verkehrsbeschränkungen zu beachten.

Anreise mit dem Auto

Aufgrund des ausgezeichneten Autobahnnetzes zwischen Deutschland, Österreich und der Schweiz reisen viele Urlauber mit dem Auto an. Man muss den nationalen Führerschein und den Fahrzeugschein dabeihaben.

Größere Tankstellen haben in der Regel von 7 bis 20 Uhr geöffnet, kleinere bis 18 Uhr. Einige Autobahnraststätten sind rund um die Uhr geöffnet.

Für die Benutzung der Schweizer Autobahnen benötigt man eine Jahres-Vignette. Sie kostet derzeit 40 Euro und ist von Anfang Dezember des Vorjahrs bis Ende Januar des Folgejahrs gültig. Man bekommt sie u. a. an Grenzübergängen, Tankstellen, in Tourismusbüros und online. Für Motorräder, Anhänger und Wohnwagen muss man ebenfalls eine Vignette kaufen. Für die Anreise über Bregenz (Pfändertunnel) ist zusätzlich eine österreichische Vignette nötig. Die billigste Variante für die Fahrt durch Österreich, eine 10-Tages-Vignette, kostet derzeit 9,90 Euro.

Auto fahren in der Schweiz

In der Schweiz gibt viele reizvolle Routen über Gebirgspässe und Alpentäler. Die meisten Hochalpenpässe sind – je nach Wetterbedingungen – von Juni bis Oktober befahrbar. Alternativen zur Überquerung der Alpen bieten die ganzjährig geöffneten Straßentunnel Gotthard und San Bernardino. Für bestimmte Zugstrecken – etwa durch dem Bahnverkehr vorbehaltene Tunnel – kann man Autozüge der SBB *(siehe S. 274)* nutzen.

Autovermietung

Alle großen internationalen Autovermietungen haben Vertretungen in der Schweiz. Die Büros befinden sich an den wichtigsten Flughäfen sowie in den Stadtzentren. In der Schweiz muss der Fahrer eines Mietwagens mindestens 20 Jahre alt sein (für bestimmte Fahrzeuge 25 Jahre).

Verkehrsregeln

In der Schweiz herrscht Anschnallpflicht (auch auf den Rücksitzen). Kinder unter zwölf Jahren müssen hinten sitzen, Kinder unter sieben in einem Kindersitz. Telefonieren mit einem Mobiltelefon ist nur mit Freisprechanlage erlaubt. Die Promillegrenze liegt bei 0,5. Verstöße gegen die Verkehrsbestimmungen werden mit hohen Geldstrafen geahndet. Bei einem Unfall oder einer Panne wenden Sie sich an einen Automobilclub wie den **ADAC**.

ADAC
+49 89 22 22 22

Fahrräder

Die Schweiz verfügt über eine fahrradfreundliche Infrastruktur. Empfohlene Radwege sind durch rote Schilder mit einem weißen Fahrradsymbol gekennzeichnet. Räder (»Velos«) und E-Bikes kann man an Bahnhöfen mieten und an einem anderen Bahnhof wieder abgeben. In den meisten Zügen und auch in Post-Autos kann man Räder mitnehmen. Ein beliebtes landesweites Fahrradverleihsystem ist **PubliBike**, in Zürich wendet man sich z. B. an **Züri rollt**, in Genf etwa an **Genèveroule**.

Genèveroule
W geneveroule.ch
PubliBike
W publibike.ch
Züri rollt
W stadt-zuerich.ch

Wandern

Die Schweiz ist ein wahres Wanderparadies *(siehe S. 43)*. Mit der Website **SchweizMobil** lassen sich online Touren planen, u. a. gibt es auch Karten und nützliche Tipps.

SchweizMobil
W schweizmobil.ch

PRAKTISCHE HINWEISE

Die Schweiz ist nicht nur ein traumhaftes, sondern auch ein unkompliziertes Reiseland. Trotzdem können ein paar Hinweise zu den Gepflogenheiten vor Ort nicht schaden.

Auf einen Blick

Notrufnummern

Europäische Notrufnummer	Polizei
112	**117**

Ambulanz	Feuerwehr
144	**118**

Zeit

MEZ (Mitteleuropäische Zeit); von Ende März bis Ende Oktober MESZ (Mitteleuropäische Sommerzeit)

Leitungswasser

Falls nicht anders angegeben, ist Leitungswasser in der Schweiz trinkbar. Trinken Sie nicht aus Brunnen.

Trinkgelder

Bedienung	5–10 %
Hotelportier	5–10 SF
Zimmermädchen	5 SF am Tag
Gepäckträger	1 SF pro Gepäckstück
Taxifahrer	10 %

Information

Eine hilfreiche Quelle ist das Internet-Portal der nationalen Tourismusorganisation **Schweiz Tourismus** *(siehe Kasten S. 277)*, auf deren Website man sich schon vor der Reise informieren kann. Jede Stadt bzw. größere Gemeinde hat einen Internet-Auftritt – in den meisten Fällen mit einer Fülle an Informationen. Vor Ort helfen Touristenbüros weiter. Sie informieren über Ausflugsmöglichkeiten und Verkehrsmittel und unterstützen Sie bei der Suche nach Hotel- oder Privatzimmern.

Persönliche Sicherheit

Die Schweiz ist eines der sichersten Länder der Welt. Dennoch sollte man kein unnötiges Risiko eingehen, etwa indem man sich nachts an unbekannten Plätzen aufhält. Umsicht ist auch angebracht beim Geldabheben an Automaten, in öffentlichen Verkehrsmitteln oder bei größeren Menschenansammlungen. Wird Ihnen trotz aller Vorsichtsmaßnahmen etwas gestohlen, melden Sie dies unverzüglich auf dem nächsten Polizeirevier.

Beim Verlust von Pass oder Personalausweis oder wenn Sie anderweitig in größere Schwierigkeiten geraten, wenden Sie sich an die Botschaft oder ein Konsulat Ihres Landes.

Deutsche Botschaft
Willadingweg 83, 3006 Bern
+41 31 359 4111 bern.diplo.de
Österreichische Botschaft
Kirchenfeldstrasse 77–79, 3005 Bern
+41 31 356 5252 bmeia.gv.at/oeb-bern

Gesundheit

Die medizinische Versorgung der Schweiz ist privat organisiert. Jede Behandlung muss also bezahlt werden. Vor allem für Aktivurlauber (insbesondere für Extremsportler) empfiehlt sich eventuell der Abschluss einer Auslandsreisekrankenversicherung, die zusätzliche Kosten und den Rücktransport im Notfall abdeckt *(siehe S. 270)*.

Bei kleineren gesundheitlichen Problemen bekommen Sie in einer Apotheke die benötigten Medikamente. Einige sind rund um die Uhr geöffnet. Die Adresse der nächstgelegenen

Apotheke mit Nachtdienst erfahren Sie auf der Website von **SOS-Pharmacy**.
SOS-Pharmacy
sos-pharmacie.ch

Ausweispflicht

Sie müssen sich in der Schweiz jederzeit mit einem entsprechenden Dokument (Personalausweis oder Reisepass) ausweisen können *(siehe S. 270)*. Es kann nicht schaden, diese (und andere) Dokumente einzuscannen oder Kopien davon mitzunehmen. Dies erspart im Falle eines Verlusts Unannehmlichkeiten.

Etikette

Schweizer sind freundliche Menschen mit einem Hang zum Formellen. Auf Pünktlichkeit und Höflichkeit wird sehr viel Wert gelegt, in praktisch allen Lebenslagen wird ein ruhiger, sachlicher Umgang gepflegt.

Rauchen ist in der Schweiz in allen öffentlichen Gebäuden, also auch in Restaurants, Cafés und Bars, verboten. In manchen Kantonen besteht die Möglichkeit, zum Rauchen abgetrennte Räume zur Verfügung zu stellen. Auch in öffentlichen Verkehrsmitteln und auf allen Bahnhöfen (mit Ausnahme speziell markierter Bereiche) herrscht Rauchverbot.

LGBTQ+

Die Schweiz ist ein tolerantes Land, die staatliche Diskriminierung aufgrund sexueller Orientierung ist gesetzlich untersagt. In den großen Städten wie Zürich, Genf, Basel, Lausanne und Bern existiert ein großes Angebot für die LGBTQ+ Community. In ländlichen Gebieten geht es konservativer zu.

Mobiltelefone und WLAN

Alle in Europa gängigen Handys und Smartphones funktionieren auch in der Schweiz problemlos. Das Land ist nicht Mitglied der Europäischen Union, weshalb für EU-Bürger bei der Nutzung von Handys in der Schweiz Roaming-Gebühren anfallen.

Nahezu alle Hotels sowie viele Restaurants, Cafés und Bars bieten ihren Gästen Internet-Zugang (in der Regel WLAN).

Post

Briefmarken *(timbres/francobolli)* bekommt man in Postfilialen, in Zeitungsläden und an der Hotelrezeption. Auslandsbriefe bis zu 20 Gramm können als Standardbrief (1,80 Franken innerhalb Europas) versendet werden, der innerhalb von zwei bis vier Tagen ausgeliefert wird. Infos, u. a. zu den Tarifen, sind unter www.post.ch zu finden.

Mehrwertsteuer

Der Mehrwertsteuersatz beträgt in der Schweiz nur 7,7 Prozent, der ermäßigte Satz (u. a. für Hoteldienstleistungen) 3,7 Prozent, der stark ermäßigte Satz (z. B. für Nahrungsmittel und Bücher) liegt bei 2,5 Prozent.

Preisnachlässe und Besucherpässe

In vielen Städten kann man diverse Preisnachlässe in Anspruch nehmen. In einigen Städten beinhalten die Pässe – z. B. **Zürich Card**, **BaselCard** und **Geneva City Pass** – auch Rabatte für den Besuch von Museen und anderen Sehenswürdigkeiten sowie für kulturelle Veranstaltungen.

Schweiz Tourismus *(siehe Kasten unten)* bietet eine Reihe von Pässen und Tickets für Besucher an. Mit dem Schweizer Museumspass (www.museumspass.ch) hat man ein Jahr lang freien Eintritt in über 500 Museen.
BaselCard
basel.com/de/BaselCard
Geneva City Pass
geneve.com/de/staedtetrip-planen/geneva-city-pass
Zürich Card
zuerich.com/de/zuerichcard

Websites und Apps

Schweiz Tourismus
Das Online-Portal der Tourismusorganisation bietet umfassende Informationen rund um den Urlaub in der Schweiz und Apps zu verschiedensten Themen (u. a. für Skifahrer, Wanderer und Familien).
myswitzerland.com

www.museums.ch
Die Website informiert über Museen und laufende Ausstellungen.

MeteoSchweiz
Aktuelle Wetterdaten und -prognosen sowie Warnungen von Naturgefahren.

REGISTER

Seitenzahlen in **fetter Schrift** beziehen sich auf Haupteinträge.

N

O

P

SPRACHFÜHRER

Deutsch ist die am weitesten verbreitete Sprache in der Schweiz, gefolgt von Französisch und Italienisch. Schweizerdeutsch, das sich vom Standard-Hochdeutschen teils erheblich unterscheidet, ist eine Umgangssprache. In diesem Sprachführer sind nur die französischen und italienischen Übersetzungen der deutschen Ausdrücke wiedergegeben.

	Französisch	**Italienisch**
Notfälle		
Hilfe!	Au secours!	Aiuto!
Halt!	Arrêtez!	Alt!
Holen Sie einen Arzt!	Appelez un médecin!	Chiami un medico!
Holen Sie einen Krankenwagen!	Appelez une ambulance!	Chiami una ambulanza!
Holen Sie die Polizei!	Appelez la police!	Chiami la polizia!
Holen Sie die Feuerwehr!	Appelez les pompiers!	Chiami i pompieri!
Wo ist das Krankenhaus?	Où est l'hôpital?	Dov'è l'ospedale?
Grundwortschatz		
ja	oui	si
nein	non	no
bitte	s'il vous plaît	per favore
danke	merci	grazie
Entschuldigen Sie.	Excusez-moi.	Mi scusi.
Guten Tag!	Bonjour!	Buon giorno!
Auf Wiedersehen!	Au revoir!	Arrivederci!
Tschüss!	Salut!	Ciao!
hier	ici	qui
dort	là	la
Was?	Quel/Quelle?	Quale?
Wo/Wohin?	Où?	Dove?
Nützliche Redewendungen		
Wo ist/Wo sind …?	Où est/Où sont …?	Dov'è/Dove sono …?
Sprechen Sie Deutsch?	Parlez-vous allemand?	Parla tedesco?
Sprechen Sie Englisch?	Parlez-vous anglais?	Parla inglese?
Ich verstehe.	Je comprends.	Capisco.
Ich verstehe nicht.	Je ne comprends pas.	Non capisco.
Es tut mir leid.	Je suis désolé.	Mi dispiace.
groß	grand	grande
klein	petit	piccolo
offen/geöffnet	ouvert	aperto
zu/geschlossen	fermé	chiuso
links	à gauche	a sinistra
rechts	à droite	a destra
in der Nähe	près	vicino
weit	loin	lontano
früh	de bonne heure	presto
spät	en retard	tardi
Eingang	l'entrée	la entrata
Ausgang	la sortie	l'uscita
WC/Toilette	les toilettes/les WCs	il bagno/il gabinetto
Im Hotel		
Haben Sie ein Zimmer frei?	Est-ce que vous avez une chambre libre?	Avete camere libere?
Doppelzimmer	chambre à deux	camera doppia
Einzelzimmer	une chambre à une personne	una camera singola
mit Bad/Dusche	avec salle de bains/douche	con bagno/doccia
Wie viel kostet das Zimmer?	Combien coûte la chambre?	Quanto costa la camera?
mit Frühstück	avec petit-déjeuner	con prima colazione
mit Halbpension	en demi-pension	mezza pensione
Schlüssel	la clef	la chiave
Ich habe reserviert.	J'ai fait une réservation.	Ho fatto una prenotazione.
Sightseeing		
Bus	l'autobus	autobus
Straßenbahn	le tramway	tram
Zug	le train	il treno
Bushaltestelle	la gare routière	la stazione d'autobus
Bahnhof	la gare	la stazione
Boot	le bateau	la barca
(Dampf-)Schiff	le bateau (à vapeur)	il battello (a vapore)
Parkplatz	la place de stationnement	il parcheggio

(Miet-)Fahrrad	le vélo (de location)	la bicicletta (a noleggio)
Flughafen	l'aéroport	l'aeroporto
Bank	la banque	il banco
Kirche	l'église	la chiesa
Post	le bureau de poste	la posta
Tourismusbüro	l'office du tourisme	l'ente turistico

Zeit

vormittags	le matin	di mattina
nachmittags	l'après-midi	di pomeriggio
abends	le soir	di sera
gestern	hier	ieri
heute	aujourd'hui	oggi
morgen	demain	domani
Montag	lundi	lunedi
Dienstag	mardi	martedi
Mittwoch	mercredi	mercoledi
Donnerstag	jeudi	giovedi
Freitag	vendredi	venerdi
Samstag	samedi	sabato
Sonntag	dimanche	domenica

Shopping

Wie viel kostet das?	C'est combien, s'il vous plaît?	Quant'è, per favore?
Ich hätte gern …	Je voudrais …	Vorrei …
Haben Sie …?	Est-ce que vous avez …?	Avete …?
teuer	cher	caro
preiswert	pas cher/bon marché	a buon prezzo
Bank	la banque	la banca
Buchhandlung	la librairie	la libreria
Apotheke	la pharmacie	la farmacia
Friseur	le coiffeur	il parruchiere
Markt	le marché	il mercato
Zeitungskiosk	le magasin de journaux	l'edicola
Reisebüro	l'agence de voyages	l'agenzia di viaggi

Im Restaurant

Haben Sie einen Tisch für …?	Avez-vous une table pour …?	Avete una tavola per …?
Zahlen, bitte.	L'addition, s'il vous plaît.	Il conto, per favore.
Ich bin Vegetarier.	Je suis végétarien/ne.	Sono vegetariano/a.
Ober	Madame/Mademoiselle/Monsieur	cameriera/cameriere
Speisekarte	le menu/la carte	il menù
Weinkarte	la carte des vins	la lista dei vini
Frühstück	le petit déjeuner	la prima colazione
Mittagessen	le déjeuner	il pranzo
Abendessen	le dîner	la cena

Auf der Speisekarte

Brot	le pain	il pane
Ei	l'œuf	l'uovo
Eis	la glace	il gelato
Fisch	le poisson	il pesce
Fleisch	la viande	la carne
Gemüse	les légumes	i contorni
Hähnchen	le poulet	il pollo
Kaffee	le café	il caffè
Kartoffeln	les pommes de terre	le patate
Käse	le fromage	il formaggio
Kuchen	le gâteau	la torta
Meeresfrüchte	les fruits de mer	i frutti di mare
Milch	le lait	il latte
Mineralwasser	l'eau minérale	l'acqua minerale
Obst	le fruit frais	la frutta
Pfeffer	le poivre	il pepe
Reis	le riz	il riso
Rotwein	le vin rouge	il vino rosso
Sahne	la crème	la panna
Salz	le sel	il sale
Schinken	le jambon	il prosciutto
Schokolade	le chocolat	il cioccolato
Suppe	le potage	la zuppa
Tee	le thé	il tè
Weißwein	le vin blanc	il vino bianco
Wurst	la saucisse	la salsiccia
Zucker	le sucre	il zucchero

DANKSAGUNG

Dorling Kindersley bedankt sich bei folgenden Personen für ihre Beiträge zur letzten Ausgabe: Caroline Bishop, Mike MacEacheran, Anthony Lambert.

BILDNACHWEIS

l=links; r=rechts; o=oben; u=unten; m=Mitte;

123RF.com: Roman Babakin 29or, 122–123u; Stefan Ember 218ml; Janos Gaspar 22mru; jakobradlgruber 118mr; Chon Kit Leong 242ul; Narongsak Nagadhana 68mro; photogearch 242mlu; rudi1976 248–249o; ruslankphoto 46or; Fedor Selivanov 246ul; theyok 162ul; Eleonora Travostino 222o.

4Corners: Andreas Gerth 30ul; Gianni Krattli 19, 174; Luca Da Ros 76–77u.

akg-images: 166ml; Cameraphoto 69ol; André Held 191ur.

Alamy Stock Photo: age fotostock 67ur, 126mro, 157or; Agencja Fotograficzna Caro / Bastian 255mo; AGF Srl 153or; Stephen Allen 56um; Leonid Andronov 67o; Anvalo 251ol; AR Photo 150or; Architecture2000 186mlu; Arco / J. Pfeiffer 255o; ART Collection 57mro; Arterra Picture Library 228or; Udo Bernhart 36–37o; Eva Bocek 45ur, 214–215u, 266o; Tibor Bognar 18ul, 158; byvalet 75u; Gennaro Caninchello 45ul; Josse Christophel 58ol; Aiden Clarke 263u; Sorin Colac 72u; Chris Craggs 112ol; Peter Crighton 251ur; Ian Dagnall 22ul; dpa picture alliance 112–113u; Pavel Dudek 145ol; Ros Drinkwater 194–195o; Reiner Elsen 168ul; Stefan Ember 232u; EThamPhoto 49ur; Archie Fisher 230ul; Francesco Gavazzeni 264–265u; GFC Collection 24o, 40–41o, 55ol; Godong 121um; Tim Graham 262ol; Granger Historical Picture Archive 58um; hemis.fr 118ul, 154ul, 173or, / Giuglio Gil 24mru, / Ludovic Maisant 123mo, / Bertrand Rieger 187; The History Collection 181um; imageBROKER 17o, 31u, 197u, 198mlu, 198u, 232ol, / Werner Dieterich 220ul, / Marina Horvat 94ul, / Iris Kürschner 254–255u, / Meinrad Riedo 210o, / Harald Wenzel - Orf 250ul; Image Professionals GmbH / Bernard van Dierendonck 44ul, / Ingrid Firmhofer 53mlo; INTERFOTO / Fine Arts 167mro; JBTravel 118mru, 147ul; Michael Jenner 267u; Christian Kober 259ur; Christian Kober 1 96mr; Jitraporn Leeniva 227u; Arnaud Lesueur 118o; LOOK Die Bildagentur der Fotografen GmbH 41mlu; MARKA / giulio andreini/ *exhibition of work by Sigmar Polke at art museum,Kunsthaus, Zurich* © The Estate of Sigmar Polke, Köln / DACS 2018 167or, / giovanni mereghetti 214mo; Hilke Maunder 28mlo; mauritius images GmbH 13mr, 53ur, 107ur, 127ur, 199ol, 221mr, 258–259o, 265o, / Walter Bibikow 35u, / enricocacciafotografie 221o; McPhoto / Protze 49m; mediacolor's 162mru; Melba Photo Agency 24mr; Hercules Milas 16, 62; Roberto Moiola 42–43u; Peter Moulton 112mu; National Geographic Image Collection / Robbie Shone 94mro; Sérgio Nogueira 147ur; Alexander Novikov 256–257u; George Oze 162o; Panther Media GmbH 99o, 150u, 228or, / Elena Klippert 150u; vichai phububphapan 104u, 162mr; PjrTravel 182u, 184mlu; Prisma Archivo 56mru; Prisma by Dukas Presseagentur GmbH 10mlu, 11mr, 98ul, 103ur, 108u, 110o, 110ul, 154–155o, 156ol, 156–157u, 207ol, 228–229u, Olaf Protze 46ol, / Sonderegger Christof 52ul; Simon Reddy 74or; Paolo Romiti 117ul; RossHelen editorial 226ol; Alistair Scott 54mlu, 55ul, 152–153u, 152–153u; Kumar Sriskandan 261or; Dominic Steinmann 97mlu; Geoffrey Taunton 100ul; Erik Tham / *template / variant / friend / stranger* by Tony Oursler at the modern art show »Art Basel 2016« 54mr; The Protected Art Archive 56o; Glyn Thomas 170mro; Rosengart Museum, Lucerne / TravelCollection / Inga Wandinger *works by Picasso* © Succession Picasso/DACS, London 2018 208or; travelstock44 8mlu, 169o, 171ur, 178mr; travelstock44.de / Juergen Held 161ml; Jorge Tutor 117mo; Universal Images Group North America LLC 123mro, 186ul; Sebastian Wasek 100–101o; Westend61 GmbH 8ml, 121o, / Werner Dieterich 130ul; Peter Wey 95; Scott Wilson 172u; World History Archive 57ur; Juriaan Wossink 120ul; Patrizia Wyss 188ul, 258ul; YesPhotographers 260–261u.

AWL Images: Jon Arnold 129ol; Jean-Francois Hagenmuller 60–61; Christian Kober 210mr, 211; Doug Pearson 218mu.

Bern Welcome: 70mro.

Cabaret Voltaire: *Thus I Spoke: »Dying on Stage«*, Performance von Christodoulos Panayiotou & Jean Capeille 39ur.

Chur Tourismus: Andrea Bradrutt 249or.

Crans-Montana Tourisme & Congrès: 111ul.

Depositphotos Inc: pandionhiatus3 170o.

Dorling Kindersley: Katarzyna Medrzakowie / Wojciech Medrzakowie 121ul, 252ul, 253or.

Dreamstime.com: Akulamatiau 54mlo; Alexirina27000 138or; Andreykr 124ol; Leonid Andronov 43or, 80–81, 148, 184ul; Astra490 217or; Baselxg 181or; Eva Bocek 97um, 206–207u; Burben 44–45o; Roberto Cerruti 93ur; Elena Duvernay 17ul, 114; Stefano Ember 48–49o, 79ur , 215mo; Janos Gaspar 255mlo; Gayane 138–139u; Diego Grandi 70m; Jojjik 90–91o; Thomas Jurkowski 121mro; Rachapol Kitjanukit 20, 200; Makasanaphoto 93mlo; Mihaibogdan Lazar 136–137o; Minnystock 42ol; Emanuele Leoni 109mo; Lianem 218u; Milosk50 192–193u; Moniphoto 142um; Monner 54mro; Morseicinque 224–225o; Dmytro Nikitin 231o; Nuvisage 46–47u; Vichai Phububphapan 94mlu; Ivano Piacenza 93or; Ppy2010ha 36ul; Beatrice Preve 33mu; Prasit Rodphan 59or; Rosshelen 70ul, 128u, 192ur; Sculpies 96–97o; Sforzza1 166–167u; Sophyphotos 37om; Michal Stipek 41mu, 109o; Susazoom 253ol; Swisshippo 47ml, 55mr, 242ur, 243; Tnuangthong 59mru; Verryfe 97ur; Victorflowerfly 213or; Vogelsp 30–31o; Bram De Vrind 43mu; Xantana 26mlo, 86u, 178o, 204–205o.
Fondation Beyeler: Mark Niedermann 149ol.
Getty Images: AFP / Fabrice Coffrini 24ml, 51mu, 68–69u, / Valeriano Di Domenico 33mlo; AGF / Hermes Images 247o; Ascent Xmedia / Milo Zanecchia 2–3; Bettmann 58mlo, 59mlu; cdbrphotography 50–51u; Corbis / VCG / Francis G. Mayer 68mlu; Harold Cunningham 32–33o, 69or, 69mlo; EyeEm / Marcus Fischer 26o; Fine Art Images / Heritage Images 123o; Sean Gallup 31ml; Gamma-Rapho / Marc Deville 28ol; Historical 58mlu; Hulton Deutsch 58–59o; Lightcapturing by Björn Abt 190–191o; Frank Lukasseck 8–9; March Of Time 57ol; Francesco Meroni 21, 238; Martin Moos 189or; Neumann 228–229; Mathieu Polak 59um; robertharding / Julian Elliott 4; Michele Tantussi / *Accumulation: Searching for Destination* (2014–2016) by Chiharu Shiota, Art Basel 2016 © DACS 2018 12–13u; Jean Bernard Vernier 57ul; VCG Wilson 38u; Suphanat Wongsanuphat 8mlo; xenotar 18ol, 130; Lingxiao Xie 36ur.

Heididorf: Gaudenz Danuser 50ol.

iStockphoto.com: AleksandarGeorgiev 213ur; alxpin 216ul; Leonid Andronov 178ur; anouchka 78or, 144–145u; antares71 141or; AsianDream 217mro; assalve 55or; bhidethescene 22o, 121ur; cdbrphotography 12mlu, 28–29o; Dmitry Chulov 215mr; dblight 121or; E+ / Bim 142–143o, / mbbirdy 52–53o; Elenarts 40u; elettro24 134–135o, 151ur; fotoember 214mlu, 233or; fotoVoyager 22mr; Gatsi 180u; genekrebs 32u; Aleksandar Georgiev 6–7; Andreas Haas 257or; Yuliia Hrozian 26–27o; Janoka82 10–11u; Alexander Jung 102–103o; JurgaR 11o; LianeM 27or; lucentius 105ol, 210ml; MatteoCozzi 141mr; merc67 11ur; Mor65 236, 253mo; OGphoto 51or, 141mru; olli0815 186mru; PixHound 208–209u; RomanBabakin 24ul, 73o; Rostislavv 66ul; Juergen Sack 55ur; Oleh Slobodeniuk 268–269; Somatuscani 88–89o;

Michal Stipek 215mo; swisshippo 13ur; syolacan 219; TheShihan 28–29mo; taranchic 84–85o; TomasSereda 254mro; Flavio Vallenari 57or; Rafael_Wiedenmeier 93m; Xantana 26mro; yanisapae 210ur; zorazhuang 106o.

Kunsthaus Zürich: 167mlo.

Kunstmuseum Basel: Julian Salinas / *La femme et l'enfant* (1922) und *Les deux figures (Nus sur fonds rouge)* (1923) von Fernand Léger © ADAGP, Paris und DACS, London 2018, *L'automne* (1948) von Henri Laurens, © ADAGP, Paris und DACS, London 2018 38–39o, / *Stone Line* (1977) von Richard Long © Richard Long, DACS 2018 39mro.

La Gruyère Tourisme: 54ml.

MICR: Alain Germond 126o.

Musée du Fer et du Chemin de Fer: 148ol.

Museum der Kulturen Basel: Omar Lemke 182ol.

Museum für Kommunikation: Thijs Wolzak 76o.

Museum Tinguely: Daniel Spehr / Schenkung von Micheline und Claude Renard / *Incitation á la Création* (1981) von Jean Tinguely und Schenkung von Niki de Saint Phalle / *Bosch No. 2* (1974) von Jean Tinguely © ADAGP, Paris und DACS, London 2018 183o.

Rex by Shutterstock: EPA / Martial Trezzini 48ul, / Peter Schneider 55ml; EPA-EFE / Anthony Anex 54ur, / Patrick Huerlimann 172or; WestEnd61 235.

Robert Harding Picture Library: Menno Boermans 13o; Sonderegger Christof 26–27mo; Stuart Dee 244o; Christian Kober 149ro; Roberto Moiola 34ul; Travelstock44 161ur.

Schweizer Kindermuseum, Baden: 34–35o, 35mu; Steve Jaeckle 193or.

Schweizerisches Nationalmuseum, Zürich: 164mro, 164ul, 165om, 165or AURA / Emanuel Ammon 165mro, / Gabriel Ammon 164–165u.

Shutterstock.com: Eva Bocek 101ur.

Umschlag

Vorderseite und Buchrücken: **123RF.com:** Roman Babakin.

Rückseite: **Alamy Stock Photo:** Hercules Milas mlo. **123RF.com:** Roman Babakin u; Xantana m. **Getty Images:** Frank Lukasseck or.

Alle anderen Bilder © Dorling Kindersley.

FSC
www.fsc.org
MIX
Papier | Fördert gute Waldnutzung
FSC® C018179

Dieser Reiseführer wird regelmäßig aktualisiert. Angaben wie Telefonnummern, Öffnungszeiten, Adressen, Preise und Fahrpläne können sich jedoch ändern. Der Verlag kann für fehlerhafte oder veraltete Angaben nicht haftbar gemacht werden. Für Hinweise, Verbesserungsvorschläge und Korrekturen ist der Verlag dankbar.
Bitte richten Sie Ihr Schreiben an:

Dorling Kindersley Verlag GmbH
Redaktion Reiseführer
Arnulfstraße 124 • 80636 München
reise@dk.com

DK | Penguin Random House
www.dk-verlag.de

DK London (aktualisierte Neuauflage)

Mitwirkender Craig Turp

Lektorat Georgina Dee, Alison McGill, Dipika Dasgupta, Rebecca Flynn, Ankita Sharma, Nayan Keshan, Arushi Mathur, Anuroop Sanwalia, Manjari Thakur, Beverly Smart, Shikha Kulkarni, Hollie Teague

Gestaltung und Bildredaktion Maxine Pedliham, Stuti Tiwari Bhatia, Laura O'Brien, Ben Hinks, Taiyaba Khatoon, Vagisha Pushp, Tanveer Zaidi, Bess Daly, Priyanka Thakur

Umschlag Bella Talbot, Jordan Lambley

Herstellung Jason Little, Kariss Ainsworth

Kartografie Ashif, Suresh Kumar, Subhashree Bharati

Zuerst erschienen 1999 in Großbritannien bei Dorling Kindersley Ltd., London

Aktualisierte Neuauflage 2023 / 2024

Verlagsleitung Monika Schlitzer, DK Verlag
Programmleitung Heike Faßbender, DK Verlag
Redaktionsleitung Stefanie Franz, DK Verlag
Projektbetreuung Theresa Fleichaus, DK Verlag
Herstellungskoordination Antonia Wiesmeier, DK Verlag

Übersetzung Susanne Traub-Schweiger, Garmisch-Partenkirchen; Gerhard Bruschke, München
Redaktion Robert Kutschera, Meppen/Rühle
Schlussredaktion Philip Anton, Köln
Umschlaggestaltung Ute Berretz, München
Satz und Produktion DK Verlag, München
Druck TBB, a.s., Slowakei

ISBN 978-3-7342-0733-4

13 14 15 16 26 25 24 23

Vis-à-Vis-Reiseführer

Nordamerika
Kanada
USA
Alaska
Chicago
Florida
Hawaii
Kalifornien
Las Vegas
Neuengland
New Orleans
New York
San Francisco
USA Nordwesten & Vancouver
USA Südwesten & Nationalparks
Washington, DC

Mittelamerika und Karibik
Costa Rica
Karibik
Kuba
Mexiko

Südamerika
Argentinien
Brasilien
Chile
Peru

Afrika
Ägypten
Marokko
Südafrika

Südeuropa
Italien
Apulien
Bologna & Emilia-Romagna
Florenz & Toskana
Gardasee
Ligurien
Mailand
Neapel
Rom
Sardinien
Sizilien
Südtirol
Umbrien
Venedig & Veneto

Spanien
Barcelona & Katalonien
Gran Canaria
Madrid
Mallorca
Nordspanien
Sevilla & Andalusien
Teneriffa

Portugal
Lissabon

Westeuropa
Irland
Dublin

Großbritannien
London
Schottland
Südengland

Niederlande
Amsterdam

Belgien & Luxemburg
Brüssel

Frankreich
Bretagne
Korsika
Loire-Tal
Paris
Provence & Côte d'Azur
Straßburg & Elsass
Südwestfrankreich

Nordeuropa
Dänemark
Kopenhagen

Schweden
Stockholm

Norwegen

Mitteleuropa
Deutschland
Berlin
Bodensee
Dresden
Hamburg
München & Südbayern

Österreich
Wien
Schweiz
Slowenien
Kroatien
Tschechien & Slowakei
Prag
Polen
Danzig & Ostpommern
Krakau
Baltikum
Budapest (Ungarn)

Osteuropa
Moskau
Sankt Petersburg

Südosteuropa
Griechenland Athen & Festland
Griechische Inseln
Kreta

Östliches Mittelmeer
Türkei
Istanbul
Zypern
Jerusalem (Israel)

Südasien
Indien
Delhi, Agra & Jaipur
Indiens Süden
Sri Lanka

Südostasien
Bali & Lombok
Kambodscha & Laos
Malaysia & Singapur
Myanmar
Thailand
Thailand – Strände & Inseln
Vietnam & Angkor

Ostasien
China
Beijing & Shanghai
Japan
Tokyo

Australasien
Australien
Neuseeland

Schweiz
A
B
C
1
2
3
4
5
6
7
Colmar
Remiremont
Freiburg im Breis
Bad Krozingen
Luxeuil-les-Bains
Mosel
Rhein
Thann
Mulhouse
Müllheim
Port-sur-Saône
Lure
Vesoul
Belfort
EuroAirport Basel-Mulhouse-Freiburg
Montbéliard
Saône
FRANKREICH
Riehen
Basel
Rheinfelden
Augusta Raurica
Dornach
Liestal
Porrentruy
St-Ursanne
Delémont
Aarau
Olten
Lenz
Doubs
Besançon
Saignelégier
Perrefitte
Weissenstein
Zofing
Le Noirmont
Franches-Montagnes
Solothurn
Aare
Grenchen
Langenthal
La Chaux-de-Fonds
Biel (Bienne)
Bielersee
Le Locle
Lyss
Burgdorf
Neuchâtel
Jura
Murten (Morat)
Emmental
Pontarlier
Fleurier
Lac de Neuchâtel
BERN
Emme
Estavayer-le-Lac
Bern International Airport
Ste-Croix
Avenches
Grandson
Payerne
Yverdon-les-Bains
Fribourg (Freiburg)
Steffisburg
Vallorbe
Thun
Brienz
Romainmôtier
Moudon
Rossens
Thunersee
Spiez
Brienzersee
Vallée de Joux
Bulle
Interlaken
Simmental
Bussigny
Lausanne
Gruyères
Lauterbrunnen
Wengen
Morges
Cully
Château d'Oex
Mürren
Lac Léman (Genfer See)
Vevey
Brent
Adelboden
Jungfrau
Oeschinensee
Kandersteg
Gstaad
Nyon
Montreux
Aletschgletscher
Château de Chillon
Leysin
Leukerbad
Thonon-les-Bains
Les Diablerets
Riederalp
Aigle
Crans-Montana
Sierre
Genève Aéroport
Villars-sur-Ollon
Monthey
Sion
Visp
Brig
Genève (Genf)
St-Pierre-de-Clages
Val d'Anniviers
Simplon-Pass
Bonneville
Cluses
Martigny
Verbier
Val d'Hérens
Barrage de la Grande Dixence
Saas-Fee
Vallée du Trient
Matterhorn
Zermatt
Chamonix-Mont-Blanc
Annecy
Breuil-Cervinia
Monte Rosa
Großer St.-Bernhard-Pass
Saint-Jacques
FRANKREICH
Lignan
Aosta
Albertville
Scope
Bourg-St-Maurice
Chambéry
Issogne
Valnontey
ITALI
Isère
Moûtiers
Pont
Biella
Parc National de la Vanoise
Noasca
Ivrea
Cuorgnè